Research
on
Targeted
Poverty Alleviation
in
Lankao
County

焦裕禄精神新实践

兰考县精准扶贫研究

王东 / 著

社会科学文献出版社
SOCIAL SCIENCES ACADEMIC PRESS (CHINA)

目　录

绪　论

一　选题缘起与选题意义

贫困问题是世界性难题，根据联合国开发计划署发布数据，截至 2019 年，全球处于"多维贫困状态"的总人口达 13 亿，国与国之间以及国家内部不同地区之间因贫困程度不同，也存在着巨大差异。发展中国家和地区亟须采取措施和行动有效减少贫困。

党的十八大以来，以习近平同志为核心的党中央更加重视农村贫困问题，从全面小康补短板的角度进行规划审视。尽管新中国成立后，特别是改革开放以来，中国的扶贫工作取得巨大成绩，但"进入 21 世纪第二个十年，摆在扶贫开发事业面前仍有四大挑战：第一，扶贫对象规模大；第二，集中连片特殊贫困地区矛盾突出；第三，返贫问题严重；第四，相对贫困问题凸显"[①]。"到 2012 年底，贫困人口仍有近 1 亿人，其中贫困发生率超过 20% 的有西藏、甘肃、贵州、新疆、云南和青海 6 个少数民族比例较高的省（区）。重点县农民人均纯收入（4602 元）仅为全国平均水平的 58%"[②]。抓好扶贫工作，打赢脱贫攻坚战，事关全面建成小康社会，事关凸显社会主义制度优越性。

作为国家扶贫工作重点县的河南省兰考县，已于 2017 年初宣布脱贫，作为河南省第一个"摘帽"贫困县，为精准扶贫思想实践树立了典范。兰考县从实际出发，摸索出了一套精准扶贫工作模式。即精细摸底、政策到位、产业扶持、就业拉动、金融支持、驻村帮扶的综合运作体系，在扶贫

[①]　李艳春：《扶贫开发战略研究》，中国财富出版社，2017。

[②]　数据来源：国务院扶贫办主任刘永富作关于农村扶贫开发工作情况的报告，2013 年 12 月 25 日。

的精准度和群众对扶贫工作的满意度方面都取得了成功并积累了有益的经验，这为县域扶贫脱贫工作提供了借鉴，具有实践意义。

选取兰考县为研究样本，主要基于其典型性和代表性。兰考县地处历史上有名的"黄泛区"，经济社会发展长期处于落后状态，2002 年被确定为国家级贫困县。致贫原因，既有地理原因、历史原因，也有现实原因。思想保守，产业单一，因病、因婚致贫等现实因素也是兰考很长时间未能摆脱贫困的重要原因。而中国的贫困地区大多数是地理、历史和现实人文环境等因素综合导致的长期贫困。因此，兰考的致贫原因具有典型性，在研究全国贫困地区的致贫原因方面具有重要参考和比对价值。

习近平总书记分别于 2009 年 4 月、2014 年 3 月和 2014 年 5 月三次到兰考调研考察，并把兰考确定为自己第二批教育实践活动联系点。可以说，兰考县的脱贫问题得到了党中央的高度关注和重视，将其作为试点地区，在脱贫措施上具有典型性和试点性。

2014 年 5 月，兰考县委、县政府提出"三年脱贫，七年小康"的奋斗目标。2017 年 3 月 27 日，经由国务院扶贫开发领导小组审定、河南省政府批准，兰考正式退出贫困县。兰考在短时间完成脱贫任务，得益于习近平总书记三次视察兰考所给予的重要指导和新时期"焦裕禄精神"所焕发出的强大精神动力，更得益于兰考县坚持把习近平"六个精准"贯彻落实到兰考脱贫攻坚的每个环节。根据兰考县扶贫办数据，2013 年，兰考县开始落实精准扶贫政策，当年年底，兰考县共有 115 个贫困村，2.33 万户贫困家庭，7.74 万贫困人口。截至 2019 年底，兰考县贫困人口仅有 3 户 10人。兰考县成为中国精准扶贫的一个典型案例，为各地区县级单位的扶贫工作提供了重要参考。本书主要研究精准扶贫在兰考县的落实执行，时间跨度为 2013 年到 2017 年。

本书选题意义分为理论意义和实践意义两个方面。

（一）理论意义

选取兰考县这一典型区域，以精准扶贫为研究对象，一是重现兰考县精准扶贫政策实施的历史过程，深化对扶贫课题的研究，二是丰富精准扶贫理论，拓宽中共党史研究的视域。

"精准扶贫"思想丰富和发展了马克思主义经典作家和中国共产党关于农村扶贫的理论阐释。党的十八大后，习近平总书记多次实地考察扶贫工作，在多个重要会议上谈扶贫工作，把农村扶贫提升到了新的战略高度，并就农村扶贫提出了一系列新论断、新观点。

当前理论界对习近平"精准扶贫"重要论述尚缺乏深入研究，对其整体性研究不够，对其独特性以及理论价值等方面也缺少总体性概括。本书研究兰考县落实中央精准扶贫政策，通过对一个具有典型性和代表性样本的研究，对党中央在精准扶贫方面的战略布局和相关政策进行解析，剖析精准扶贫政策框架和具体工作的推进，为中国精准扶贫事业提供有益借鉴和思考。同时详细分析兰考县在具体扶贫过程中对国家宏观布局与政策的落实及推进中的经验和不足，力图从理论上总结精准扶贫，分析当前扶贫开发工作的重要意义，从而使该项研究向深度和广度扩展。这将有利于提高对"精准扶贫"政策的理性认识，也将有利于深化党的创新理论研究，同时丰富现有的扶贫开发理论。

（二）实践意义

总结兰考县精准扶贫的经验，为全国扶贫工作提供借鉴。中国扶贫工作是世界扶贫工作的重要组成部分。从新中国成立，特别是改革开放以来，中国农村扶贫实践取得了很大成功。2020 年全面建成小康社会，广大农村贫困人口顺利脱贫，是中国共产党对中国人民的郑重承诺，更是向全世界的庄严宣示。兰考县扶贫实践得出的相关经验，能够从县域角度为全国扶贫工作提供借鉴。

二　学术史回顾及主要概念界定

贫困是一个动态发展的概念，是一个全球性的社会现象，也是涉及政治学、经济学、社会学等诸多领域的复杂问题。贫困是全世界共同面临的挑战，解决贫困问题，也成为全人类共同面临的课题。对于此类问题，国内外学者都做了大量的研究，理论成果也很丰富。

（一）国内研究现状

尽管中国对贫困问题的研究起步比较晚，但仍取得大量成果，总体归结为以下几个方面。

1. 对贫困概念的认识

中国研究者最初从物质层面理解贫困问题，认为家庭或个人在物质层面不能满足其生活之必需或者达到一定的社会标准，即为贫困。国家统计局农村经济调查队认为，个人和家庭在物质方面不能维持其生存需求即为贫困。童星、林闽钢认为，贫困是由收入低下而造成的发展机会相对缺乏的一种生存状态。方晨曦理解的贫困是"历史性概念、动态性概念、社会性概念、综合性概念"①。郭熙保认为"贫困意味着匮乏，抓住匮乏一词就抓住了贫困概念的直接涵义"②。汪三贵、杨颖认为，"贫困"问题涉及很多方面，已不单单是一个经济问题，还涉及制度、文化、政治参与、医疗等社会的多个方面。这些学者的研究使贫困的内涵和外延得到不断的完善，也使我们对贫困的理解更加深入。

2. 关于贫困成因的研究

我国的很多学者对贫困成因的研究也取得了一些成果，具体为以下几个方面。有些学者认为制度的不合理是导致贫困的原因之一。廖赤眉等认为："制度性贫困是由于社会制度，如政治权利分配制度、就业制度、财政转移支付制度、社会服务分配制度、社会保障制度等决定生活资源在不同社区、不同区域、不同群体和个人之间的不平等分配而造成某些社区、区域、群体或个人处于贫困状态。"③ 王正理认为，贫困地区落后的原因归结为三点，生产方式、经营结构和思想的落后，要想摆脱贫困，就要改变那些和市场经济发展不相适应的经济体制④。靳涛也认为制度是不能够滞后的，也是不能不创新的，如果这两方面不足，则是导致农民贫困的重要

---

① 方晨曦：《再释贫困》，《西南民族学院学报》2005 年第 5 期，第 76 页。
② 郭熙保：《论贫困概念的内涵》，《山东社会科学》2005 年第 12 期，第 50 页。
③ 廖赤眉：《贫困与反贫困若干问题的探讨》，《广西师范学院学报（哲学社会科学版）》2002 年第 1 期。
④ 王正理：《贫困地区的特点及发展对策》，《科学经济社会》1986 年第 6 期。

原因。有些学者认为人力资本的缺乏是贫困地区致贫的主要原因。李小云等从人力资产、自然资产、物质资产等六方面对农户脆弱性进行分析，并得出结论：政府要把扶贫和扶智结合起来，在进行物质扶贫的同时增加文化扶贫的力度；在提供必要的资金救济，使贫困人口达到最低生活水准的同时，加大教育投入，提高贫困人口文化素质和知识水平；在以物质投入缓解贫困现状的同时，强调"扶人"、"治本"这一根本途径①。还有一些学者从自然因素和环境因素方面研究贫困的成因问题。汪三贵认为，由于各阶层和地区所处的地理位置不同，环境差异也是非常明显，占有优势地理位置的阶层往往在经济发展中占据着绝对的主导地位，而对所处地理位置和资源条件不好的阶层来说，经济发展就会很缓慢，因落后的经济使得这些阶层在政治地位上变得软弱，进而很难参与到整个国家的经济发展进程中去②。王建在研究贫困问题时，切入点是生态移民的角度，他认为中国贫困地区大多集中在西北部，只有将此地的贫困人口迁出，迁向资源丰富的地区，才有可能摆脱贫困。王国敏同样也认为"移民扶贫"是一项重要举措，可以为不具备发展能力的贫困地区的贫困人口找到生存出路。

3. 消除贫困的政策措施研究

（1）基本公共服务均等化惠及农民

在农村，多元化的致贫原因已经对扶贫政策提出了新的要求。汪三贵认为缓解和消除贫困的决定性因素是医疗和教育，政府应对贫困地区的公共服务领域更加偏重，要持久性地对贫困地区提供服务，才能更有效地改善贫困地区现有的状况。吴国宝提出要把低保人员全部划分到扶贫的范围内，这样贫困人口返贫的发生比率可相对降低，能更好地惠及贫困农民。鞠晴江分析认为，道路基础设施的建设是必不可少的，路修好了，对本地区的经济和居民人均收入都具有非常显著的影响，可为贫困减缓做出直接贡献③。迟福林认为："贫困人口现今仍然集中于农村地区，短缺的公共产品是导致农村居民贫困的突出因素，要通过保障他们的公共基础服务来保

---

①　李小云等：《农户脆弱性分析方法及其本土化应用》，《中国农村经济》2007 年第 4 期。

②　汪三贵：《反贫困与政府干预》，《农业经济问题》1994 年第 3 期。

③　鞠晴江：《道路基础设施、经济增长和减贫——基于四川的实证分析》，《软科学》2006 年第 6 期。

障贫困人口的可行能力。"① 李有发认为："从教育的层面看，现代社会条件下的贫困不单纯是经济的贫穷，而是一个由多种因素造成的综合社会现象，其实质是发展经济所需的全部或者部分关键的生产要素的缺乏，最根本的是贫困人口基本的致富能力的缺乏。贫困人口经济收入的低下以及与之相关的贫困问题，实质上都是致富能力的缺乏。"②

（2）鼓励贫困地区人口搬迁

移民搬迁是考虑到一些贫困地区的自然环境和生活环境不利于贫困人口的发展，依靠当地的资源来解决贫困问题是不可能的，因此选择将贫困人口迁出，为贫困群众彻底摆脱贫困提供可能。韩广富认为，移民搬迁和异地开发的主要形式有：插户移民、政府建移民开发基地、吊庄移民。王国敏认为，移民扶贫是使农民脱贫的一项重要措施。俞万源认为，"加速城市化进程对贫困落后地区实现资源的优化配置、扩大就业空间、实现劳动力就业转移、增加农民收入、实现'脱贫致富'和现代化具有积极的作用和现实意义"③。

（3）以市场为导向发展地方产业

大多数学者认为贫困地区应当依靠当地资源，以市场为导向，建立起地方的主导产业。韩广富认为：应当"调整贫困地区农业产业结构，充分挖掘农业内部增收潜力，拓宽农村贫困人口增收渠道。一是以市场需求为导向，立足当地资源，发展质量高、效益好的特色产业；二是积极转变经济增长方式；三是引进大中型农产品加工企业到贫困地区建立原料生产基地，为贫困农户提供多层次多形式的龙头企业群体，带动贫困农户增产增收"④。庚德昌认为"贫困地区发展支柱产业要以当地资源为基础，这不仅仅是为了发挥地区优势，也是在市场经济条件下实现要素交换的需要"⑤。周民良认为，要根据当地的现实情况发展地方产业，扶持地方产业。陈凡指出，农业是经济增长所必备的动力源泉，贫困地区发展各种主导产业，

① 迟福林：《公共产品短缺下的减贫新挑战》，《名家专栏》2010年第10期。
② 李有发：《教育扶贫的现实依据及其对策》，《哈尔滨市委党校学报》2006年第2期。
③ 俞万源：《贫困地区的城市化》，《地域研究与开发》2002年第1期。
④ 韩广富：《影响农村贫困人口增收的因素及对策》，《青岛行政学院学报》2010年第1期。
⑤ 庚德昌：《论贫困地区支柱产业的发展》，《中国农村经济》1995年第6期。

目的就是改造传统农业。

（4）促进贫困人口非农就业

李实认为，缓解贫困及收入差距扩大的重点应放到消除制约劳动力等生产要素自由流动的障碍上，应当将促进贫困人口非农就业作为缩小城乡及区域间差距的重要手段。林毅夫认为，非农就业不但可以直接地减少农村贫困人口的基数，而且也可以促进农产品价格上升，间接地提高农业生产率，缩小工农差距。吴敬琏认为："实现大量农村剩余劳动力向非农产业的转移，是各国解决'三农'问题，顺利实现工业化和城市化的中心环节。"① 厉以宁认为："农村土地集体所有制是双向城乡一体化的体制障碍，应该尽快消除这种体制障碍，赋予农村居民财产权，发放房屋产权证，将承包土地和宅基地的所有权与使用权分离。双向的城乡一体化，有利于中国经济走向以居民消费拉动为主，有利于建设社会主义新农村，有利于全面建设小康社会与和谐社会。"②

（5）完善扶贫资金的管理和使用机制

农村扶贫开发是一个系统的工程，无论是政策执行还是措施落实，都需要资金作为战略支撑。在扶贫资金使用方面，吴启国认为，只有在不断加大财政扶贫资金投入的同时，完善管理体制，创新使用机制，才能提高财政扶贫资金的经济性、有效性和效率性。在扶贫资金分配方面，汪三贵认为扶贫资金分配应从基数法变为因素法，这样才能更好地促进政府投入到扶贫当中。王俊文对扶贫资金的管理体制、监督制度、分配和使用安排做过详细的论述。在扶贫资金监管方面，李小云等认为："应从扶贫资金的投入、分配、使用和拨付所产生的扶贫资金投入效果和效率去研究财政扶贫资金运行情况。"③

4. 关于扶贫开发实践经验的研究

国内学者将扶贫开发分为不同的时期并加以总结，例如郑志龙以国家五年规划为时间节点，分别对"七五"至"十一五"期间政府扶贫开发的

---

① 吴敬琏：《农村剩余劳动力转移与"三农"问题》，《宏观经济研究》2002 年第 6 期。
② 厉以宁：《论城乡一体化》，《中国流通经济》2010 第 11 期。
③ 李小云等：《中国财政扶贫资金投入机制分析》，《农业经济问题（月刊）》2007 年第 10 期。

组织、监测与瞄准、资金管理、扶贫方式、目标实现以及对象受益情况进行评估，并总结出中国农村扶贫开发的经验。张磊从农村宏观经济政策和专项扶贫政策的角度分析了计划经济体制下、制度变革作用下、高速经济增长背景下、全面建设小康社会中的中国的扶贫实践历程。韩广富认为，当代中国农村扶贫开发的历史经验主要是：（1）制定符合国情的贫困标准，明确扶贫开发的具体帮扶对象；（2）坚持开发式扶贫，把解决贫困问题与对贫困地区进行全面开发结合起来；（3）坚持政府主导，广泛动员和组织全社会力量参与扶贫开发；（4）积极开展与国际社会在扶贫开发领域中的交流与合作；（5）高度重视和充分发挥科技教育在扶贫开发中的重要作用①。汪三贵从经济增长、分配、扶贫政策等几个角度分别分析改革开放以来中国农村贫困的变化，认为减贫的成绩得益于中国宏观经济的持续增长以及在农村、农业方面出现的附加效应，有针对性地开发式扶贫政策对减贫起到了至关重要的作用。

（二）国外研究现状

1. 从政治学角度看待贫困问题

政治学学者们通过对社会制度的研究来阐述贫困的根源。马克思、恩格斯认为，无产阶级贫困的真正原因是资本主义制度和在此制度下的生产方式。在资本主义制度下，资本主义竞争的压力和资本家对超额剩余价值的追求，使得资本家变得贪得无厌，无产阶级不但不能分享他们的劳动成果，反而被资本所抛弃、异化，形成数量庞大的失业大军。因此，马克思认为无产阶级在资本主义的制度下必然是贫困的。马克思和恩格斯还提出了建立共产主义制度是消除贫困的根本前提，只有在共产主义制度下才能消除资本的私人占有，进而实现资本的社会化，随着资本私有化消失而消失的是资本的个性、剥削的权力以及劳动的手段性，随之建立起来的将是社会资本公平的社会化拥有以及因此而实现的劳动的目的性和人的自由与个性。1979 年，英国学者汤森提出了"相对剥夺"这一概念，他认为当某

---

① 韩广富、王丽君：《当代中国农村扶贫开发的历史经验》，《东北师大学报（哲学社会科学版）》2006 年第 1 期。

些人、家庭和群体因缺少资源而被排斥在一般生活方式之外，就可以说他们处于贫困状态，这是制度的不合理所造成的。瑞典经济学家冈纳·缪尔达尔于 1968 年提出，发展中国家要想摆脱贫困，必须进行改革，从而解决国家制度性或结构性问题。①

2. 从经济学角度看待贫困问题

美国学者罗格纳·纳克斯在 20 世纪 50 年代提出了"贫困的恶性循环"理论，他认为资本的不足是经济发展的主要约束条件和障碍，是导致发展中国家贫困的原因，恶性循环的过程是供求两方面的循环进入死循环，想要摆脱贫困，就要加大投资力度。莱宾斯坦提出的"临界最小努力"理论认为，要激发贫困者的创新意识和经济增长动机，大力开发和运用新技术以及创造适宜的资本盈利环境，这对于贫困者经济收入的增长将起到重要的支持性作用。印度经济学家阿玛蒂亚·森在发现贫困发生率及贫困缺口率缺点的基础上，提出了"标准化的绝对贫困"度量方法，为了符合贫困度量的"单调性公理""转移性公理""转移敏感性公理""子集单调性公理"并能体现绝对贫困中的相对贫困问题，通过 H 与 I 的积数（被称为标准化的绝对贫困公理）所设定的收入缺口的加权求和 P = H［I(1-I) G]② 反映贫困线以下的分配问题。这一公式所关注的相对问题仍是贫困线以下穷人之间的相对贫困问题，而视贫困线以下的相对贫困为绝对贫困的补充，二者不可相互包含，这种视角并不是整个社会的相对贫困问题，其在关注绝对贫困方面极为卓越，但并未将绝对贫困和整体的相对

---

① 冈纳·缪尔达尔：《亚洲的戏剧：南亚国家贫困问题研究》，塞思·金缩写，方福前译，首都经济贸易大学出版社，2001。

② 收入缺口的加权求和是将"排序的相对贫困"公理与"标准化的绝对贫困"公理应用于一个更一般的贫困度量。设 P 为贫困的指数，设 G 为穷人之间收入分配的基尼系数，收入缺口的加权求既 P = H［I(1-I) G]，当所有贫困者有相同的收入时，基尼系数 G 等于 0，那么 P = HI。假设平均贫困缺口以及贫困人口比例保持不变，那么，贫困度量 P 随着基尼系数的增加而增加，这里基尼系数所描述的是贫困线之下的穷人之间收入分配的不平等程度。因此，度量 P 是 H（反映贫困人数）、I（反映总贫困缺口）、G（反映贫困线之下收入分配的不平等程度）的函数，它是"排序的相对贫困"公理（所关注的是穷人之间的收入分配问题，而且还可能结合了贫困人口比率度量 H，以及在贫困线之下的每个人都有相同收入这一特殊情况下的收入缺口比率 I，在此特殊情况下可以建立一个仅仅是 H 和 I 的函数的一个度量，这一观点最简单的表达方式是 H 和 I 的乘积，被称为"标准化的绝对贫困"公理）的直接结果，使之能够度量贫困线之下的相对问题。

贫困问题结合起来。

3. 从人口学角度看待贫困问题

18 世纪末 19 世纪初，英国学者马尔萨斯在《人口原理》中指出，人口的增长是导致贫困的根源。马尔萨斯在此书中提出的"人口剩余致贫论"，将贫困归结到贫困者自身上，他认为，按算术数列增长的生产资料始终不及按几何数列增长的人口，所以大多数的人是注定要在贫困和饥饿中生活，要想摆脱贫困，就要实行节育等"道德抑制"和战争等"积极抑制"，从而达到人口与生产资料的平衡。

4. 从社会学角度看待贫困问题

贫困反映并体现为物质和经济的问题，但其内因则是社会文化因素在起作用。美国学者刘易斯认为，贫穷的人因为贫困而形成了他们独特的生活方式和文化并且代际相传，形成贫困文化。沃尔曼提出的"甘于贫困"的人指的就是那些生活在"贫困文化"中的安于贫困的人。此外，H. 罗德曼的"贫困情景论"、G. 伦斯基的"冲突派贫困观"、甘斯的"功能主义贫困观"、瓦伦丁的"贫困处境论"、弗里德曼的"个体主义贫困观"、约瑟夫的"剥夺循环论"等都是从社会学角度研究贫困问题的重要理论观点。也有不少学者从其他角度来论证贫困问题，美国芝加哥大学教授、诺贝尔经济学奖获得者舒尔茨提出了人力资本理论，认为人力资本的短缺和对人力投资的忽视是发展中国家贫困的根本原因，摆脱贫困的根本途径也应当是提高人口质量与知识水平。瑞典经济学家冈纳·缪尔达尔在《世界反贫困大纲》一书中通过关注贫困人口综合因素分析贫困原因，力图帮助贫困人口摆脱贫困。希腊经济学家伊曼纽尔从不平等的经济机制的角度揭示了发展中国家贫困产生的原因。

研究过程中需要界定的主要概念有贫困、扶贫开发、精准扶贫、精准脱贫、脱贫攻坚等。

（三）主要概念界定

1. 贫困

（1）贫困的含义

对贫困问题进行研究由来已久。由于分析角度不同，学者们对贫困定义不同。贫困作为一个动态概念，对它的理解也必然随着社会的发展而发展，其中经历了分别以物质、能力和权利为主线的演进过程和不同阶段。

中国学者主要是以物质贫困、精神贫困为主线界定贫困。其一，认为贫困主要是物质生活上的困难，即缺乏维持基本生活的物质资料。汪三贵、薛宝生、江亮演等均认为，贫困与生产、生活资源的较少占有或缺乏有着密不可分的关系，这种物质条件的限制导致了收入低下、生活水平低下。其二，认为贫困既包括物质贫困也包括精神贫困。董辅礽、童星、林闽钢、康晓光、李军、陈端计等则认为，贫困是一个较为复杂的社会现象，是人的一种生存状态，它表现在经济、社会、文化等多方面的落后，首先是收入造成的生活必需品缺乏，其次是由这种缺乏导致参与基本社会生活、自我发展的机会缺失。

（2）贫困的分类

①狭义贫困和广义贫困

这是基于贫困的外延进行的划分。狭义贫困强调的是经济视角下的贫困，也就是经济贫困或物质贫困。它是指人们所获得的收入难以维持其最低限度的生产、生活需要，物质上的生产、生活必需品匮乏。可以以准确的实物标准来进行判断，直接体现贫困人口的物质生活水平。

广义贫困除了包括经济意义上的狭义贫困，还包括社会方面、环境方面、精神文化方面的贫困，即贫困者享受不到作为一个正常的"社会人"所应该享受的物质生活和精神生活。

②绝对贫困和相对贫困

这是基于贫困的参照标准进行的分类。绝对贫困是指在既定的社会环境下，人们的收入难以维持生存的最低标准，且很难通过进一步生产有所改善。这里强调的维持生存最低标准，是指维持身体机能而需要的最基本生活用品。主要体现在个体的生存、消费和再生产的困境中。

相对贫困是指相对比较而认定的贫困。总体来看，比较对象一般都与最低收入、平均收入或收入众数相关联。随着社会生产力的发展，其界定标准不断地相应调整，具有很强的动态性。

③其他分类标准

本书借鉴上述观点，对贫困的概念界定主要参照国家贫困标准，即：

2014 年贫困标准是农民年人均纯收入低于 2736 元，2015 年贫困标准是农民年人均纯收入低于 2800 元，2016 年贫困标准是农民年人均纯收入低于 2855 元，2017 年贫困标准是农民年人均纯收入低于 3026 元，2018 年贫困标准是农民年人均纯收入低于 3208 元，2019 年贫困标准是农民年人均纯收入低于 3400 元。同时，以上标准统筹考虑"两不愁、三保障"①。低于国家贫困标准的，本书即定义为贫困。

2. 扶贫开发

扶贫开发是反贫困行为在中国的特有表达，其概念的界定应建立在对反贫困的理解基础之上。随着世界各国对贫困问题越来越重视，减少贫困进而消除贫困成为各国共同关注的焦点，"反贫困"这一概念应运而生。缪尔达尔在 1970 年出版的著作《世界贫困的挑战——世界反贫困大纲》一书中，首次提出了"反贫困"一词。

新中国成立后，中央政府始终重视并大力开展扶贫工作。面对广大农村人口，政府延续了古代赈济的传统做法，以救济为主展开帮扶，也就是后来定义的救济式扶贫或输血式扶贫。但救济式扶贫无法从根本上让中国贫困人口摆脱贫困。20 世纪 80 年代中期，中国开始转向开发式扶贫，强调贫困人口自力更生，通过自身能力实现脱贫致富。"扶贫开发"一词应运而生，扶贫开发是在中国反贫困实践中逐渐演进而来的，强调通过扶贫主体的相应政策及活动，促使广大农村贫困地区及其贫困人口不断开发其自身潜力，逐步摆脱贫困。

3. 精准扶贫与参与式扶贫

（1）精准扶贫

2013 年 11 月，习近平总书记在湖南湘西考察时，首次提出了"精准扶贫"概念。2014 年初，为解决中国扶贫开发中实际存在的贫困人口数量不准确、情况不明确，扶贫开发针对性不强，资金及项目靶向失衡等问题，习近平提出了适合中国现阶段扶贫开发的精准扶贫思想。精准扶贫提出的根本原因，在于强调扶贫开发的对象应从贫困区域——贫困县、村，

---

① "两不愁"即不愁吃、不愁穿，"三保障"即农村贫困人口义务教育、基本医疗、住房安全有保障。

转向贫困个体——贫困户、贫困者①；也就是要把扶贫开发工作尤其是扶贫资源的分配、规划，落实到户、到人。精准扶贫是指扶贫开发的实施应针对真正的贫困户和贫困者，在结合区域环境的基础上，对贫困个体进行有针对性的帮扶，切实有效地提高个体的收入，长期地改善贫困户生产、生活状态。精准扶贫是粗放扶贫的对称，是指针对不同贫困区域环境、不同贫困农户状况，运用科学有效程序对扶贫对象实施精确识别、精确帮扶、精确管理的治贫方式。其基本要求与主要途径是六个精准②。

（2）参与式扶贫

"参与"思想源于国际非政府组织的反贫困实践。以内源发展理论为基础，认为发展从本质上来说是人的发展，发展的主要动力来源于内部，贫困的改善应以贫困者的自我发展为基础。21世纪初，中国扶贫开发工作中借鉴"参与"思想，形成了参与式扶贫开发理念。参与式扶贫是指扶贫开发应在充分认识贫困人口实际需求的基础上，通过"赋权"的方式，充分调动贫困人口的积极性，鼓励其参与到扶贫开发的决策、实施以及监督全过程中；在政策引领、资源扶助的前提下，鼓励贫困人口通过能力发展实现自主脱贫。

4. 精准脱贫与脱贫攻坚

（1）精准脱贫

2014年12月11日闭幕的中央经济工作会议，首次在中央工作层面明确提出了精准脱贫的概念。精准脱贫，就是要防止用经济收入的平均数掩盖大多数，而是要更加注重保障基本民生，更加关注低收入群众生活。2015年11月3日发布的《中共中央关于制定国民经济和社会发展第十三个五年规划的建议》中，进一步强调农村贫困人口脱贫是全面建成小康社会最艰巨的任务。必须充分发挥政治优势和制度优势，坚决打赢脱贫攻坚战。特别指出实行脱贫工作责任制。进一步完善中央统筹、省（自治区、直辖市）负总责、市（地）县抓落实的工作机制。强化脱贫工作责任考

---

① 唐任伍：《习近平精准扶贫思想阐释》，《人民论坛》2015年第10期。
② "六个精准"即扶贫对象精准、措施到户精准、项目安排精准、资金使用精准、因村派人（第一书记）精准、脱贫成效精准。

核，对贫困县重点考核脱贫成效。对于精准扶贫，则是要做到对贫困人口进行精确识别、精确帮扶，对扶贫工作做到精确管理。

（2）脱贫攻坚

1994 年 3 月，国务院制定和发布关于全国扶贫开发工作的纲领，即《国家八七扶贫攻坚计划（1994—2000 年）》。"八七"的含义是：对当时全国农村 8000 万贫困人口的温饱问题，力争用 7 年左右的时间（从 1994 年到 2000 年）基本解决。该计划的公布实施标志着我国的扶贫开发进入攻坚阶段。

2015 年 11 月 29 日发布的《中共中央国务院关于打赢脱贫攻坚战的决定》指出，实现到 2020 年让 7000 多万农村贫困人口摆脱贫困的既定目标，时间十分紧迫、任务相当繁重。必须在现有基础上不断创新扶贫开发思路和办法，坚决打赢这场攻坚战。2018 年 6 月 15 日，《中共中央国务院关于打赢脱贫攻坚战三年行动的指导意见》发布，强调在剩余 3 年时间内完成脱贫目标，任务十分艰巨。必须清醒认识打赢脱贫攻坚战的困难和挑战，集中力量攻克贫困的难中之难、坚中之坚，确保坚决打赢脱贫这场攻坚战。2019 年 3 月 5 日，国务院总理李克强在发布的 2019 年国务院政府工作报告中再次提出必须打好精准脱贫攻坚战。同年 10 月，国家脱贫攻坚普查领导小组成立。

1994 年制定的"八七"攻坚目标是解决全国农村 8000 万贫困人口的温饱问题；2015 年和 2018 年提出的脱贫攻坚目标是现行标准下农村贫困人口实现脱贫，消除绝对贫困。两者不可混淆。

三 研究方法与研究思路

本书主要采取社会学研究方法。

（一）文献研究方法

作为一种古老而又富有生命力的科学研究方法，文献研究法主要是指搜集、鉴别、整理文献，并通过对文献的研究形成对事实的科学认识的方法。结合中国农村扶贫开发的政策文件以及国内外贫困理论的研究成果，本书考察研究了中国农村扶贫开发相关制度变迁，并将 2013 年至 2017 年兰考县精准扶贫相关实践置于中国扶贫制度变迁相关进程中加以具体分析。

（二）系统分析方法

系统分析方法以系统整体最优为目标，对系统的相关各方面进行定性和定量分析，因而是一个有目的、有步骤的探索和分析过程。基于中国扶贫制度变迁大背景，本书结合中央相关政策，从扶贫对象精准、措施到户精准、项目安排精准、资金使用精准、因村派人精准、脱贫成效精准等六个方面对兰考县精准扶贫进行系统剖析和系统研究，并在此过程中结合微观案例进行进一步分析，使其成为一个有机联系的整体。

（三）跨学科研究方法

跨学科研究是近来科学方法讨论的热点之一，其目的主要在于通过超越以往分门别类的研究方式，实现对问题的整合性研究。从学科背景而言，本书研究属于中共党史领域。但由于扶贫研究涉及经济学、社会学、政治学、历史学、心理学等多个学科领域，本书结合相关文件、兰考扶贫历史档案，并综合运用经济学、社会学、政治学、历史学等学科领域内的研究方法，考察研究了中央精准扶贫政策在兰考是如何被落实和执行的，并进一步分析了精准扶贫政策落实过程中政府、扶贫干部、扶贫对象等对政策的反应以及互动行为。从这个意义上讲，本书研究充分体现了跨学科研究方法及其在扶贫领域内的运用。

（四）田野调查

田野调查是指所有实地参与现场的调查研究工作，它被公认为是人类学学科的基本方法论。本书拟通过问卷调查、调查访谈、案例研究等调查研究的方法，对兰考县相关扶贫实践、驻村干部扶贫工作实践及其扶贫过程中的心理变化、对贫困户及非贫困户的生活境遇变化及心理变化等进行研究。

本书除绪论和结语外，主体部分共八章。第一章用三节分别描述兰考县概况、十八大前兰考扶贫实践、新时代兰考县扶贫实践和成果。以第一章为背景，第二章至第七章分别从扶贫对象精准、措施到户精准、项目安排精准、资金使用精准、因村派人精准、脱贫成效精准等六个方面回顾兰考县落实中央精准扶贫政策及脱贫考核的过程，基本按照介绍工作方法和流程、举例到微观研究样本，总结经验和不足这一逻辑展开。第八章从实践和理论两个角度论证精准扶贫的意义，从历史和现实两方面肯定精准扶贫政策的贡献，并就完成当前扶贫任务后如何与乡村振兴战略的衔接等问题进行展望。

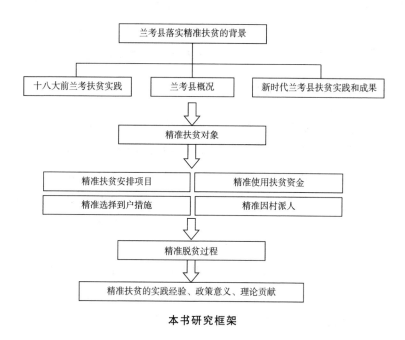

本书研究框架

四　研究重点、难点与创新点

（一）研究重点

本书研究重点主要有两个问题：

1. 考察精准扶贫政策在兰考的实施机制，也即扶贫政策，尤其是精准扶贫政策在兰考县是如何被落实和实施的，在实施过程中政府、乡镇以及贫困户间的关系发生了什么样的变化？

2. 兰考县创新性落实精准扶贫政策的相关做法及其普遍性意义，也即兰考县在创新性落实精准扶贫政策上的相关做法是否存在以及存在什么样的制约条件？兰考县的相关做法是否适合国内其他地方？

（二）研究难点

1. 政府行为以及政府与贫困户关系的动态变化。由于扶贫涉及政府与贫困群体的关系，因此，政府行为以及政府与贫困户的关系的动态变化是本研究所遇到的一个难点问题。对于这一问题开展系统研究需要对于经济学、政治学以及公共管理学领域有着充分的了解，这是本书所必须面临的挑战。

2. 驻村干部扶贫工作实践及其扶贫过程中的心理变化、贫困户及非贫困户的生活境遇变化及心理变化。扶贫工作的落实过程同时也是政府、扶贫干部以及贫困户的互动过程，在这一过程中尤其离不开扶贫干部与贫困户的互动，在这一过程中扶贫干部和贫困群体相互之间的认知和期待会发生动态调整，如何理解这一动态调整需要对于乡村治理方面，尤其是心理学方面有着充分的知识储备，这是本书所面临的另一个挑战。

（三）创新点

1. 聚焦兰考县，并从扶贫对象精准、措施到户精准、项目安排精准、资金使用精准、因村派人精准、脱贫成效精准等六个方面出发，考察扶贫工作，尤其是精准扶贫的实施机制和实施过程，这不仅拓展了中共党史学科的研究范围，也在一定程度上深化了扶贫脱贫相关研究。

2. 在研究过程中，本书还结合乡村治理相关研究以及心理学相关研究，进一步考察了驻村干部扶贫工作实践及其扶贫过程中的心理变化、贫困户及非贫困户的生活境遇变化及心理变化。这在一定程度上拓展了干群关系相关研究，并对于做好农业农村工作具有较强的现实意义。

第一章 兰考县落实精准扶贫的
时代背景与效果

2014 年 5 月 9 日，习近平总书记到兰考参加并指导县委常委民主生活会时，时任兰考县委书记王新军提出了兰考之问：为什么守着焦裕禄精神这笔财富，50 年了，兰考经济仍旧比较落后，10 万人还没有脱贫？2014 年中国开始全面贯彻落实《关于创新机制扎实推进农村扶贫开发工作的意见》，精准扶贫工作开始启动，兰考县在这样的大背景下，在改革开放以来的扶贫实践的基础上开启了精准扶贫工作。

第一节 兰考县概况

兰考县由兰阳、仪封、济阳、考城等县分合演变而来。1954 年 6 月，经中央人民政府批准，兰封、考城两县合并，改称为兰考县。全县 16 个乡镇、街道办事处，1 个产业集聚区；2019 年末总人口 87.01 万人，常住人口 65.29 万人，其中城镇常住人口 28.45 万人[①]，农村常住人口 36.84 万人。

一 兰考县自然区位

兰考县地处豫东平原腹地，地理坐标为东经 114°41′~115°15′、北纬 34°45′~35°2′，地处开封、菏泽、商丘三地的交接地带。东西长 55.25km，南北宽 26.25km，总面积 1116.2km²，地势西高东低，稍有倾斜，全县平

① 资料来源：兰考县政府办公室《2019 年兰考县国民经济和社会发展统计公报》，2020 年 6 月 2 日。

均海拔 66m，地区坡降为 1/5000。东控曹（菏泽）、商（商丘），西依郑（郑州）、汴（开封）；北靠彰（安阳）、濮（濮阳），南达江（扬州）、淮（淮阳）。陇海铁路从县城穿过，国道 310 线和 220 线在县城交会，连霍高速公路从县城南部穿过，日南高速横穿县境，兰考县是豫东北通向鲁西南的重要门户。兰考地处平原，地势平缓，土壤肥力中上等，农田水利设施条件较为完善。

兰考县属于暖温带季风气候区，春暖夏热、秋凉冬冷，具有四季分明，光热丰富，日照充足，雨热同期，春季干燥少雨、夏季高温多雨、秋季天高气爽、冬季干冷少雪的特点。年平均气温 14.4℃[①]，无霜期 208 天，有效积温 5712℃，光合有效辐射量 59.98cm^2，年平均日照时数 2529.7 小时，年均降水量 678.2mm，多集中于夏季，年际变化大。年均相对湿度 71.15%，年平均风速 2.8m/s，最大月平均风速 3.5m/s（出现在 4 月），最小月平均风速 2.2m/s（出现在 8、9 月）。冬春多北风，夏秋多南风。适中的气候条件适宜多种农林作物种植。

兰考县属黄淮流域万福河水系，地下水资源量 10105 万 m^3[②]，可开采量为 8727.75 万 m^3。兰考地下水比较丰富且水质较好，多属重碳型微淡水，矿化度 0.6～1.5 克/升。兰考县紧靠黄河，引水方便，加上地表水拦蓄，全县地表水过境水资源量 317 亿 m^3，水资源可利用量 8727.75m^3，基本农田 68187 公顷，全县人均可利用水资源 361m^3，耕地亩均 302m^3。旱涝保收面积 40180 万公顷，有引黄干渠 14 条，骨干除涝河道 3 条[③]，通过多年农田水利设施建设，小型农田水利设施较多，各类建筑物 1267 座，机井 13143 眼。

由于历史上黄河在兰考县境内多次决口、改道、泛溢，兰考微地貌差异明显。兰考属北黄河故道区，呈西南东北走向，西高东低，落差为 5000/1，土壤以潮土为主，按其分类计有 3 个土类，4 个亚类，8 个土属，35 个土种。按土壤质地划分，沙土占 36%、两合土占 49%、黏土占 15%。土壤肥力为中上等水平，适宜农业发展。

---

① 《兰考县志（1990～2003）》，中州古籍出版社，1999，第 90 页。
② 资料来源：兰考县人民政府《兰考统计年鉴（2013）》，2013 年 9 月。
③ 《兰考县志（1990～2003）》，中州古籍出版社，1999，第 91 页。

兰考属豫东平原农区，农业垦殖较早，加上天然的地理环境优势和气候适宜，植被及野生动物多种多样。主要栽培植物，粮食类有小麦、玉米、大豆、薯类等；经济作物有棉花、花生、芝麻、瓜、菜、食用菌等。木本植物基本为人工造林，果树主要有苹果、枣、桃、杏、梨、葡萄、柿等，现以泡桐、速生杨数量较多[1]。野生植物多为草类，对畜牧业发展较有利。另外还有水生植物莲藕、苇莆等。兰考县常见的动物有200余种，人工驯养的动物主要有牛、猪、羊、狗、兔、鸡、鸭、鹅、蜂等，现以牛、猪、羊、鸡、鸭数量较多；野生动物主要有野兔、獾、鼠、蛇、蛙以及种类繁多的鸟类、虫类；水生动物有鱼、虾等。

据作者实地考察调研，兰考县生态环境脆弱，按地理位置分为临黄滩地、黄河故道和背河洼地三个不同的单元，在临黄滩地，由于受黄河漫滩的影响，灾害频繁，农业种不保收。这些地区土壤沙化严重，养分含量低，漏水跑肥，农作物产量低。在背河洼地，由于地势低洼，内涝频繁，受黄河故堤的影响，排水不畅，土地沙化、碱化不能有效控制和根治，洪涝灾害时有发生，生态环境亟待改善。

兰考县蕴藏一定的矿产资源，据勘察，境内油气生成面积达75km。有良好的地热资源，有丰富的风力资源。但能源利用起步晚，在电力、沼气和天然气使用等方面基础设施建设不健全，利用率较低。

综合来看，兰考县地理位置、气候环境、资源等条件较为优越，有着悠久的农耕文明史，农业发展经验丰富。但是早期受到黄河决口改造的影响，经济基础比较薄弱，贫困发生率比较高，是优缺点同样突出的典型农业县。

二 兰考县经济社会状况

长期以来，兰考县农业种植方式粗放，新品种、新技术推广较慢，农民科技文化程度不高，产业化发展水平和组织化程度低，市场建设、信息服务和技术服务相对滞后，农业技术支撑体系尚不健全。农村村庄规划建设不合理，房屋乱搭乱建，垃圾乱堆乱放，街道不平，村容外光里糙，空

---

① 《兰考县志（1990~2003）》，中州古籍出版社，1999，第93页。

心现象严重,与国家提出的新型农村建设不协调。落实精准扶贫政策后,农业、农村面貌得到较大改善。

(一) 基本经济结构

1. 工业制造业方面。兰考县以木制品加工业为基础,重点是机械制造、生物医药、化工制造、纺织服装等产业①。农林产品加工业分为木制品加工业(民族乐器)、纺织业、农产品加工业。从兰考县工业和信息化局了解到,木制品加工业以兰考三环华兰实业集团为龙头,以高档家具、棺材为产品主线。民族乐器业以开封中原民族乐器有限公司、兰考上海牡丹乐器有限公司为龙头,以"中州"、"敦煌"为品牌。纺织业以开封纺织工业带辐射带动,以郭氏纺织、郭氏印染为代表。生物医药产业主要以香港金不换兰考药业有限公司为依托。机械加工业以年产50万台"欧泰引擎发动机项目"为支撑,带动了兰考百家零部件配套厂建设。化工制造业方面,全县有化工企业20多家,其中16家在产业聚集区化工园区,年工业总产值10亿元。服装加工业以银基、锦荣服装专业园为代表。

2. 现代服务业方面。现代物流业有医疗器械药品物流园、超级小麦物流配送中心和新世纪农超等物流企业。现代商贸业、信息服务业、家庭服务业、项目孵化等方面也有一定基础。

3. 民族文化产业方面。兰考县历史悠久,文化底蕴丰厚,更有焦裕禄精神被广泛传颂。但一直没有形成真正意义上的文化产业,至2015年,兰考县已先后三批公布县级非物质文化遗产名录54项,另有国家级非遗名录1项、省级5项,省级非遗代表性传承人7人,县级11人②。

4. 外出务工方面。据兰考县人社局数据,近几年外出务工农民一直保持在19万人次左右,年创效益达14亿元左右。

2019年,全县生产总值完成389.87亿元,同比增长8.0%③;第二、第三产业增长较快。2019年全县规模以上工业企业222家,规模以上工业

---

① 《兰考县志(1990~2003)》,中州古籍出版社,1999,第422页。
② 数据来源:《河南文化文物年鉴(2015)》,中州古籍出版社,2016。
③ 数据来源:兰考县政府办公室《2019年兰考县国民经济和社会发展统计公报》,2020年6月2日。

增加值同比增长 9.8%①。在规模以上工业企业中，分经济类型看，国有企业增加值下降 56.5%，股份合作企业下降 0.6%，股份制企业增长 9.1%，外商及港澳台商投资企业增长 31.5%；全年居民消费价格总水平比上年上涨 4.4%②（见图 1-1）。近年来兰考经济发展持续向好，为精准扶贫创造了条件。

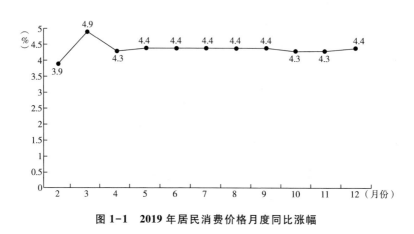

图 1-1　2019 年居民消费价格月度同比涨幅

（二）区域功能与发展目标划分

按照《全国主体功能区规划》和《河南省国民经济和社会发展第十二个五年规划》，兰考县域经济发展划分为四个区。

1. 西部城镇综合发展区。包括城关镇、城关乡、三义寨乡等乡镇以及仪封乡、红庙镇的西半部。该区域在稳定农业的前提下，大力发展第二、第三产业以加快工业化和城镇化进程。

2. 沿黄生态旅游区。包括坝头乡、谷营乡和三义寨乡在黄河外堤以内的区域，在严格保护沿黄湿地的基础上大力发展生态旅游业。

3. 北部木器加工和木材交易区。包括固阳镇、爪营乡、闫楼乡、孟寨

① 数据来源：兰考县政府办公室《2019 年兰考县国民经济和社会发展统计公报》，2020 年 6 月 2 日。
② 数据来源：兰考县政府办公室《2019 年兰考县国民经济和社会发展统计公报》，2020 年 6 月 2 日。

乡以及红庙镇的东半部,以发展木器加工和木材交易为主。

4. 东部生态农业种植保护区。包括葡萄架乡、小宋乡、红庙镇、南漳镇、许河乡、张君墓等乡镇的全部以及仪封乡的东半部,该区域以生态种植业为主,以发展观光农业为目标,适当发展畜产品等农副产品配套加工业。

(三) 社会事业

1. 义务教育得到全面巩固,教育教学水平稳步提升。科技工作进步明显,至 2013 年科技成果累计达到 50 项[①],其中国家级 12 项、省级 3 项,获得了"国家科技进步先进县"荣誉称号。

2. 社会保障体系进一步健全,2019 年新增就业人口 1.38 万人[②],动态消除了"零就业"家庭。卫生医疗服务体系得到较大改善,医疗服务水平进一步提高,新农合参合率由 2010 年的 76.2% 上升到 2013 年的 98.4%[③]。旅游、文化、广电、人防、档案、邮政、扶贫、地方志、爱国卫生、红十字会、民族宗教、人口计生、精神文明、民兵预备役等社会事业都取得了较大进步。

3. 基础服务设施齐全。兰考县共有 GSM900MHZ 基站 176 座,1800MHZ基站 12 座,直放站 7 座,室内覆盖站 2 座,通信网络建设水平得到较快提升。从环境保护局了解到,兰考县已建成 2.5 万 t/d 县城污水处理厂 1 座和 120t/d 县城生活垃圾卫生填埋场 1 座、垃圾中转站 6 座。中国政府采购网显示,北控水务中标兰考县第二污水处理厂、第三污水处理厂特许经营项目。同时各乡镇也均建成压缩式垃圾中转站 1 座。县城污水集中处理率达到 85% 以上,生活垃圾无害化处理率达到 80% 以上。

2013 年以来兰考县地方财政总收入逐年增加,2019 年税收收入 19.25

---

① 资料来源:兰考县人民政府《兰考统计年鉴(2013)》,2013 年 9 月。

② 数据来源:兰考县人民政府《2019 年兰考县国民经济和社会发展统计公报》,2020 年 6 月 2 日。

③ 资料来源:兰考县人民政府《兰考统计年鉴(2013)》,2013 年 9 月。

亿元，增长 13.8%，占一般公共预算收入的 76.4%①。2019 年一般公共预算支出 78.53 亿元，增长 19.5%，其中财政民生支出 54.09 亿元，增长 17.9%，占一般公共预算支出的 68.9%②。2019 年全县社会消费品零售总额 132.90 亿元，比上年增长 11.7%，高于全省平均水平 1.3 个百分点③（见图 1-2）。

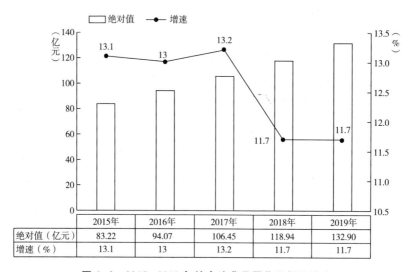

	2015年	2016年	2017年	2018年	2019年
绝对值（亿元）	83.22	94.07	106.45	118.94	132.90
增速（%）	13.1	13	13.2	11.7	11.7

图 1-2　2015~2019 年社会消费品零售总额及增速

三　治沙治贫中锤炼焦裕禄精神

历史上兰考贫困是由特殊的地理位置、河患和旱涝蝗虫自然灾害等多种异常原因造成的。自然灾害主要是风沙、盐碱、内涝"三害"，改变了兰考人民的生存环境，造成了空前罕见的灾难，使他们长时间处于极端艰难困苦的生活之中。"三害"也就成了制约兰考经济社会发展，影响人民

---

① 数据来源：兰考县人民政府《2019 年兰考县国民经济和社会发展统计公报》，2020 年 6 月 2 日。
② 数据来源：兰考县人民政府《2019 年兰考县国民经济和社会发展统计公报》，2020 年 6 月 2 日。
③ 数据来源：兰考县人民政府《2019 年兰考县国民经济和社会发展统计公报》，2020 年 6 月 2 日。

群众生活水平和质量的重要因素。

1962 年，兰考春天大风刮了 73 场，毁坏小麦 58 万亩，粮食产量创历史新低。夏秋之际又连降暴雨淹死红薯、玉米 30 万亩，秋天碱死了即将成熟的 10 余万亩黄豆、棉花，全年农业接近绝收。兰考出现了大批群众外出逃荒要饭的情景①。基层干部在困难面前，出现了思想混乱和空前的畏难情绪。在这种情况下，1962 年 12 月，上级党组织派来了焦裕禄同志担任县委第一书记。焦裕禄来到兰考以后，首先统一县委领导班子思想，要自力更生，抗灾自救。1963 年 2 月兰考县成立除"三害"办公室，县委抽调 120 多名干部组成"三害"调查队，通过大规模调查研究，掌握灾害发生的规律②。焦裕禄坚持群众路线，在一年多的时间里跑遍了兰考县 140 多个大队中 120 多个，行程 2500 余里③，带领群众整治"三害"，向群众学习治沙办法，取名"贴膏药扎针"——用淤泥黏土封住沙是"贴膏药"，再种上槐树是"扎针"。焦裕禄同志当时已身患肝癌，但依旧忍着剧痛坚持工作，用实际行动努力改变兰考面貌。通过全县干部群众的一致努力，至 1964 年春，共堵住风口 83 处，改造盐碱地 9 万多亩，新挖疏浚排水河道 160 条，基本恢复了兰考县境内水的自然流势④。1964 年春，焦裕禄同志病情恶化，不得不住院治疗，5 月 14 日病逝于郑州。

1966 年 2 月 7 日，《人民日报》发表长篇通讯《县委书记的榜样——焦裕禄》和社论《向毛泽东同志的好学生——焦裕禄学习》，高度赞扬焦裕禄的革命精神⑤。1990 年 7 月 9 日，《人民日报》发表《人民呼唤焦裕禄》，习近平读后，填写了《念奴娇》词，表达对焦裕禄的崇敬之情。2009 年 4 月 1 日，时任国家副主席习近平来兰考视察，把焦裕禄精神概括为"亲民爱民、艰苦奋斗、科学求实、迎难而上、无私奉献"五个方面。他指出焦裕禄精神"无论过去、现在还是将来，都永远是亿万人们心中一座永不磨灭的丰碑，永远是鼓舞我们艰苦奋斗、执政为民的强大思想动

---

① 郑旺盛：《庄严的承诺——兰考脱贫攻坚纪实》，河南人民出版社，2017。
② 《县委书记的榜样——焦裕禄》，《人民日报》1966 年 2 月 7 日，第 1 版。
③ 《兰考县志（1990~2003）》，中州古籍出版社，2010，第 182 页。
④ 《兰考县志（1990~2003）》，中州古籍出版社，2010，第 182 页。
⑤ 《兰考县志（1990~2003）》，中州古籍出版社，2010，第 182 页。

力，永远是激励我们求真务实、开拓进取的宝贵精神财富，永远不会过时"。

四　兰考县区域贫困状况

兰考县 2002 年被列为国家级贫困县，当时有 8 个贫困乡，160 个贫困村，13.12 万贫困人口。2002 年被确定为国家级扶贫开发工作重点县。2011 年被确定为大别山连片特困地区重点县，2013 年全县农民人均纯收入 6756 元，比全省平均水平 8475 元低 1719 元。农村贫困人口 77350 人，涉及贫困户 23275 户，贫困人口发生率达 10.2%[①]。

（一）基础设施薄弱，市场体系不健全

农田水利设施建设标准低，配套能力差；农村电网供电不足，供电配套设施不完善；区域内交通主干道网络尚未形成；区域内仓储、包装、运输等基础条件差，金融、技术、信息、产权和房地产等高端市场体系不健全；产品要素交换和对外开放程度低，物流成本高。

（二）工业化程度低

工业基础比较薄弱，缺乏大项目支撑，缺乏核心增长极，缺乏具有明显区域特色的大企业、大基地。产业链条不完整，没有形成具有核心市场竞争力的产业或产业集群。科技创新能力较低，发展后劲不足，带动能力不强，农民增收能力差。

（三）城镇化水平低

全县村镇规划严重滞后，农村道路、排水、环卫、绿化亮化等基础设施薄弱，城镇综合功能不强，新农村建设任务异常繁重；扶贫开发整村推进资金投入不足，整村推进效果不明显。

---

① 数据来源：兰考县人民政府《兰考简介》，2019 年 12 月，兰考县政府信息网，http://www.lankao.gov.cn/。

（四）社会事业发展滞后

教育、文化、卫生、体育等方面软硬件建设严重滞后，城乡居民就业不充分。中高级专业技术人员严重缺乏，科技对经济增长的贡献率低；义务教育基础设施落后，卫生设施条件差，城乡社会保障水平低，返贫现象突出。

（五）思想观念落后，教育水平偏低，农业实用技术掌握不足

贫困家庭成员大都文化程度较低，维持家庭生存多局限于土地。思想观念落后，缺乏与先进农业实用技术对接的信心和勇气，对收入较高的产业项目因害怕市场风险不敢问津。

健康、教育投资拖累严重。家庭成员健康状况不佳和家中学生上学较多已被视为致贫的两大症结。另外，贫困人口脱贫和返贫呈现常态性、交叉性、反复性，很大程度上抵消了扶贫成果，加大了彻底脱贫难度。

（六）生态环境脆弱

兰考区域内土质为沙土，沙化土地面积高达 40 万亩，以种植小麦、玉米为主的农作物进行农田植被水土保持，但由于自然等因素，水土流失仍较严重。按地理位置，全县又可分为临黄滩地、黄河故道和背河洼地三个不同区域，临黄滩地受黄河漫滩影响灾害频发，黄河故道土壤沙化严重，农作物产量低，背河洼地内涝频繁，盐碱化相当严重。

第二节 十八大前兰考县扶贫实践和成效

尽管兰考县面临贫困面积大、贫困程度深，市场体系不健全、工业化程度低等特殊困难，兰考县仍然在中央统筹指导下，努力团结群众、探索创新，为实现早日脱贫而努力。

一 兰考县开展扶贫工作的历史背景

改革开放前，中国社会经济发展水平较低，呈全民贫困状态。农村扶

贫工作主要集中于通过分配提高农民生活水平和救济等工作。

党的十一届三中全会后，中国进入了改革开放新时期，农村贫困问题也成为全党关注的重大问题。1977 年万里同志来到安徽各县农村调查研究，安徽农村给他的印象不是贫困，就是饥饿。他后来回忆说非常受刺激："我真没料到，解放几十年了，不少农村还这么穷！"① 农村扶贫工作也从之前的以救济为主逐渐转为以扶持为主。

改革开放后，中央针对西北、西南以及其他中国革命老根据地、偏远山区、少数民族地区和边境地区的贫困问题，坚持统筹规划并积极组织力量，从财政、物质和技术上给这些地区以重点扶持，帮助其发展生产，摆脱贫困。为此，1980 年，中央财政设立"支援经济不发达地区发展资金"。1982 年把甘肃定西、河西及宁夏西海固的贫困集中连片区作为"三西"专项建设列入国家计划，进行区域性专项扶贫。1984 年划定 18 个集中连片贫困区进行集中扶持，同年 9 月，中共中央、国务院颁发了《关于帮助贫困地区尽快改变面貌的通知》，指出"改变贫困地区面貌的根本途径在于依靠当地人民自己的力量，按照本地的特点，因地制宜，扬长避短，充分利用当地资源，发展商品经济。要纠正过去财政支持上的单纯救济观点，改革扶贫办法，突出重点，集中力量解决全国十几个连片贫困地区的问题"。还指出，要"对贫困地区进一步放宽政策……给……以更大的经营自主权"②，对贫困地区减轻负担，"对贫困地区从一九八五年起，分别情况，减免农业税"③。为进一步强化对扶贫工作的领导，国务院贫困地区经济开发领导小组于 1986 年正式成立，并于 1993 年更名为国务院扶贫开发领导小组。1986 年 7 月，国务院贫困地区经济开发领导小组第二次领导小组全体会议宣布在原来用于扶持贫困地区资金数量不变的基础上，新增加十亿元专项贴息贷款。同年，贫困县标准第一次划出：1985 年人均纯收入低于 150 元的县和年人均纯收入低于 200 元的少数民族自治县，对在民主

---

① 田纪云：《万里：改革开放的大功臣》，《炎黄春秋》2006 年第 5 期。

② 《中共中央、国务院关于帮助贫困地区尽快改变面貌的通知》，《十二大以来重要文献选编》（中），人民出版社，1986，第 30 页。

③ 《中共中央、国务院关于帮助贫困地区尽快改变面貌的通知》，《十二大以来重要文献选编》（中），人民出版社，1986，第 31 页。

革命时期做出过重大贡献的老区县放宽到 300 元。按照这一标准，全国确立了 331 个贫困县。到 1992 年底，全国范围的有计划有组织大规模扶贫开发工作取得很大成绩，全国农村没有解决温饱的贫困人口从 1978 年的 2.5 亿减少到 8000 万，但这些贫困人口主要分布在自然条件差、生存环境恶劣的地区，扶贫难度加大，亟待进行"攻坚"。

1994 年 3 月，国务院公布实施的《国家八七扶贫攻坚计划（1994—2000 年）》指出，对当时全国农村 8000 万贫困人口的温饱问题，力争用 7 年左右的时间（从 1994 年到 2000 年）基本解决。经多方努力，到 2000 年底，除少数社会保障对象和生活在自然环境恶劣地区的特困人口及部分残疾人以外，全国农村贫困人口的温饱问题已经基本解决，国家"八七"扶贫攻坚目标基本实现，中国的扶贫开发解决了两亿多农村贫困人口的温饱问题。

二 十八大前兰考县扶贫实践

和全国扶贫工作一样，兰考县扶贫的主要工作也集中于改革开放后，在党的领导下，兰考县下大力气开展脱贫攻坚工作，积极统筹城乡区域发展、保障和改善民生、缩小发展差距。1978 年是中国经济社会发展的重大转折点，这次改革是从农村开始的。作为农业大县的兰考，走在了改革的前列。

1980 年底，兰考县在探索基础上，在全国率先开展农业生产责任制。时任国务院总理于 1981 年 1 月来兰考视察①，对此给予热情支持和鼓励，并充分肯定了兰考经验。1988 年，兰考县又推行"两田制"和"三田制"，使联产承包制进一步完善，农业连年丰收。在这一时期，兰考县经济得到了稳步发展。1991 年国民收入 5.29 亿元②，比 1978 年增长了 4.7 倍，年均增长 9.6%。

在 1991 至 2002 年期间，兰考县的经济增长速度快速递增，发展势头迅猛。

---

① 资料来源：《农民日报：河南农村改革历史回顾"风卷红旗过大关"》（刘杰/口述 段德文 陈书光/整理），央广网河南频道，http：//hn.cnr.cn/xwzx/khn/200812/t20081225_505187309_1.html。

② 数据来源：《兰考县志（1990~2003）》，中州古籍出版社，2010，第 355 页。

　　1991 年全国各地掀起第二轮学习焦裕禄精神的高潮，从上到下纷纷加大对兰考的支持力度。1991 年 2 月，时任中共中央总书记江泽民到兰考视察①。他深入机关、农村调查研究，了解基本情况，把握落后命脉，对兰考社会经济的发展发表重要讲话，指明了发展道路。1991 年 5 月 23～26 日，时任河南省委书记侯宗宾、省长李长春带领省直 30 多个委、厅、局负责人来兰考召开现场办公会，会议共拟定建设项目 30 个②。随后，省委副书记宋照肃主持召开了省委、省政府第二次兰考现场会，检查了第一次现场会任务的落实情况，同时对此后兰考三年的发展提出了具体要求。1994 年时任中共中央政治局常委、书记处书记胡锦涛，中组部部长吕枫等中央领导参加了焦裕禄逝世 30 周年纪念日活动③，为兰考的经济起飞提供了强大的政治保障。

　　进入新世纪后，兰考县根据中央文件精神，在综合分析本县基本情况的基础上，坚持本县扶贫攻坚与区域整体发展有机结合，脱贫攻坚工作呈现出独特特点。

　　2003 年 12 月 26 日，时任中共中央总书记胡锦涛到兰考黄河滩区视察。当时兰考的社会经济发展总量和速度，连续数年与周边地区相比差距越来越大。兰考第二次错过了发展机遇期，再次引起了省委、省政府的高度重视。

　　2009 年 4 月 1 日，时任国家副主席习近平来兰考视察。他指出焦裕禄精神"无论过去、现在还是将来，都永远是亿万人们心中一座永不磨灭的丰碑，永远是鼓舞我们艰苦奋斗、执政为民的强大思想动力，永远是激励我们求真务实、开拓进取的宝贵精神财富，永远不会过时"。

　　半个月后，中共河南省委常委会在兰考召开，主要议题是讨论学习焦裕禄精神。省委认为，越是处于经济发展困难时期，越是需要弘扬焦裕禄精神，推进经济社会又好又快发展。这给所有兰考人敲响了警钟。

　　进入新世纪后，兰考县根据《中国农村扶贫开发纲要（2011～2020）》

① 资料来源：《让黄河为中华民族造福——江泽民总书记考察黄河纪行》，《人民日报》1999 年 6 月 25 日，第 1 版。
② 资料来源：《河南年鉴（1992）》，河南年鉴社，1992。
③ 数据来源：《兰考县志（1990～2003）》，中州古籍出版社，2010，第 205 页。

《全国主体功能区划》《国务院关于支持河南省加快建设中原经济区的指导意见》等相关重要文件精神，在综合分析本县基本情况的基础上，坚持本县扶贫攻坚与区域整体发展有机结合，脱贫攻坚工作呈现出独特特点。

（一）突出社会扶贫和行业扶贫

全县加大了社会扶贫工作力度，成立扶贫协会，社会扶贫效果明显。以 2012 年为例，全年累计完成社会扶贫资金 4500 万元，其中企业家程道兴向贫困村盆窑村捐款 4300 万元进行新型社区建设，动员社会扶贫投入资金的增长率为 23%。

2012 年扶贫开发计划投入行业部门资金 280 万元，全年实际争取发改、交通、教育等行业和部门资金 1964 万元[①]，增幅达 22.2%，为保证扶贫开发工作成效，实行县直党政机关参与定点帮扶贫困村制度。行业和社会扶贫资金的注入，使兰考县的"大扶贫"格局基本形成。

（二）加强扶贫工作方法和管理制度建设

一是目标责任制。兰考县政府将扶贫开发整村推进建设作为全县重点工作之一，作为各乡镇争先创优年底考核的重要依据纳入目标考核，与各乡镇签订了目标管理责任书，增强乡镇干部的责任感和使命感。

二是工程质量监督"四级监理"制。在项目实施过程中除通过招标聘请专业监理外，还邀请群众代表义务监督，形成了"专业监理+业主监理+乡镇监理+群众监督"的四级监理模式。

三是人大代表、政协委员巡视制。不定期邀请人大代表、政协委员到扶贫开发整村推进村巡视，查看工程建设质量，村容村貌治理情况。

四是"一分钱"工程管护制。有效解决了项目工程管护缺乏管护费用的难题。

（三）严格财政专项扶贫资金使用管理

一是报账告知制。为方便工程施工单位报账，县财政局在局机关醒目

---

① 数据来源：兰考县人民政府《兰考县 2012 年度扶贫开发绩效考评相关指标》，2011 年12 月。

位置制作了县级报账制流程图版面，并在项目主管部门与施工单位签订合同时，由财政局业务股室为每标段发放一份县级报账制所需提供资料的明白卡，有效避免了施工企业盲目报账，加快了工程报账进度。

二是项目资金使用"双审制"①。在项目工程招投标前，由县财政局投资评审中心对项目资金使用进行评审，合理确定工程造价。项目验收合格后，由县审计部门出具项目工程专门审计报告，财政部门以审计报告最终决算数为依据进行资金拨付。

（四）抓好扶贫主导产业发展

一是加快土地流转，促进产城融合。一方面引导流转出土地的农民进城或在当地企业内务工，增加收入；另一方面鼓励流转出土地的农民发展第三产业，加快脱贫致富步伐。对流转取得贫困村土地的企业，政府按亩给予一定的资金补贴。

二是调整种植结构，发展高效农业，着力构建新型、高效农业体系。引进龙头企业，发展规模养殖。积极打造发展平台，吸引外地龙头企业落户，努力打造具有兰考特色的养殖产业群。

三是引导企业入村，实现就近就业。引导用工企业与贫困村建立来料生产、来样定做、来件装配的"企业+农户"生产模式，实现贫困富余劳力就近就地就业②。依托集贸市场，发展小商业，推动农村经济逐步从自然经济转变为商品经济。

四是输出与引入相结合，增加就业机会。通过"雨露计划"、"阳光工程"等劳动力转移培训项目③，对贫困劳动力进行免费培训，提升务工人员素质，实行有序转移，实现由体力型务工到脑力型务工的转变，努力做到"培训一人、输出一人、就业一人、脱贫登户"。引导外出打工人员返乡创业，兴企办厂，实现就村就近就业。

五是发展特色旅游。以红色旅游和黄河生态旅游为主体，拉长旅游产

---

① 数据来源：兰考县人民政府《兰考县 2012 年度扶贫开发绩效考评相关指标》，2011 年 12 月。
② 资料来源：兰考县人民政府《兰考县 2011~2020 年扶贫开发项目库》，2010 年 12 月。
③ 资料来源：兰考县人民政府《兰考县扶贫开发现状及"十二五"规划》，2010 年 12 月。

业链条,扩展旅游发展空间,增加旅游收入。

(五) 实施滩区群众搬迁扶贫工程,强化农村基础设施建设

结合全省"三山池滩"扶贫工程,做到搬迁与开发并举、安置与增收同步,实现搬迁群众早就业、早发展、早致富。

围绕发展扶贫主导产业提升和改善农民群众生产生活条件,对照脱贫标准,在缺什么补什么的原则下,实施道路、水利、电力、土地整理等基础设施建设项目。

(六) 加大金融支持力度,推进农村社会事业发展

与金融部门洽谈对接,努力增加各类信贷产品投放。加快信用户、信用村、信用乡镇建设;对贫困户发展种、养、加等项目贷款,加大县财政贴息力度。

按照公共服务均等化的要求,统筹推进教育、卫生和计划生育、文化、社会保障等社会事业全面发展。

(七) 深化和落实农村改革政策

稳定农户土地承包机制,放活土地经营权,实现农民对承包地占有、使用、收益、流转及承包经营权抵押、担保权能。引导和规范农村集体经营性建设用地入市,改革农村宅基地制度。

三 十八大前兰考县扶贫工作的主要成效和困难

(一) 扶贫工作的成效

兰考县 2002 年 2 月被确定为国家级扶贫开发工作重点县,按照当时贫困线标准共有贫困人口 13.12 万人。全县有 8 个重点贫困乡,160 个重点贫困村[1]。兰考县从自身实际出发,努力探索、创新管理机制和实施机制,创造性地开展工作,使全县农业增效、农民增收、贫困人口明显下降,扶

---

[1] 资料来源:兰考县人民政府《兰考县扶贫开发现状及"十二五"规划》,2010 年 12 月。

贫开发工作取得明显成效。

贫困村交通、电业、科技、教育、文化、卫生等基础设施和生产、生活条件及生态环境得到一定程度的改善，脏乱差的村容村貌得到一定程度的治理，贫困村经济社会发展水平得到一定程度的提高，全县累计完成122 个扶贫开发整村推进建设任务，14.18 万人相继实现脱贫或解决温饱，但是因灾、疾病等影响，返贫人口多达 9.53 万人①。截至 2012 年底，根据国家 2300 元新的扶贫标准，全县贫困人口 40267 户 130360 人，其中扶贫对象 28206 户 95751 人②。全县贫困发生率达 18.9%，比河南省高 5.5 个百分点。

（二）扶贫工作存在的问题和困难

改革开放以来的扶贫工作，为精准扶贫实施打下了基础，积累了经验。但当时也存在较多问题和困难。

1. 扶贫资金投入与扶贫任务存在较大差距。由于历史原因，兰考县基础条件差，经济发展滞后，贫困面积大，贫困村、贫困人口数量多且分散。国家投入扶贫资金与实际需求相差很多，降低了扶贫资金使用效果，特别是 2005 年以前完成的 34 个③贫困开发整村推进村投资更少，标准更低，群众反映强烈。

2. 资金整合困难。以工代赈、村村通、水利、教育、农业、广电、通信等部门资金项目，各部门都有相应的规定，申报程序时间都不一致，要整合各部门资金向贫困村投入，尤其是向当年确定的整村推进村投入，难度很大，一定程度上影响了扶贫开发整合资源、整村推进效果。

3. 培训资金额度小，使用范围窄，培训计划资金下达晚。每个贫困学员每年仅几百元，对于那些特困生来说，仍是杯水车薪，且局限于全县160 个贫困村 16 岁至 40 岁村民，非贫困村中的贫困学员得不到补助，就

---

① 数据来源：兰考县人民政府《兰考县 2012 年度扶贫开发工作总结》，2012 年 12 月。

② 数据来源：兰考县人民政府《兰考县 2012 年度扶贫开发绩效考评相关指标》，2011 年 12 月。

③ 资料来源：兰考县人民政府《兰考县扶贫开发现状及"十二五"规划》，2010 年 12 月。

业渠道窄①。

4. 脱贫与返贫相互交织，减贫速度缓慢。2003 年、2004 年受洪灾、内涝等严重自然灾害影响，返贫人口多达 9.53 万人②。

5. 致贫原因复杂多变。除因灾致贫外，因病、因学致贫日渐明显，且贫困程度深，贫困人口脱贫和返贫呈现常态性、交叉性、反复性，在很大程度上抵消了扶贫效果，加大了脱贫难度。

6. 贫困乡村基础设施依然薄弱，抗灾能力较差，因自然灾害频发，交通、水利等基础设施受毁严重，设施修而复毁现象经常发生，抗灾能力较差。

7. 经济水平总体程度较低，发展能力和后劲不足。一是农业产业结构单一，经济发展后劲不足；二是缺乏规模化生产经营，农民增收难度较大；三是缺乏支柱产业支撑，农民增收举步维艰；四是农村劳动力素质普遍较低，剩余农村劳动力转移比较难。

第三节　新时代兰考县实施精准扶贫

让贫困人口和贫困地区同全国一道进入全面小康社会是党在十九大报告中做出的庄严承诺。兰考县扶贫工作是中国扶贫工作的缩影，党的十八大以来，随着精准扶贫政策在兰考实施，兰考县农村居民收入水平持续提高、生活水平显著改善、贫困人口基本脱贫，在减少贫困方面取得了史无前例的成就。兰考县坚持精准扶贫、精准脱贫，打赢脱贫攻坚战，其有益经验和成效将成为兰考历史上与贫困斗争中最宝贵的财富。

一　兰考县落实精准扶贫的条件和背景

（一）精准扶贫政策的出台过程

马克思认为："现在的社会不是坚实的结晶体，而是一个能够变化并且经常处于变化过程中的有机体。"③ 贫困问题随着时代和社会的发展也不

① 资料来源：兰考县人民政府《兰考县扶贫开发现状及"十二五"规划》，2010 年 12 月。
② 资料来源：兰考县人民政府《兰考县扶贫开发现状及"十二五"规划》，2010 年 12 月。
③ 《马克思恩格斯选集》第 2 卷，人民出版社，1995，第 102 页。

断呈现新的特点，扶贫政策需要适时作出调整。2013 年 10 月，习近平在湖南湘西考察时作出了"实事求是、因地制宜、分类指导、精准扶贫"的指示，提出了"精准扶贫"概念。2014 年 1 月，中办详细规制了精准扶贫工作模式的顶层设计。2014 年 3 月，习近平参加两会代表团审议时强调，要实施精准扶贫，瞄准扶贫对象，进行重点施策。2015 年 6 月习近平在贵州提出六个精准，即扶贫对象精准、项目安排精准、资金使用精准、措施到户精准、因村派人精准、脱贫成效精准。在 2015 减贫与发展高层论坛上习近平指出："四十多年来，我先后在中国县、市、省、中央工作，扶贫始终是我工作的一个重要内容，我花的精力最多。"[1]

在"十三五"规划建议中，农村贫困人口脱贫被确定为全面建成小康社会"最艰巨的任务"。党的十八届五中全会，把农村贫困人口脱贫作为全面建成小康社会的"突出短板"。2015 年 11 月 23 日，中央政治局会议审议并通过《关于打赢脱贫攻坚战的决定》。2015 年 11 月 27 日至 28 日召开的中央扶贫开发工作会议上，中西部 22 个省区市党政主要负责同志还向中央签署了脱贫攻坚责任书。会议体现出"超常规动员"、"超常规问责"、"超常规投入"、"超常规激励"和"超常规退出"。精准扶贫顶层设计的配套举措逐一明确，国家引导各种要素向贫困地区聚集，全社会为攻坚拔寨形成强大合力。

中共中央、国务院于 2015 年 11 月 29 日颁布《中共中央国务院关于打赢脱贫攻坚战的决定》，强调把精准扶贫、精准脱贫作为基本方略。2015 年在延安召开革命老区脱贫致富座谈会、在贵阳召开部分省区市扶贫攻坚与"十三五"时期经济社会发展座谈会，2016 年在银川召开东西部扶贫协作座谈会，2017 年在太原召开深度贫困地区脱贫攻坚座谈会，2018 年在成都召开打好精准脱贫攻坚战座谈会，2019 年在重庆召开解决"两不愁三保障"突出问题座谈会，每次围绕一个主题[2]。党的十九大报告指出"深入开展脱贫攻坚，保证全体人民在共建共享发展中有更多获得感，不断促进

---

[1] 习近平：《携手消除贫困，促进共同发展》（2015 年 10 月 16 日），《十八大以来重要文献选编（中）》，中央文献出版社，2016，第 719 页。

[2] 习近平：《在决战决胜脱贫攻坚座谈会上的讲话》，《人民日报》2020 年 3 月 7 日，第 2 版。

人的全面发展、全体人民共同富裕"①。党的十九大正式将脱贫攻坚写入大会报告，并将其确定为解决社会主要矛盾、增进人民福祉的重要组成部分。

（二）习近平关于精准扶贫重要论述是精准扶贫政策的理论依据

中国共产党从局部执政到全国执政，从社会主义建设时期到改革开放后，始终把消除贫困，实现国家富强、人民富裕摆在重要的战略位置。中国共产党基于扶贫实践的理论探索是习近平关于精准扶贫重要论述的理论来源，而个人成长经历和工作经历是习近平关于精准扶贫重要论述的实践基础。

在精准扶贫政策落实过程中，习近平关于精准扶贫重要论述也不断丰富，习近平关于精准扶贫重要论述主要内容是扶贫脱贫的必要性、重要性以及对扶贫工作提出的要求。据国务院扶贫办主任刘永富《中经在线访谈》所讲，精准扶贫的含义是在逐步深化、扩展中。2012 年底习近平到河北阜平，讲不要用"手榴弹炸跳蚤"，2013 年 10 月，习近平到湖南湘西考察，首次提出了"精准扶贫"这个概念。国务院扶贫办在学习时，习总书记只提了"精准扶贫、看真贫、扶真贫、真扶贫"，后来又加了"精准脱贫"。所以当时把它理解为精准识别、精准帮扶，精准管理，精准考核。2015 年 6 月习近平在贵州又讲了六个精准：扶贫对象精准、项目安排精准、资金使用精准、措施到户精准、因村派人精准、脱贫成效精准。内涵越来越丰富，操作性越来越强。理解精准扶贫、精准脱贫的要义，就是"对症下药，药到病除"。精准扶贫可以解决过去扶贫存在的问题，比如说扶贫不够精准，扶富没扶贫，或者扶贫的项目走偏。"六个精准"是给扶贫工作提出的要求，也是目标和压力。

根据习近平 2017 年 2 月 21 日在中共中央政治局第三十九次集体学习会上的要求，坚持精准扶贫、精准脱贫，就要做到：

1. 打牢精准扶贫基础，通过建档立卡，摸清贫困人口底数，做实做

---

① 习近平：《决胜全面建成小康社会　夺取新时代中国特色社会主义伟大胜利——在中国共产党第十九次全国代表大会上的报告》，人民出版社，2017，第 23 页。

细，实现动态调整。

2. 提高扶贫措施有效性，核心是因地制宜、因人因户因村施策，突出产业扶贫，提高组织化程度，培育带动贫困人口脱贫的经济实体。

3. 组织好易地扶贫搬迁，坚持群众自愿原则，合理控制建设规模和成本，发展后续产业，确保搬得出、稳得住、逐步能致富。

4. 加大扶贫劳务协作，提高培训针对性和劳务输出组织化程度，促进转移就业，鼓励就地就近就业。

5. 落实教育扶贫和健康扶贫政策，突出解决贫困家庭大病、慢性病和学生上学等问题。

6. 加大政策落实力度，加大财政、土地等政策支持力度，加强交通扶贫、水利扶贫、金融扶贫、教育扶贫、健康扶贫等扶贫行动，扶贫小额信贷、扶贫再贷款等政策要突出精准。

7. 加强基层基础工作，加强贫困村两委建设，深入推进抓党建促脱贫攻坚工作，选好配强村两委班子，培养农村致富带头人，促进乡村本土人才回流，打造一支"不走的扶贫工作队"。充实一线扶贫工作队伍，发挥贫困村第一书记和驻村工作队作用，在实战中培养锻炼干部，打造一支能征善战的干部队伍。农村干部在村里，工作很辛苦，对他们要加倍关心。

8. 把握好脱贫攻坚正确方向。要防止层层加码，要量力而行、真实可靠、保证质量。要防止形式主义，扶真贫、真扶贫，扶贫工作必须务实，脱贫过程必须扎实，脱贫结果必须真实，让脱贫成效真正获得群众认可、经得起实践和历史检验。要实施最严格的考核评估，开展督查巡查，对不严不实、弄虚作假的，要严肃问责。要加强扶贫资金管理使用，对挪用乃至贪污扶贫款项的行为必须坚决纠正、严肃处理。

9. 注重扶贫同扶志、扶智相结合。习近平强调，干部群众是脱贫攻坚的重要力量，贫困群众既是脱贫攻坚的对象，更是脱贫致富的主体。要注重扶贫同扶志、扶智相结合，把贫困群众积极性和主动性充分调动起来，引导贫困群众树立主体意识，发扬自力更生精神，激发改变贫困面貌的干劲和决心，靠自己的努力改变命运[①]。

---

① 习近平：《在十八届中央政治局第三十九次集体学习时的讲话》（2017年2月21日）。

习近平关于精准扶贫重要论述内涵丰富，"深刻揭示了扶贫开发工作的基本特征和科学规律，精辟阐述了扶贫开发工作的发展方向和实现途径，充分体现了马克思主义世界观和方法论，是中国特色社会主义理论体系的新发展，是做好'十三五'期间及今后一个时期扶贫开发工作的科学指南和基本遵循"[①]。

（三）精准扶贫的效果

习近平在 2015 年指出，"扶贫开发推进到今天这样的程度，贵在精准，重在精准，成败之举在于精准"[②]。事实证明，进入新时代以来，中国扶贫开发取得了举世瞩目的成就。2017 年 8 月 29 日，国务院扶贫开发领导小组办公室主任刘永富在十二届全国人大常委会第二十九次会议上作的"关于脱贫攻坚工作情况的报告"显示，中国脱贫攻坚工作取得显著成效：2013 年至 2018 年，中国农村贫困人口从 9899 万减少到 1660 万，累计减少8239 万人。农村贫困发生率由 2012 年末的 3.9% 下降到 2018 年末的0.4%，累计下降 3.5 个百分点。根据中国国家统计局数据，按现行国家农村贫困标准测算，2019 年末，中国农村贫困人口 551 万人，比上年末减少1109 万人，下降 66.8%；贫困发生率 0.6%，比上年下降 1.1 个百分点。与前几轮扶贫相比，不仅减贫规模加大，而且改变了以往新标准实施后减贫规模逐年大幅递减的趋势，每年减贫幅度均在 1000 万人以上。

从新中国成立至今，中国农村扶贫经历了从救济型扶贫阶段到扶持型扶贫阶段，经开发型扶贫阶段到精准扶贫阶段的转变。这一转变与中国社会经济发展息息相关，也与经济发展的阶段性特征息息相关。按照十九大报告设定的目标，到 2020 年中国现行标准下农村贫困人口实现脱贫，贫困县全部摘帽，解决区域性整体贫困。这一目标也意味着 2020 年针对农村贫困的扶贫攻坚战将会胜利结束，扶贫工作将会进入以保卫扶贫胜利果实、

---

① 刘永富：《确保在既定时间节点打赢扶贫攻坚战——学习贯彻习近平关于扶贫开发的重要论述》，2015 年 11 月 11 日，人民网，http://dangjian.people.com.cn/n/2015/1029/c117092-27752741.html。

② 习近平：《在部分省区市扶贫攻坚与"十三五"时期经济社会发展座谈会上的讲话》（2015 年 6 月 18 日）。

防止返贫为内容的新时期。有理由相信，基于党领导全国人民扶贫脱贫的相关经验和实践，有了一系列的制度保证，贫穷将逐步走出中国人的视野，直到完全消灭。

二 兰考县落实精准扶贫的实践

2014年3月17日，习近平总书记到兰考县视察，对兰考工作提出三点建议：把强县和富民统一起来；把改革和发展结合起来；把城镇和乡村贯通起来。5月9日，习近平又一次来兰考县，特别提出，希望教育实践活动一抓到底，不要一阵风；希望党的干部特别是领导干部要像焦裕禄那样到群众中去；希望中央多想办法让农民的钱袋子进一步鼓起来。兰考县深入贯彻落实习近平兰考调研时提出的指示精神，传承弘扬焦裕禄精神，开拓创新，务实重干，扎实有效落实精准扶贫政策。突出"六个重点"，落实精准扶贫政策。

（一）以上率下、三级联动，充分激发内生动力

脱贫的关键在于内生动力的培养，群众是载体也是脱贫行动的主体，上下联动打赢脱贫攻坚战，必须依靠人民群众。兰考县在落实精准扶贫政策的实践中构建了领导、干部、群众三级联动机制，发挥党组织的动员作用，激发贫困群众内生动力。从2013年到2017年，兰考县把扶贫工作作为中心工作，特别是2015年后，各级组织围绕脱贫攻坚总体目标，明确责任分工，细化落实措施，建立工作台账，严格工作管理，形成了"没有与脱贫攻坚无关的事、没有与脱贫攻坚无关的单位、没有与脱贫攻坚无关的人"的工作氛围。领导领着干、干部抢着干，广大群众看在眼里，动在心里，逐步调动了群众主动脱贫的积极性，增强了改变贫困面貌的信心和决心，真正激发了他们的内生动力。

（二）做好普惠金融试点，助力稳定脱贫奔小康

兰考县为全国普惠金融改革试验区，兰考县委县政府立足"普惠、特惠、县域"三大主题，围绕"农业、农村、农民工"最迫切、最渴望解决的"融资难、融资贵"等问题，逐步建立了多元化金融扶贫模式，全县金

融机构存贷款规模持续快速增长，融资结构不断优化，金融服务覆盖面、可得性和满意度明显提升，2016 年普惠金融指数在全省县（市）排名由 2015 年的第 22 位跃居第 1 位[①]，为兰考经济社会发展和稳定脱贫奔小康提供了强力支撑。

至 2016 年底，县普惠金融服务中心已入驻金融机构和抵押登记单位 17 家，设立服务窗口 22 个。全县建成村级普惠金融服务站 365 个。并在全县提前实现了乡镇 ATM、行政村 POS 机和惠农支付点三个"100% 覆盖"，确保乡乡有金融机构、村村有金融服务。同时积极推动省银联移动支付示范工程，开发兰考普惠金融数据展示系统[②]。

（三）改革资金用管模式，完善措施提升效能

强化扶贫资金管理，不仅是提高扶贫开发效率的中心环节，也是提高扶贫效益的关键。2014 年以来，兰考县不断创新体制机制，特别是在扶贫资金使用方面进行大胆改革创新，把有限的资金用在刀刃上，使资金发挥最大的作用。2015 年初，县扶贫开发领导小组在充分听取大家的意见后认为，要落实精准扶贫要求，做到项目定得准、资金拨付快、效益发挥好、群众真受益，必须改革现有扶贫资金的分配和使用办法。县扶贫开发领导小组制定出改革方案，并经县政府常务会议研究通过，兰考县建立了"先拨付、后报账，村决策、乡统筹、县监督"的资金分配运行机制。

扶贫资金的分配使用办法改革，加快了扶贫项目实施和资金拨付进度，充分发挥了项目资金使用效益，有效激发了贫困群众脱贫致富的积极性，切实提高了群众满意度。管好用好扶贫资金，提高稳定脱贫成效，为兰考县全面建成小康社会持续提供强大动力。

（四）聚焦"三力"强堡垒，抓实党建促脱贫

精准扶贫过程中，兰考县不断加强和改善党的领导。针对存在软弱涣散村、村干部带富能力不强、村集体经济较弱等问题，兰考县充分发挥党

---

① 资料来源：兰考县扶贫办《兰考县扶贫开发工作总结》，2016 年 12 月 27 日。
② 资料来源：兰考县扶贫办《兰考县扶贫开发工作总结》，2016 年 12 月 27 日。

建引领作用，大力传承弘扬焦裕禄精神，突出领导带头，示范引领带动，立足脱贫需要，配强乡镇班子，整合优势力量，建强扶贫队伍。同时制定了以"三亮三比三查三评"为主要内容的《第一书记管理办法》《关于加强驻村扶贫工作队管理工作的意见》《兰考县驻村扶贫工作考核办法》等文件，切实加强对第一书记的日常管理考核。

兰考县委紧盯党组织优势转化、党员作用发挥，健全完善抓党建促脱贫工作机制，确保脱贫攻坚各项工作扎实推进。一是注重一线实绩，树正用人机制。先后评选出两批 70 名"驻村扶贫工作标兵"，有效激发了党员干部投身脱贫攻坚的热情干劲；县委提拔重用脱贫攻坚一线干部 132 名。二是激励基层争优，实施奖励机制。学习借鉴当年焦裕禄书记的做法，围绕脱贫攻坚、基层党建、产业发展、美丽村庄四项重点工作，每半年开展一次"红旗村"评选表彰活动。至 2016 年，已累计评选出 149 个"红旗村"①，占全县行政村总数的 1/3。三是提升能力素质，制定培训机制。根据兰考县委组织部提供的数据，2014 年至 2016 年累计培训党员干部 24000 余人次，近万名党员利用"红色 e 家"云平台开展经常性学习。四是强化督促检查，落实督查机制。从兰考县督查局了解到，2014 年到 2016 年全县先后调整了 3 名抓脱贫攻坚不力的乡镇党政正职，召回了 3 名工作不力的驻村第一书记，对 15 名履职不到位的农村党支部书记给予免职降职。

（五）社会扶贫"1+3"，创新模式解民难

脱贫攻坚是一项系统工程，需要全社会共同参与。针对社会扶贫中存在的问题，兰考县探索出"党委领、社会帮、群众干"的"1+3"社会扶贫新模式②。

通过到兰考县委统战部及谷营镇、惠安街道等地的"爱心超市"实地调研，了解到"爱心超市"平台通过转变社会扶贫方式，激发了困难群众内生动力，同时拓宽了物资征集募捐渠道，调动了社会企业参与积极性。兰考县改变以往工作队帮助贫困户整治居住环境的做法，动员 14 家爱心企

---

① 《关于表彰"四面红旗村"和第二批"驻村扶贫工作标兵"的决定》，2016 年 9 月 13 日。
② "1+3"社会扶贫新模式："1"即打造爱心美德公益超市平台，"3"即实施人居环境改善、助学扶贫、巧媳妇工程三个项目。

业与 16 个乡镇（街道）的 1398 户贫困户对接进行帮扶。并与"爱心超市"对接，用积分制带来了贫困群众落后思想和惰性习惯的逐渐变化。兰考县持续坚持助学扶贫，全县累计有 134 个企业（个人）捐助 407 万元，惠及学生 896 名。兰考县以促进妇女创业创新和增收致富为目的，实施"巧媳妇"工程，形成了妇女创业就业新格局。

（六）落实"三化"促就业，多策并举保增收

就业是贫困群众摆脱贫困最有效的脱贫途径，也是最直接的抓手。兰考对全县农村劳动力类型进行分类统计，加强就业引导，根据其劳动能力、就业意愿等，有针对性地分类制定不同的就业措施，分类施策，精准帮扶。

一是搭建社会化平台，构建服务体系。利用"互联网+"创建兰考县就业平台，在全省率先研发县城乡劳动力登记管理系统并投入使用，创新管理模式，对农村劳动力进行实名管理的同时，做到人才资源共享，将就业平台打造成连接劳动力与用工单位的桥梁纽带，形成开放有序的劳务输出社会化服务体系。

二是开展专业化培训，强化发展技能。先后邀请 9 名省农科院专家开展"兰考蜜瓜"种植和果木种植技术和管理经验培训 98 期 13503 人；组织异地开展岗位培训 3 批次，赴北京新发地有限公司培训营销技术员 42 人，赴省农业科技园培训农业种植技术员 54 人[1]。按县内企业用工需求开展岗前技能提升培训 3860 人次，提高务工人员综合素质和技能。利用兰考县高级技工学校，对留守妇女开展手工技能培训，共培训 2448 人；还对 130 名残疾人进行了技能培训[2]。

三是实施组织化引导，敦促就业增收。通过与各大用工企业对接，利用招聘会等形式积极为有劳动能力的群众找到就业岗位。2017 年组织向江苏、广东、浙江等地区发达城市输出外出务工 15 批次，输出务工人员

---

① 数据来源：兰考县人力资源和社会保障局《兰考县人力资源和社会保障局行业扶贫工作开展情况》，2017 年 5 月 31 日。

② 数据来源：兰考县人力资源和社会保障局《兰考县人力资源和社会保障局行业扶贫工作开展情况》，2017 年 5 月 31 日。

7464 人，其中贫困人员 703 人①。针对贫困户中劳动力较弱的人群，按照"因事设岗，按岗配人，事职相符，合理使用"的原则，结合本人劳动意愿，将之纳入公益性岗位。全县开发使用公益性岗位人员 2679 人，其中吸纳安置贫困人员 1256 人②。

三　兰考县落实精准扶贫的成效

进入新时代以来，兰考县经济社会发展保持了良好的势头，体制机制优势逐步体现，人民生活水平不断提高，干部群众精神好、干劲足，为率先脱贫创造了有利条件。2017 年 3 月，兰考县正式退出国家级贫困县序列。这期间兰考县产业发展进入良性循环，特别是农业发展质量和效率不断提升。

（一）特色高效农业得到充分发展

兰考县在脱贫攻坚的基础上，特色高效农业得到了长足发展。依托农业生产优势和龙头企业，通过建设标准化、专业化和集约化原料生产基地，壮大龙头企业、培育知名品牌、完善现代配套物流体系等措施，打造出一批集生产、加工、销售、物流、仓储于一体的现代农业生产基地，形成资源共享、优势互补、特色突出，竞相发展的现代农业产业化集群格局。

（二）农业技术支撑体系得以建立

兰考县不断加大农业技术的创新力度和农业科技成果的转化力度，基本建立了完善的农业技术支撑体系。

（三）市场体系建设初见成效

充分发挥兰考县交通区位优势，加快现代物流基础设施建设，建立健全以社会化物流配送中心、大型连锁企业内部配送和产销一体化经营企业

---

① 数据来源：兰考县科技局《兰考县科技局退出贫困自查报告》，2017 年 12 月。
② 数据来源：兰考县科技局《兰考县科技局退出贫困自查报告》，2017 年 12 月。

专业物流配送为主体的物流配送网络体系。

（四）畜牧业实现快速稳定发展

兰考县积极调整优化畜牧业结构，争取畜牧产业转型升级，按照"基地支持、龙头带动、流通服务、特色高效"的原则，通过建设规模化、标准化、专业化和集约化原料生产基地，壮大龙头企业、培育知名品牌、完善畜产品批发市场等措施，打造出一批"全链条、全循环，高质量、高效益"的畜牧业产业化集群，形成资源共享、优势互补、特色突出、竞相发展的结构性的产业化格局。

（五）乡村旅游产业初具规模

按照"布局合理、结构优化、功能完善、特色突出"的工作思路，围绕乡村旅游，在产业集聚区建设旅游综合接待服务中心，特色农家宾馆数量迅速增加，实现了集中化和产业化。

（六）各类农业合作经济组织蓬勃发展

通过"龙头企业+经济组织+农户""经济组织+农户""企业+农户""流通组织（中介）+农户"等多种合作方式，拓宽了农产品的销售渠道，让农户吃上定心丸，实现扶贫产业上规模、上层次，不断发展壮大。

（七）乡村人居环境大大改善

农村环境综合整治初见成效，基本完成农村困难家庭危房改造，农村基本住房保障体系基本建立。

从 2013 年兰考县开始落实精准扶贫政策以来，兰考县贫困状况不断改善，贫困人口不断减少。2013 年底，兰考县共有 115 个贫困村，2.33 万户贫困家庭，7.74 万贫困人口。2014 年底 38 个村实现脱贫，剩余贫困家庭 1.7 万个，贫困人口 5.27 万人。2015 年底剩余 1.04 万个贫困家庭，3.34 万贫困人口。2016 年底，贫困家庭共 6800 余户，贫困人口 1.68 万人。截至 2017 年，兰考县新脱贫 527 户 1490 人，返贫 16 户 53 人，贫困家庭共

3369 户，贫困人口共 7046 人①。

依据《中共中央办公厅 国务院办公厅印发〈关于建立贫困退出机制的意见〉的通知》（厅字〔2016〕16 号）、《中共河南省委办公厅 河南省人民政府办公厅印发〈河南省贫困退出实施办法〉的通知》（豫办〔2016〕28 号）文件要求，结合实际情况，兰考县制定了贫困县退出工作方案。兰考县于 2016 年 11 月底，完成 2016 年度贫困户数据动态管理工作。2016 年 12 月中旬，有序完成了 115 个贫困村退出，并于 12 月底向省扶贫开发领导小组提出贫困县退出申请。2017 年 1 月，国务院扶贫开发领导小组委托中国科学院地理科学与资源研究所进行第三方专项评估，评估结果显示兰考县抽样错退率（人）为 0.72%，抽样漏评率（人）为 0.75%。2017 年 2 月，河南省政府批准，兰考县正式退出国家级贫困县序列，摘掉贫困县的帽子②。

按照中央精准扶贫政策的要求，兰考县如期兑现"三年脱贫"的承诺。构建了特色产业体系、新型城镇体系和公共服务体系。深化了体制机制改革，创新了融资方式，优化了经济发展环境。在精准扶贫、精准脱贫的过程中，兰考县不断提升基层党建工作标准，加强基层党组织作用发挥，突出转变干部工作作风，强化基层党组织服务发展、服务群众的能力。这些也为兰考稳定脱贫奔小康奠定了坚实基础，创造了有利条件，提供了组织保证。

---

① 李明俊：《政府工作报告——在兰考县第十五届人民代表大会第一次会议上》，2017 年 3 月 20 日。
② 资料来源：《河南省人民政府关于批准兰考县退出贫困县的通知》（〔2017〕23 号）。

第二章 兰考县精准识别扶贫对象

在不同历史阶段，对扶贫对象的确定是不同的。改革开放以前，中国经济发展水平落后，人民整体生活水平较低。据国家统计局的统计资料，1978年，我国国民生产总值为3679亿元、人均年收入384.74元，中国农村家庭的恩格尔系数为67.7%，表明中国当时还是贫困国家，温饱问题还没有解决。这种条件下扶贫对象主要是灾害严重地区和革命老根据地及部分少数民族地区。改革开放以后，特别是1984年中国向世界粮农组织宣布已经基本解决温饱问题后，扶贫对象主要是"老、少、边、穷"地区。1994年扶贫进入攻坚阶段后，随着宏观经济环境变化，特别是收入分配不平等程度扩大，以区域开发为重点的农村扶贫出现了偏离目标和扶贫效果下降的问题。这种背景下，对扶贫对象的识别显得越来越重要。

扶贫对象精准是精准扶贫的前提和基础，在扶贫工作中的地位和作用至关重要。正如习近平强调的，精准扶贫，关键的关键是要把扶贫对象摸清搞准，把家底盘清，这是前提。① 精准识别对象，就是准确鉴别、识别、辨别哪些是真正的困难群众，在宏观上明确困难群众的人口规模、人口范畴和分布情况，评估其贫困程度和致贫原因，为实施精准扶贫奠定基础。习近平强调，"要真真实实把情况摸清楚。做好基层工作，关键是要做到情况明。把情况搞清楚了，才能把工作做到家、做到位"②。具体实施过程中，仍然面临贫困户指标分配、贫富程度区分等难题。为解决这些问题，作为精准扶贫的关键步骤，精准识别贫困人口、为贫困群众建档立卡的工作，在全国各地迅速开展起来。

---

① 习近平：《在部分省区市扶贫攻坚与"十三五"时期经济社会发展座谈会上的讲话》（2015年6月18日）。

② 习近平：《做焦裕禄式的县委书记》，中央文献出版社，2015，第21页。

为解决"扶持谁"的问题，河南省出台了《河南省扶贫对象精准识别及管理办法》。归结起来就是要求做到"26365"①。兰考县按照河南省贫困人口建档立卡暨信息动态管理工作程序，对全县的贫困人口进行建档立卡和精准"回头看"。

第一节　建档立卡确认贫困对象

习近平提出，扶贫首先要打牢基础，做实做细建档立卡，实现动态管理。② 建档立卡是明确扶贫对象、实施精准扶贫工作的基础性工作。建档立卡包括对贫困户和对贫困村建档立卡。建档立卡的过程也是对贫困户和贫困村进行贫困或致贫原因摸排的过程。只有明确帮扶主体，了解帮扶需要，才能落实帮扶措施。建档立卡为扶贫开发决策和考核提供依据，为整个精准扶贫工作奠定基础。

2014 年《国务院扶贫办关于印发〈扶贫开发建档立卡工作方案〉的通知》下发后，为做好精准识别工作，兰考县成立了建档立卡和信息化建设工作领导小组，出台了《兰考县扶贫开发建档立卡工作实施方案》③。组织乡镇扶贫工作者，开展业务培训，对精准识别的标准、流程、要求等工作方法进行培训，保障工作的顺利开展。

兰考县按照"20 字"原则④，对贫困户、贫困村进行识别并建档立卡。为提高建档立卡工作质量，还将其作为扶贫工作考核的重要内容。充分发挥基层党组织、驻村工作队员、大学生村官的作用，严格按照建档立

---

① "2"就是识别标准"两条杠"，一条是严格执行农民人均纯收入标准，比如 2015 年是 2855 元；另一条是统筹考虑"两不愁三保障"因素，都有具体的描述。"6"就是识别六步工作法，即"一进二看三算四比五议六定"。"3"就是识别程序三步走，即初选对象、乡镇审核、县级复审。还有一个"6"就是要求做到"六签字"，即对确定的扶贫对象名单，必须要有驻村第一书记或驻村工作队长、包村干部、村委会主任、村支书、乡镇长、乡镇书记签字。"5"是建档立卡五个步骤，即数据录入、数据核查、结对帮扶、制定计划、填写手册和明白卡。

② 习近平：《在部分省区市扶贫攻坚与"十三五"时期经济发展座谈会上的讲话》（2015 年 6 月 18 日）。

③ 兰考县扶贫开发领导小组办公室编《兰考县脱贫攻坚资料汇编（2014—2017）》，2017，第 40~44 页.

④ 20 字原则：县为单位、规模控制、分级负责、精准识别、动态管理。

卡的识别程序，把每一个贫困村、贫困户的情况摸透，弄清贫困程度和致贫原因等，进行建档立卡。

一　贫困村建档立卡的方法和步骤

（一）工作方法

1. 识别标准

兰考县对贫困村的识别确认是按照"一高一低一无"的标准①进行的。只有完全符合"一高一低一无"的基本标准，才能被纳入贫困村，享受国家政策扶持和项目扶持。

2. 主要做法

全县范围内，以行政村为单位，而不是以自然村为单位，由村自愿申请、所在乡镇人民政府把关审核、县扶贫开发领导小组统一审定，然后填写《贫困村登记表》。该过程考察过去扶贫开发中，通过整体推进、定点帮扶等措施已经稳定脱贫的贫困村，通过行政村自我发展，群众生产生活条件已经明显改善，村容村貌发生了明显改观、农民人均纯收入得到较快增加、大部分贫困人口已经稳定脱贫的贫困村，以及乡镇政府所在地，纳入中心商务区、产业集聚区、城中村改造规划的贫困村，不再作为贫困村建档立卡。同时，实事求是，识别认定新出现的贫困村并纳入建档立卡范围②。

3. 识别内容

对贫困村的识别主要围绕基本情况、基础设施状况、发展水平、公共服务情况、生产生活条件、帮扶情况和帮扶成效等七个方面内容。

（二）工作步骤和时间安排

1. 首先确定规模

由各乡镇根据县测算到本乡镇的贫困村规模，复核测算到行政村，确

---

① "一高一低一无"，即行政村贫困发生率高出全省贫困发生率，行政村全村农民人均纯收入低于本县平均水平的60%，行政村无集体经济收入。
② 《关于印发〈兰考县扶贫开发建档立卡工作实施方案〉的通知》（兰扶贫组〔2014〕6号）。

定贫困村申报以行政村为单位，不以自然村为单位。

2. 乡镇人民政府向各村宣传贫困村申请条件和工作流程

（1）兰考县扶贫办于2014年3月对贫困村发展现状进行摸底调查。作者调研孟寨乡时看到孟寨乡韩营村确定贫困村的完整资料。该村仅有1个自然村，352户1146人，耕地面积1839亩，劳动力620人，外出务工劳动力330人，2013年低人均纯收入1350元。硬化路仅部分修通，不通客运班车，自然村之间有硬化路，村内主要街道路面没有实现硬化，总长度1600米。村内没有垃圾池，无专人管理，垃圾无法得到及时有效处理，村内没有完整的排污系统，村庄主街道没有绿化，有1200平方米的坑塘没有得到合理利用。村内危房户有186户。村民能够饮用安全水，262户900人使用自来水，自来水入户率70%。全村有中低产田1839亩，农田有效灌溉面积1600亩，占比为85%，没有高标准农田，农用机井45眼，还需要15眼，有生产桥9座，还需要12座。农村电网已得到改造，用电农户300户，农电入户率90%，还需要2台变压器，500米低压线路。村内主干道没有路灯照明。175户通广播电视，占70%，村内没有文化活动室和村民图书馆，没有文艺活动场所。村里没有有文化、懂信息、能服务的信息员，但学校、自然村已通宽带。学前三年教育应入园人数100人，入园率100%；义务教育阶段应入学人数220人，实际入学率20%；高中阶段应入学人数35人，毛入学率5%。村内没有标准化卫生室，无法满足村民"小病不出村"的需求；村内没有合格的医生；参加新型农村合作医疗1100人，参合率98%。有550人参加新型农村社会养老保险，占50%。符合条件的贫困家庭没有全部纳入农村居民最低生活保障范围，有30户纳入低保户，1户纳入五保户。村中主导产业是种植小麦、玉米，没有特色产业。村内还有350户富余劳动力没有相对固定的务工地点和相对稳定的经济收入。265户没有增收项目，需要帮扶。村"两委"班子组织健全、结构合理、团结和谐，但村内各项制度并不健全，活动频次不够，村"两委"班子有较强的带领群众发展生产、脱贫致富素质和能力。

（2）申请贫困村。在广泛征求群众意见和村级组织充分讨论基础上，韩营村村委向孟寨乡人民政府提出申请：本村（韩营村）共有农户298户1146人，其中贫困户107户293人，贫困发生率为25.6%，2013年农民人均纯收入 2700 元。特申请为贫困村。自愿提出申请，报乡镇人民政府审核，形成贫困村初选名单。

（3）公示程序。2014 年 6 月 17 日，孟寨乡人民政府召开党政领导班子会议，按照贫困村识别标准，结合各村贫困状况，拟定孟寨村等 7 个行政村为贫困村，并于当日公示。公示 7 日无异议后孟寨乡人民政府于 6 月 24 日向兰考县扶贫开发领导小组提交关于审核确认贫困村的报告，初步拟定孟寨村等 7 个村为贫困村。2014 年 6 月 30 日，兰考县扶贫开发领导小组根据《扶贫开发建档立卡工作方案》要求，按照村委会申请和乡镇政府审核等程序，经县扶贫开发领导小组会议研究，确定王楼村等 7 个村为贫困村（含韩营村），并予以公示。孟寨乡人民政府对贫困村初选名单进行公示（含韩营村），经公示无异议后，兰考县扶贫开发领导小组审定，然后进行公告。作者实地考察了韩营村，访谈了村委和孟寨乡政府工作人员，贫困村的确定程序严谨，特别是做了充分公示。

3. 确定扶贫对象

经过确定规模、初选对象、公示公告，历时两个多月，兰考县共确定 115 个行政村为贫困村：许河乡 6 个、小宋乡 10 个、考城镇 12 个、红庙镇 9 个、孟寨乡 7 个、葡萄架乡 6 个、三义寨乡 9 个、惠安街道 7 个、坝头乡 5 个、南彰镇 7 个、堌阳镇 11 个、仪封乡 9 个、谷营镇 12 个、闫楼乡 5 个。

然后利用一个月的时间，乡镇统筹安排有关帮扶资源，研究提出对 115 个贫困村的结对帮扶方案，并落实结对帮扶单位。由乡镇人民政府指导，村委会、驻村工作队和帮扶单位三方结合根据贫困村的具体需求和实际困难，制定可落地的帮扶计划。

在此基础上，组织填写《贫困村登记表》。这项工作由兰考县扶贫办统一指导，各乡镇人民政府分别组织已确定的贫困村村委会、驻村工作队和帮扶单位填写《贫困村登记表》，并进行数据录入。然后由各乡镇人民政府组织人员将《贫困登记表》录入全国扶贫信息网络系统，并进行数据审核。填报工作也在一个月内完成。河南省网络运行 10 月底前完成，2014 年底前与全国扶贫信息网络系统并网运行。建档立卡还要求及时进行数据更新，贫困村信息实时更新，并录入全国扶贫信息网络系统，以实现贫困村信息的动态管理。

兰考县在贫困村识别过程中做了大量工作，在450个行政村中确定了115个贫困村。但由于村与村之间的实际差距与主观判断存在一定偏差，而且贫困村识别中采取了行政村自愿申请的原则，贫困村识别的客观性有所降低。在随后的扶贫实践工作中，出现了资源集中向贫困村倾斜的现象，一定程度上造成了非贫困村的公平感下降。为进一步提高识别精准度，兰考县从2015年开始逐步弱化贫困村识别的概念和提法，把工作重心转移到贫困户的识别中。

二　贫困户建档立卡的方法和步骤

通过走访中向仪封、小宋等乡镇的驻村干部了解，贫困户的识别程序简单来说，就是"两公示，一公告"，即农民自主申请—村民代表民主评议—公示（第一次）—上报乡镇（街道）政府审核—公示（第二次）—上报县扶贫办审核—公告（网站）—确定贫困户—建档立卡。

（一）工作方法

1. 识别标准

对贫困户建档立卡，识别确认标准是2013年农民人均纯收入2736元（相当于2010年2300元不变价）的国家农村扶贫标准[①]，对识别标准以下的农村贫困人口建档立卡是一项系统工作（见图2-1）。

时任国务院副总理汪洋提出："判断是不是贫困户，收入是个重要指标，是对贫困状况的综合判断，但内容还是'两不愁、三保障'。"[②] 兰考县扶贫对象识别严格执行国家标准[③]。统筹考虑"两不愁三保障"因素[④]。

---

① 数据来源：《国务院扶贫办关于印发〈扶贫开发建档立卡工作方案〉的通知》（国开办发〔2014〕24号）。

② 汪洋：《紧紧围绕精准扶贫精准脱贫深入推进脱贫攻坚》，《行政管理改革》2016年第4期。

③ 即：农民人均纯收入以上年度的国家农村扶贫标准为基本依据，对符合条件的农户整户识别。

④ "两不愁三保障"：不愁吃（口粮不愁，主食细粮有保障）；不愁穿（年有换季衣服，经常有换洗衣服）；义务教育（农户家庭中有子女上学负担较重，虽然人均纯收入达到识别标准，但也要统筹考虑纳入扶贫对象）；基本医疗（农户家庭成员因患大病或长期慢性病，影响家庭成员正常生产生活，需要经常住院治疗或长期用药治疗，刚性支出较大，虽然人均纯收入达到识别标准，但也要统筹考虑纳入扶贫对象）；住房安全（农户居住用房是C、D级危险房屋的，虽然人均纯收入达到识别标准，也要统筹考虑纳入扶贫对象）。

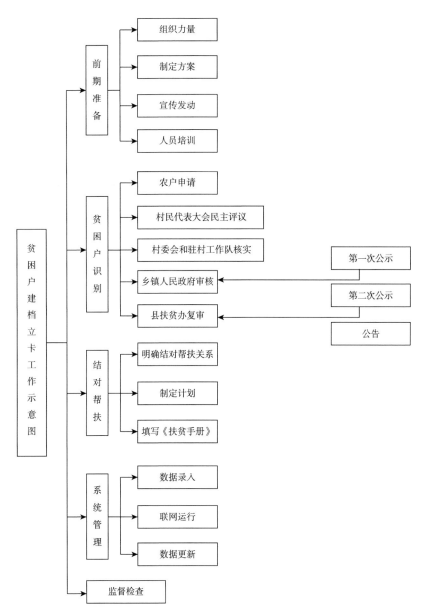

图 2-1　贫困户建档立卡工作示意图

在精准识别中，兰考县以国家标准为基本标准，结合本地实际，将"两不愁三保障"因素纳入识别的考量要素。最大限度做到识别科学、合理，保证了识别的精准。

2. 识别范围

根据河南省监测的兰考县农村贫困人口规模 7.74 万人和《扶贫开发建档立卡工作方案》要求确定。同时在具体建档立卡工作中,按实际把扶贫标准以下的农村贫困人口识别登记到村到户。

兰考县 2002 年被确定为国家级贫困县,当时全县有 8 个贫困乡,160 个贫困村,13.12 万贫困人口。经过第一轮扶贫开发,到 2011 年全县仍有 131 个贫困村,13.036 万贫困人口(扶贫标准调整,2010 年底人均纯收入 2300 元)①,2014 年 4 月,经过精准识别,建档立卡贫困村 115 个,贫困人口为 7.74 万人②。但 2014 年建档立卡时,对精准扶贫认识不到位,在贫困户认定上兰考县和很多地方一样存在分指标定任务、村干部优亲厚友等现象,导致贫困户识别不准,群众对此很有意见。

2015 年 6 月习近平总书记在贵州召开座谈会后,兰考县针对这些问题认真研究精准识别的战略意义和具体要求,先行一步,主动开展精准"再识别",按照"应进则进、应出尽出、应纠则纠"的原则,组织驻村工作队员、包村干部、村干部,对全县所有行政村逐户逐人"过筛子",集中将识别结果及时录入建档立卡信息系统,为因村因户因人施策提供了依据。同时围绕"六个精准",开展标准化档案建设,为 2.3 万个贫困户建档立卡,实现了一户一个编号、一户一个档案。"一户一档"的建立,细化了贫困户各项信息指标,明确了帮扶责任人、帮扶措施,记录了脱贫过程及成效,成为兰考县精准施策全过程最基础的资料。

3. 过程做法

以农户收入为基本依据,综合考虑其住房、子女教育、健康状况等情况,通过农户自愿申请、村委民主评议、对村民公示公告以及逐级审核的方式,整户识别、识别精准到户。

兰考县在工作推进中参考国家扶贫对象识别标准,并从不同村、不同户的实际出发,综合考量扶贫对象的生活现状、家庭财产和致贫原因。按照"公开、公正、透明"原则,推行"一进二看三算四比五议六定"

---

① 数据来源:兰考县人民政府《兰考县 2012 年度扶贫开发工作总结》,2012 年 12 月。
② 数据来源:兰考县人民政府《严格程序稳步推进扎实开展贫困人口精准识别工作》,2014 年 7 月 11 日。

工作法①和"四议两公开"工作法②，尽管程序相对繁琐，但确实做到了决议公开、实施结果公开，保证了精准识别的科学性和民主性。因为坚持了群众路线，尊重群众意愿，识别结果自然经得起群众的检验。

4. 登记内容

对识别出来的贫困户，填写《扶贫手册》。《扶贫手册》内容包括家庭基本情况、致贫原因、帮扶计划、帮扶措施、帮扶责任人和帮扶成效等六个方面内容。

《扶贫手册》是由国务院扶贫办统一监制的，各县负责制作下发，已确认的贫困户和其所在村委会各执一册。作为建档立卡贫困户的身份凭证，它是镇村干部结对帮扶的民情信息册，也是客观记录贫困户脱贫致富过程的重要载体。为了做好手册的规范填写工作，兰考县将《扶贫手册》填写说明进行红字标记，下发到扶贫各单位，组织集体学习，保证每一个扶贫工作人员科学把握填写事项。同时，兰考县多次组织扶贫业务指导小组深入各乡镇指导和检查《扶贫手册》填写情况，对填写不规范、缺项漏项的帮扶责任人或驻村工作队进行通报问责。《扶贫手册》业务指导和检查工作，为后期推进兰考县《扶贫手册》的规范化管理、各项帮扶措施落实到位和脱贫攻坚工作打下了良好基础。

（二）工作步骤和时间安排

1. 确定规模

按照《贫困人口规模测算参考方法》，各乡镇需要将贫困人口的规模

---

① 一进：包村干部、村级组织和驻村工作队（第一书记）对全村农户逐家进户调查走访，摸清底数。二看：看房子、家具等基本生活设施状况。拥有家用轿车、大型农机具、高档家电的，不得识别或慎重识别。三算：按照标准逐户测算收入和支出，算出人均纯收入数，算支出大账，找致贫原因，对贫富情况有本明白账。四比：和全村左邻右舍比较生活质量。家庭成员有财政供养人员、有担任村干部的，家庭成员作为法人或股东在工商部门注册有企业的，在城镇拥有门市房、商品房的，不得识别或慎重识别。五议：对照标准，综合考量，逐户评议。拟正式推荐为扶贫对象的，必须获得绝大多数村民认可，必须向村民公示、公告。六定：正式确定为扶贫对象的，由村"两委"推荐确定，乡镇党委、政府核定。

② "四议两公开"：村党支部会提议、村"两委"会商议、党员大会审议、村民代表会议或村民会议决议；决议公开、实施结果公开。

测算到具体行政村。

根据《贫困人口规模测算参考方法》，贫困人口规模测算主要由各级扶贫部门负责，为提高贫困户识别的准确性和识别工作的可操作性，按照20字原则，根据实际情况将本地贫困人口的数量作逐级测算。按照自上而下、逐级测算的办法逐步展开。对此，兰考县制定了详细的计算公式和计算方法，以保障贫困人口规模测算的科学性和准确性。[1]

2. 初选对象

作者从兰考县扶贫办了解到，这项工作由扶贫办和各乡镇人民政府指导，按照已经测算到行政村的贫困人口规模，按照自愿原则由农户本人提出贫困申请，并填写贫困户申请书。申请户必须如实填写有劳动能力的家庭人口数，当年的家庭纯收入；对拟推荐的贫困户，按照"四议"程序，形成初选名单。村民代表大会民主评议会要有详细的会议记录，详细记录时间、地点、参会人数、会议内容，并如实填写村民代表大会民主评议统计表，将投票结果如实记录。初选贫困户名单由所在村村委会和驻村工作队检查核实后做第一次公示，公示时间不少于7天，经过第一次公示无异议后报所在乡镇人民政府审核。

3. 公示公告

经第一次公示无异议后，各乡镇人民政府对辖区内各村上报的初选贫困户名单进行审核。乡镇对初选对象要求逐户核查。对核查无误后确定的贫困户名单，要有驻村第一书记或驻村工作队长、包村干部、村委会主任、村支书、乡镇长和乡镇书记"六签字"，然后在各行政村进行第二次公示。经第二次公示仍无异议后报兰考县扶贫办复审，最终名单在各行政村内公告。

以上三项工作历时三个月时间完成。

4. 结对帮扶

各乡镇统筹安排有关帮扶资源，研究提出对贫困户结对帮扶方案，明确结对帮扶关系、帮扶责任人。

---

① 兰考县扶贫开发领导小组办公室：《兰考县脱贫攻坚资料汇编（2014—2017）》，2017，第42页。

兰考县根据本县实际情况和扶贫工作人员构成，制定了详细的帮扶关系和责任人。首先建立县级领导联系贫困村（社区）制度[①]，每名县级领导联系 2~3 个贫困村（社区），定期到联系村（社区）走访贫困户、召开群众座谈会、研究脱贫政策，及时解决遇到的问题和困难。每周至少在所联系村（社区）内住 1 夜，并认真记好扶贫工作笔记、拍照入档；驻村工作队员要坚持"五天四夜"工作制度[②]，非贫困村包村干部每周驻村不少于 1 天，每月至少走访贫困户 2 遍，认真填写扶贫工作日记。确因村内事务需要外出的，要进行登记并写明原因。完善县直单位分包贫困村制度，每周要召开会议，听取本单位驻村工作队的工作汇报，研究驻村扶贫工作。县直各单位主要负责人要多入村入户，每个月至少到帮扶村走访调研 1 天，对所帮扶村的情况要了如指掌。同时，要充分发挥行业优势，该出钱的出钱，该提供项目的提供项目，既要做好分工协作又要做好一对一帮扶，确保帮扶工作取得实实在在的效果。

5. 制定计划

在乡镇人民政府指导下，由所在村村委会、驻村工作队以及帮扶责任人研究分析贫困户致贫原因，结合贫困家庭实际条件和困难需求，制定帮扶计划。

兰考县要求由村委会、驻村工作队和帮扶责任人通过实际考察，从为贫困户提供教育保障、基本医疗保障、住房安全保障出发制定一对一的帮扶计划，坚持因地制宜、创新机制、多措并举的原则，为贫困户制定切实有效的扶贫项目，帮助贫困户尽早脱贫。

通过向兰考县扶贫办核实，以上工作历时一个月完成。

6. 填写手册、数据录入

由兰考县扶贫办指导，各乡镇人民政府组织村委会、驻村工作队和大学生志愿者对已确定的贫困户填写《扶贫手册》，并录入全国扶贫信息网络系统，进行数据审核。

兰考县注重对信息管理队伍的培训和管理，明确专人，专职专责。村

---

① 资料来源：兰考县扶贫办《兰考县脱贫攻坚提升工程实施方案》，2016 年 4 月 14 日。
② 资料来源：兰考县扶贫办《兰考县脱贫攻坚提升工程实施方案》，2016 年 4 月 14 日。

级在数据采集时，要做到不落一个指标，不错一个数据。乡级在数据录入时，不误填一个数据，及时发现原始数据错漏并加以纠正，对各类别扶贫对象做到准确标识。县级要指导基层搞好数据核查和清洗，依据基础信息分配好扶贫资源。规范数据的发布及其与行业部门的协作，保护好扶贫对象隐私权，确保数据安全。

此项工作历时一个月完成。

7. 联网运行

按照河南省扶贫办工作安排，对兰考县录入数据抽查审核并在河南省试运行。

此项工作历时两个月完成。

8. 数据更新

贫困户信息根据情况变化实时更新，并录入全国扶贫信息网络系统，以实现贫困户动态调整。

兰考县及时建立扶贫对象动态管理机制，对经过帮扶已确定达到脱贫标准的，通过程序，及时退出；对因各种原因致贫返贫的，按照程序及时纳入，落实好扶贫政策，切实做到应退尽退、应扶尽扶。

在党中央政策指导下，在河南省支持下，经过全县上下统一部署，兰考县认真开展了扶贫开发建档立卡工作，在短时间内，实现了数据可查询、可统计，可依据数据决策和开展工作，初步澄清了"谁贫困、为什么贫困"这一基本问题，为精准扶贫奠定了基础，取得了阶段性成果。由于时间紧、任务重，建档立卡人口识别工作与精准扶贫、精准脱贫要求还有一定差距，影响了扶贫工作的深入开展，兰考县及时自省自查，开展精准再识别的"回头看"工作，解决精准识别中的问题。

三 精准识别过程中存在的主要问题

（一）贫困对象选择不精准

在扶贫对象的识别上，部分贫困村、扶贫对象的识别未能完全按照规定程序进行，存在着"真贫的未纳入"、"不贫的进名单"、"脱贫不出列"、"返贫重回难"等现象。这些无疑将直接影响扶贫的实际成效，导致扶贫资源浪费，真正的贫困问题难以及时得到关注和解决。

根据中央扶贫工作中的相关政策规定，扶贫对象必须由政府通过既定的标准和程序来识别认定，但在实际操作过程中会受到多方面因素干扰和影响。一些地方在扶贫对象识别上存在层层分解指标的做法，一些贫困户被屏蔽在扶贫对象之外，一些经济状况不错的农户反而成了扶贫对象。扶贫对象识别时存在优亲厚友现象。部分扶贫对象的识别未能完全按照规定程序进行，没有经过民主评议，更没有在村内公示，只是几个村干部甚至村支书一个人凭印象就定了，更有甚者拿扶贫对象指标送人情、拉关系，与自己亲的近的、关系好的纳入扶贫建档立卡系统，真正贫困的、需要帮扶的则排除在外。

村民评议在全国范围内已经成为对扶贫对象进行识别和认定的一个重要依据。一般来说，对于最贫困村民的认定大都能够形成共识。但在实际操作中，对于处在贫困线边缘的贫困户识别和认定经常会出现较大分歧。一方面收入处于贫困线上下的村民核算收入差距并不大，另一方面由于部分村民存在朴素的平均主义思想或者基于占便宜的心理争抢贫困户指标，有的为此甚至不惜上访。而有的村干部工作能力不足，存在轮流占有扶贫指标的现象，导致精准识别不精准。这就极易出现"该进的人没进、不该进的进去了"[1] 的现象，纳入贫困对象的识别和实际情况存在较大差距。而精准识别中的官僚主义和腐败问题则更应该杜绝。

"脱贫不出列"现象。个别贫困户按照国家政策标准实现了脱贫，但未及时从建档立卡中退出，仍然享受着国家扶持政策。这种情况有的是因为扶贫工作队未能及时进行核查清退，有的是相关扶贫工作人员徇私舞弊，还有的是因为贫困户自己瞒报，未能将脱贫的实际情况上报。"脱贫不出列"，已经脱贫的仍然享受政策优惠，导致国家扶贫资源被占用。

"返贫重回难"现象。返贫是指扶贫对象，主要是贫困户在实现脱贫后又因各种原因重新陷入贫困的现象。尽管有对扶贫对象的动态管理，允许已脱贫人员返贫后可以被重新列为扶贫对象，但由于扶贫对象的识别和

---

[1]　资料来源：《李明俊在全县脱贫攻坚精准帮扶推进会上的讲话》（录音整理稿），2016 年 6 月 19 日。

认定是一个系统工程，重新认定需要相对较长时间，其中还涉及贫困人口地区规模既定，返贫人员要重新被识别确定为扶贫对象难度很大。此外，个别村庄还存在强制脱贫现象，村"两委"为追求表面政绩，强行将某些贫困户脱贫，不仅没有解决贫困户实际困难，帮助他们真正脱离贫困，反而成为某些干部追求政绩的手段。这些真正已经脱贫或者被强制脱贫的村民，由于多方面原因重陷贫困时，会因诸多实际困难而出现部分未被重新纳入贫困户内的情况。

（二）贫困对象信息不准确

2011 年，为推进扶贫工作，国家推行建立健全农村贫困村和贫困户档案。兰考根据国家政策成立了建档立卡和信息化建设工作领导小组，出台《兰考县扶贫开发建档立卡工作实施方案》，并组织乡镇参与扶贫工作的干部职工对全县农村贫困户和贫困村进行精准识别，建档立卡，为扶贫工作提供信息支持。2014 年春，兰考县组织第二次建档立卡工作。但在实际建档立卡过程中，存在贫困户信息不全、信息错误、信息更新不及时等现象。

一方面是因为贫困户信息不够准确。个别村干部及驻村工作队员工作不扎实，入户调查不深入，致使扶贫工作台账信息不准，帮扶日记、驻村台账不完备、互相不契合，说服力不够。2014 年兰考县组织开展精准识别调研走访，调研人员持 2014 年贫困户建档立卡名单进行入户调研，贫困户登记在册信息极不准确，户主姓名、家中人口数量登记错误大量存在，部分村贫困户存在登记重复现象。甚至个别村贫困户名单与事实不符的比例高达 80% 以上，造成人力、物力不必要的浪费。新增贫困户只能依靠调研人员手工添加，无法保证新增贫困人口的全面覆盖。此外，在贫困户名单中，贫困户所在村民小组信息正确率几乎只占三成左右，贫困户家中人口数量登记信息准确率仅为八成左右，贫困户户主姓名登记错误，错字、别字、漏字现象较为普遍，为调研人员寻找贫困户、核实家中分户情况、研判脱贫情况、统计贫困户人均占有耕地等各项工作带来了很大的困难。

另一方面，新纳入和退出贫困等信息更新不及时。贫困户信息的重要价值是便于动态掌握扶贫工作进展，为扶贫工作的决策和考核提供信息和依据，这对于贫困信息及时性提出了要求。但是个别地区对建档立卡采取简单化处理①，未能及时对新纳入的贫困户、退出贫困的群众进行信息更新，致使信息陈旧，丧失时效性和参考价值，无法通过这些信息的更新掌握精准扶贫的效果和情况。

第二节　精准再识别贫困对象

在扶贫对象识别过程中，受到精准识别人员专业性不足、判定贫困户标准绝对化、农村人员流动频繁、精准识别宣传不到位等诸多因素影响，存在贫困对象选择不精准、贫困对象信息不准确等问题。这些问题使建档立卡对扶贫工作的实际作用大打折扣，为精准扶贫工作带来一系列问题。基于这些问题，同时作为对建档立卡工作的自我检查，兰考县在党中央政策指导下，坚持"应进则进，应出尽出"的原则，组织开展了"回头看"工作，对贫困户人口进行了一次逐户核查，确保"扶贫对象精准"。

为保证精准识别工作的准确性和可靠性，克服识别过程中存在的问题，兰考县进行了多次精准再识别，特别是按照河南省统一安排开展了"回头看"工作。2015年3月，兰考县115个驻村扶贫工作队配合村"两委"，对兰考县建档立卡贫困人口进行了精准再识别，实现"户有卡、乡镇有簿、县乡有平台"。

2016年4月，兰考县抽调172人组成的专业队伍对全县建档立卡贫困人口逐村、逐户、逐人"过筛子"，按照"不落一户、不漏一人"的要求，组织驻村工作队员、包村干部和村干部进行拉网式排查②。以农户收入为基本依据，统筹考虑"两不愁三保障"，开展精准识别"回头看"，依照"应进则进、应出尽出"的原则，认真负责、有错必纠，对建档立卡贫困户进行再次调整，按照"回头看"的实际结果进行了贫困户的新增、清退和纠错，并集中将识别结果及时录入建档立卡信息系统。通过"回头看"，

---

① 资料来源：《蔡松涛在兰考县脱贫攻坚提升工程推进会上的讲话》（根据录音整理），2016年4月15日。

② 资料来源：中共兰考县委兰考县人民政府《干字当头精准发力深入践行总书记脱贫攻坚战略思想》，2018年3月。

保证了"真贫群众"入档、"伪贫群众"清除，错误信息及时更正，从而提高了识别的精准性，确保了扶贫工作的有效性和准确性。

一 "回头看"把握三大工作要求

（一）精准掌握识贫标准

坚持年人均纯收入标准，不擅自提高，不随便降低。通过"一进、二算、三看、四比"的原则来把握评价贫困户状况。"一进"就是挨家挨户到农户家进行走访。"二算"就是算好收入账和支出账。"三看"就是在算账的基础上看农户的房子、家具和生活情况。"四比"就是跟"四邻"比。

收入核算标准：土地经营性收入，种植常规农作物（小麦、玉米）的一般贫困户按每亩每年 600 元计算，兜底户按每亩每年 500 元计算；土地流转、劳务、种植经济作物、发展养殖等其他收入据实核算。贫困人员信息库中的贫困户，若年人均纯收入分别达到 2800 元（2014 年）、2855 元（2015 年）、3026 元（2016 年），即为脱贫。

（二）全面理解扶贫标准

扶贫对象的识别是一个有机体系和动态过程，时任国务院副总理汪洋明确指出："判断是不是贫困户，收入是个重要指标，是对贫困状况的综合判断，但内容还是'两不愁、三保障'。……我们在瞄准建档立卡贫困人口、实施精准扶贫时，要重点拿'两不愁、三保障'这个尺子来比对，看看贫困户能不能吃饱，能不能穿暖，义务教育阶段孩子有没有上学，家里人能否经得起有人生病，会不会因病致贫、返贫，农户住房条件怎样、是不是安全。哪方面愁、哪方面没保障，就着力解决哪方面问题，这样才能做到精准扶贫，才能如期完成好脱贫任务，而不仅仅看收入如何。"[1]

（三）打通退出通道

部分确实不符合扶贫标准人员，要严格按照退出标准和程序，做到逐

---

[1] 汪洋：《紧紧围绕精准扶贫精准脱贫深入推进脱贫攻坚》，《行政管理改革》2016 年第 4 期。

户逐人销号。需要删除的人员名单，逐级报告。统筹减贫承诺和脱贫规划，规避脱贫摘帽冒进，超计划标识的原则上要标识回去。对省扶贫办反馈的审计署确定的"六类人员"①，能够合理解释原因的予以保留，不能合理解释的按要求及时清退。对不在贫困人员信息库中但符合贫困标准的人员和低保户，要及时纳入贫困户信息库中。

二　"回头看"找准四个核查内容

"回头看"要核准贫困户基本信息（以户籍信息为准），完善家底状况、致贫原因、收入来源、收入水平、帮扶措施等基础档案。

（一）看识别对象准不准，主要解决以下问题

1. 解决好规模分解、标准把握不合理造成的对象不准；

2. 解决好没有严格执行"两公示一公告"等工作程序造成的识别不准；

3. 解决好人为因素造成的识别不准；

4. 解决拆、并户等其他因素造成的识别不准。

（二）从以下方面，看致贫原因对不对

1. 解决好没有把致贫原因真正找准的问题；

2. 解决好致贫原因简单化，没有综合考虑当地和农户自身发展条件的问题；

3. 对一些特殊困难地区和老年及儿童贫困人群的致贫原因，进行深度分析。

（三）看脱贫需求清不清，落实以下问题

1. 深入分析贫困村的致贫原因，发展的优劣势，脱贫的具体路径，制定好整村脱贫计划；

---

① "六类人员"：1. 特困供养人员；2. 严重精神障碍患者；3. 城乡居民最低生活保障对象；4. 特困优抚对象，精准扶贫建档立卡中的贫困人员；5. 因自付费用过高致贫、返贫家庭的大病患者；6. 由基本医疗保险经办机构确定的门诊重大疾病及慢性病患者。

2. 进村入户了解贫困户的基本情况、致贫原因，摸清脱贫需求，制定差异化的扶贫措施。

（四）看帮扶机制实不实，解决好以下问题

1. 解决好驻村工作队和帮扶责任人"两个全覆盖"[①] 的问题；

2. 解决好驻村工作队做什么的问题；

3. 解决好帮扶责任人不落实、帮扶机制流于形式、帮扶效果差等问题；

4. 解决好非建档立卡贫困村中贫困户帮扶责任人落实不到位、措施不到位的问题。

三 "回头看"把握六个工作方法

在组织精准识别"回头看"的过程中，兰考县召开全县大会动员部署，从思想上和行动上达到统一。"回头看"的工作方法具体可以归纳为六点。

（一）"六查"，即村干部查、工作队查、管区查、乡镇政府查、县扶贫办查、县督查局查

1. 村干部对照名单，逐户排查，发现问题如实记录并反馈到工作队；

2. 工作队再与村干部入户落实问题并记录真实情况，以便为下一步信息更正提供真实依据；

3. 村干部与工作队查完后上报乡镇政府，乡镇政府为确保所查出问题的真实性，委派各管区干部展开重查，再落实再发现，验证其真实性与正确性；

4. 乡镇政府派出督导小组，不经过村、工作队、管区，直接到户督查，发现问题及时反馈；

5. 成立县级联合督查组，不打招呼直接入村入户，直接与户主交谈，确保贫困户信息的准确性；

---

① "两个全覆盖"：确保每个贫困村都有一支驻村帮扶工作队，每户贫困户都有一名帮扶责任人，每名帮扶责任人结对帮扶贫困户最多不超过 5 户。

6. 县委、县政府责令县督查局进行暗访，再次入村、入户调查，发现问题及时反馈、现场交办并更正，同时发布动态通告，确保各级思想上行动上重视。

（二）"六看"，即入户看人、看户口本、看房、看家具及用具、看地、看环境

1. 到贫困户家看家庭人口数，与名单信息人口数对照，如果家庭成员见不到，户主需说明其成员去向；

2. 实际家庭人口数与户口本人数是否照应，如不照应，现场落笔记录；

3. 到户看贫困户所住的房子，直观、真实反映贫困户的居住条件；

4. 进屋看贫困户家具及用具，看生活条件，看劳动用具；

5. 到贫困户地里看其耕种的作物，为下一步算账打好基础；

6. 看贫困户生活环境，现场点评，甚至现场帮助整理，达到"三无一规范"（院内及房前屋后无垃圾、无杂草、无污水，各种物品摆放整齐），提振贫困户精神面貌。

（三）"六对照"，即对照贫困户基本信息、生产生活状况、致贫原因、收入来源、收入水平、帮扶措施。工作队、村干部、户主本人携带户口本集中在一起见证，对照信息库中信息，再结合贫困户家庭实际情况进行对照

1. 按照户口本信息，对照贫困户基本信息的正确性，如家庭成员姓名、身份证号码、年龄、电话号码、与户主关系等是否正确；

2. 通过询问贫困户户主，提供其耕地亩数等相关信息，记录在户表上，贫困户现场签字认同；

3. 询问、了解、查找贫困户贫困的原因，再与村干部结合，确认致贫主要原因和其他致贫原因；

4. 收入来源：在村干部、工作队的见证下，对照贫困户家庭实际情况，算贫困户收入来源，大家共算明白账，使贫困户的收入来源更明白；

5. 收入水平：主要看是否达到了脱贫标准。贫困户主要收入有种植、

养殖、打工等收入，收入水平视其经济来源确定；

6. 帮扶措施：通过与贫困户面对面交谈，让贫困户知晓具体的脱贫措施。

（四）"六明确"，即明确维护信息库时间、明确地点、明确人员、明确责任、明确标准、明确方法

1. 兰考县扶贫办明确信息库开放时间，在规定时间内统一修改信息；

2. 在扶贫办统一领导下明确地点，集中到一个地点，统一吃住，统一工作；

3. 明确人员就是各乡镇挑选懂电脑业务、思路清晰的精兵强将，由县扶贫办进行专业培训；

4. 明确责任，分工明细，以扶贫办统管，各乡镇修改各自信息，如有疑问，现场解答；

5. 明确标准，对贫困户重新审核，达到不落一户、不落一人；

6. 明确方法，在信息库中根据不同的类型，采取不同的方法进行更正，分清类型，明确方法。

（五）"六改"，即改作风、改思想、改策略、改信息、改收入账、改生产生活条件

1. 改作风：通过精准识别"回头看"，认识到精准识别的重要性，改变了慵懒散漫的作风；

2. 改思想：思想认识提高到前所未有的程度，把以前重视不够的思想消除；

3. 改策略：改变以前扶贫思想策略，找到更好实现精准扶贫的方案；

4. 改信息：在信息库及时新增、清除、维护贫困户基础信息，确保贫困户基础信息准确；

5. 改收入账：更新贫困户收入，精准掌握贫困户的最新实际收入数据；

6. 改生产生活条件：改善贫困群众生活面貌和精神面貌，提振精气神，增强脱贫致富的信心。

（六）"六认"，即贫困户认、全村群众认、村"两委"认、工作队认、乡镇政府认、县委县政府认

1. 贫困户认：在精准识别后，让贫困户认识到，精准帮扶绝不是走过场、走形式，而是实实在在的工作；

2. 全村群众认：公开认定评选程序，让非贫困户认识到贫困户的评选符合实际情况，大家口服心服，不造成新矛盾，乡村更稳定；

3. 村"两委"认：村干部对精准识别有了新认识，村干部工作作风大有提高；

4. 工作队认：工作队全程参与，认识到精准识别的重要性；

5. 乡镇政府认：乡镇政府提高对精准识别的认识，为以后的精准施策打下坚实基础；

6. 县委县政府认：县委、县政府下大力气搞精准识别，是打好脱贫攻坚战的有力宣言。

四　精准再识别的成效

（一）动态监督，及时帮扶，专项督查

在精准再识别的过程中，兰考县组织专业人员集中将精准识别结果及时录入贫困户建档立卡信息系统。为确保贫困线边缘的人口不因病、因灾返贫，将这部分人口也纳入建档立卡贫困系统进行帮扶。同时，对"回头看"识别结果进行专项督查，现场交办督查中发现的问题。

2016 年 3 月，兰考县组织 172 人的督导力量，对全县建档立卡贫困户进行了逐一走访，共发现九类共性问题、四类个性问题和一个突出问题①。

1. 九类共性问题

（1）贫困户对政策知晓率、公示知晓率不高；

（2）贫困户中普遍存在将扶贫等同于救济的认知误区；

（3）贫困户对脱贫标准不了解，不会算"脱贫账"；

---

① 资料来源：中共兰考县委兰考县人民政府《干字当头精准发力深入践行总书记脱贫攻坚战略思想》，2018 年 3 月。

（4）扶贫手册发放不及时，填写不规范，突击发放现象普遍；

（5）干部家属甚至本人不符合贫困户标准列入贫困户名单中的不在少数；

（6）到户增收扶贫资金使用存在问题较多，作用发挥不明显，产业扶贫带动能力不强；

（7）"春风行动"落实不到位现象均不同程度存在；

（8）对已脱贫人群关注度不够；

（9）存在弄虚作假、应付检查现象。

2. 四类个性问题

（1）村"两委"班子战斗力弱，有极少数村干部不配合调研活动的开展；

（2）部分贫困户对扶贫措施期望过高，不切实际；

（3）少数贫困户不配合调研工作，对调研存在抵触情绪；

（4）一些村基础设施依然薄弱。

3. 一个突出问题：主体责任错位

（二）及时总结，有效解决

针对精准再识别中发现的突出问题，兰考县及时进行了归纳总结，将问题进行统一分类，将造成这些问题的原因进行自省自查，并组织讨论解决问题的方法。在这一前提下，兰考县要求相关负责单位和人员及时解决出现的问题，为扶贫工作的深入开展奠定基础。

2016年4月，兰考县以农户收入为基本依据，统筹考虑"两不愁、三保障"，开展精准识别"回头看"，依照"应进则进、应出尽出"的原则，认真负责、有错必纠，对建档立卡贫困户进行再次调整，新增4082户8845人，清退4887户15756人，纠错6843户26647人，并集中将识别结果及时录入建档立卡信息系统。2014年初，兰考县有建档立卡贫困村115个，建档立卡贫困人口7.74万人①。2016年4月，开展精准再识别"回头

---

① 数据来源：兰考县委宣传部《蔡松涛在全县脱贫攻坚精准帮扶推进会上的讲话》，2016年6月18日。

看"工作后，有贫困人口 72100 人①。

通过精准识别、专项督查、现场交办等措施，及时纠正了贫困户信息不准、误写、错登、漏登等问题。为精准派人、精准施策提供了可靠依据，为脱贫攻坚打下了基础。

第三节　兰考县精准识别的经验启示

为确保扶贫对象精准识别和动态管理的顺利、高效开展，夯实精准扶贫、精准脱贫和脱贫攻坚提升工作的基础，兰考县从扶贫人员构成、培训、宣传工作、规范流程、加强督查等多方面进行科学规划，为精准识别提供切实保障。

第一，及时发现问题，提前进入状态。

"党的治理能力不仅在于是否符合某种预定的制度类型设计，而且在于以具体问题为导向的基础上能否有效回应发展过程中出现的具体问题。"② 精准识别是精准扶贫一项基础性的工作，事关全局，责任重大。兰考县坚持早发现问题、早采取措施、早产生效果。2014 年《国务院扶贫办关于印发〈扶贫开发建档立卡工作方案〉的通知》（国开办发〔2014〕24号）下发后，为做好精准识别工作，兰考成立建档立卡和信息化建设工作领导小组，县政府副县长任组长，政府办主任任副组长，监察局、财政局、扶贫办、民政局、统计局分管领导及各乡镇主抓副职为成员，领导小组下设办公室，办公地点设在县扶贫办，由扶贫办主任兼任办公室主任。各乡镇成立相应机构，强化对本乡镇建档立卡工作的组织领导，提早发现问题，及时采取措施，一把手亲自抓，精心组织部署，加强指导协调，抽调专业水平高、责任意识强的人员从事此项工作，确保乡镇扶贫开发建档立卡工作顺利开展。出台《兰考县扶贫开发建档立卡工作实施方案》。单位主要领导亲自抓，统筹调度，保证精准识别工作的顺利推进。

---

① 数据来源：兰考县委宣传部《蔡松涛在兰考县脱贫"百日攻坚"大会上的讲话》（根据录音整理），2016 年 7 月 25 日。

② 王长江：《中国政治文明视野下的党的执政能力建设》，上海人民出版社，2005，第183 页。

同时，实行县领导分包乡镇、县直单位和乡镇班子成员分包贫困村、县乡干部分包贫困户的层层分包责任制，对每一个贫困村、贫困户要明确帮扶单位和责任人，一村一户考察实际情况，找到真正贫困的群众。正如习近平总书记所说，"当县委书记一定要跑遍所有的村，当市委书记一定要跑遍所有的乡镇"①，兰考县领导干部坚持深入基层、深入群众，明确各级各部门详细责任，保证扶贫工作落到实处。

针对2014年建档立卡时存在的贫困户识别不准等问题，兰考县主动开展精准"再识别"，按照"应进则进、应出尽出、应纠则纠"的原则，组织人员对全县所有行政村逐户逐人做核查，集中把识别结果录入建档立卡信息系统。

在兰考县脱贫攻坚领导小组部署下，兰考县按时完成了贫困村和贫困户的识别确认工作，为精准扶贫工作的进一步开展提供了保障。2016年开展的扶贫对象动态调整和建档立卡信息采集录入工作，实现了扶贫对象识别、帮扶和脱贫全过程信息化管理，提高了贫困对象识别、确认和动态管理的科学性、准确性。

第二，强化宣传工作，提高精准识别民主化。

"历史活动是群众的活动，随着历史活动的深入，必将是群众队伍的扩大。"② 精准扶贫的实践最终要依靠人民群众的力量，因此要加强对人民群众的政策宣传，调动人民群众参与扶贫、监督扶贫工作的积极性。为有效保证人民群众了解精准扶贫并积极参与精准扶贫工作，兰考县十分注重对精准识别特别是建档立卡的宣传工作。兰考县通过老百姓喜闻乐见的方式将政策文件和兰考县的扶贫动态及时传达给人民群众，使他们熟悉精准扶贫，并逐渐参与到精准扶贫工作中。

一方面，县委宣传部充分利用宣传部门的工作优势和专业优势，做好全县脱贫攻坚宣传报道的指导工作，营造脱贫攻坚的浓厚氛围。宣传部充分利用电视、广播、网络、微信、微博等平台，加强精准扶贫的政策宣传。《今日兰考》《兰考手机报》等每期都有关于扶贫工作的内容。建立了

---

① 习近平：《做焦裕禄式的县委书记》，中央文献出版社，2015，第7页。
② 《马克思恩格斯文集》第1卷，人民出版社，2009，第287页。

兰考精准扶贫、兰考县社会扶贫等公众号，及时推送最新政策文件和精准扶贫动态，让人民群众通过手机方便地获取信息资讯，了解相关动态。文广新局组织创作了多个脱贫攻坚题材的作品，依托文化大院、文化广场，采用群众喜闻乐见的文艺形式宣传扶贫政策。通过宣讲教育达到户户知晓贫困标准，户户知晓扶贫政策措施，户户明白脱贫标准，户户会算脱贫账，户户了解识别、退出程序。

另一方面，各乡镇把精准识别相关政策宣传到每个行政村，确保群众知情和参与，确保建档立卡工作规范有序。为了加强宣传工作，兰考县各乡镇（街道）利用宣传牌及村内广播等方式进行扶贫政策宣传，在所有行政村（社区）显著位置制作 3～5 幅墙体标语；同时，驻村工作队（包村干部）通过"一对一"、"面对面"等形式，对所有建档立卡的贫困户入户宣传扶贫政策和脱贫标准，提高扶贫政策的知晓率；入户宣传每月不少于 2 遍，同时发放"两卡一册"（明白卡、保险卡和扶贫手册）；分组（片）开展集中宣讲，每周不少于 1 次，并拍照存档。

通过多层次、多方式的宣传，引导村民充分了解贫困户识别工作的严肃性和重要性，并引导他们了解建档立卡的工作原则和详细步骤。这样既有利于建档立卡工作高效展开，也能够有效防止精准识别中的不规范行为，保证了精准识别科学高效展开。

第三，规范操作程序，进行数据动态维护。

兰考县充分重视对精准识别工作相关人员的培训工作，加大培训力度，将培训的范围覆盖到县、乡两级扶贫部门的相关人员。努力提高各级扶贫部门工作人员的信息化水平，精心打造了一支能吃苦、技术好、工作效率高的专业化扶贫队伍。

兰考县于 2016 年 5 月 9 日至 13 日，举办了 2016 年扶贫对象动态管理和信息采集工作培训班[①]，针对 16 个乡镇（街道）承担建档立卡工作人员，每个乡镇（街道）派选 10 名信息采集操作人员进行培训。通过培训传达省县有关会议要求和会议精神，部署 2016 年扶贫对象动态管理和信息采集工作。通过讲解贫困户基础档案和逻辑关系，让参加培训人员深刻认

---

① 资料来源：兰考县扶贫办《2016 年度扶贫开发考核资料汇总》，2016 年 12 月。

识建档立卡工作和信息采集工作的重要性，并对信息采集操作进行了培训和说明。通过科学、专业化的培训，保证每一名参与建档立卡和信息采集录入工作的人员科学熟练掌握工作流程和基本要求，严格规范流程。

在中央相关文件的指导下，兰考县从实际出发，制定了《兰考县扶贫开发建档立卡工作实施方案》，对贫困户和贫困村建档立卡的方法和步骤进行了详细的规定，制定了相关指标体系和具体解释，并制定了《兰考县脱贫攻坚标准化档案建设方案》《兰考县资助贫困大学生实施方案》等一系列文件。这些政策文件的制定既严格贯彻党中央、省委扶贫开发工作精神，又结合兰考县本地实际，让政策真正在兰考落地。确保精准识别工作有据可循、有文可依，从政策文件上保证精准识别的科学性和合理性。

在实施过程中，兰考县严格按照国家、省贫困人口建档立卡暨信息动态管理工作程序，采取"四议两公开"的方法，对全县贫困人口进行建档立卡和精准"回头看"，做到"户有卡、村有册、乡镇有簿、县有平台"。按照"农民自主申请—村民代表民主评议—公示（第一次）—上报乡镇（街道）政府审核—公示（第二次）—上报县扶贫办审核—公告（网站）—确定贫困户—建档立卡"步骤进行，确保每一步都必须严格按照规范开展，严禁形式主义。

以兰考县小宋乡王岗村一名村民从申请贫困户到脱贫的一本详细的资料档案为例，档案中有该村民2016年4月填写的贫困户申请书、填写申请书后13天村"两委"民主评议会议记录、王岗村2016年脱贫攻坚提升工程——精准再识别及新进贫困户公示照片、2016年5月填写的贫困户信息采集表、该贫困户2015年10月1日至2016年9月30日的收入核算表、兰考县小宋乡王岗村村"两委"及驻村工作队会议记录、扶贫手册、家庭成员及房屋照片、帮扶情况、贫困户退出人员公示照片、颁发脱贫光荣证照片等①，这些原件和照片详实地记录了该村民从申请贫困户到脱贫的基本过程，可以看出识别过程的科学严谨，档案为帮扶工作提供了有效的信息资料。兰考县所有贫困户都有这样一份详细的档案，也在一定程度上反映了兰考县精准识别严格按照工作流程进行，保证公平有效。

---

① 资料来源：兰考县扶贫开发领导小组办公室《脱贫百日攻坚记录本》，2016年7月。

第四，完善工作条件和保障措施。

建档立卡是一项工作量很大的工作，兰考县高度重视。县委县政府为扶贫工作队的建档立卡工作、信息采集录入工作等提供了必要的基础设施和资金保障，安排必要工作经费，提供必要的工作条件。

首先，加大对精准识别的资金支持。加大对硬件设施的资金投入，在数据录入和信息化建设方面提供必需的电脑设备等硬件条件，保证工作有效展开；同时保证开展扶贫开发建档立卡工作必需的宣传、材料印制等方面的支出，为精准识别提供基本的资金保障。

其次，加大对精准识别的技术支持。兰考县高度重视精准识别过程中信息技术和专业知识技术的作用。高度重视信息人才，利用媒体、信息技术宣传精准扶贫政策和动态，同时利用信息技术提高精准识别的准确性。此外，兰考县注重对精准识别工作队的技术培训，邀请专业人才对建档立卡和信息动态化管理进行培训，从技术上保证工作队能够有效开展工作。

最后，关心关切工作人员的生活和工作，为其高效工作提供保障。驻村期间，驻村工作队长参加所在乡镇班子的有关会议。工作队员与原工作岗位脱离，吃住在村，保留原待遇。县直单位驻村队员的伙食费和通信费补贴为每人每天 25 元，交通补贴为每人每月 100 元，由派出单位发放。对加班加点开展工作的人员进行了相应的补贴。这样既减少了扶贫工作人员的后顾之忧，也有效提高了他们的工作积极性和工作效率。

第五，严格督查考核。

为更加准确、客观、公正地评价驻村扶贫工作队工作实绩和队员工作表现，激励督促驻村干部认真履行工作职责，确保精准识别扶贫对象工作取得实效，兰考县建立了完善的督查机制。督导组由县纪委、组织部、扶贫办等单位组成，严格脱贫攻坚考核问责，严格督查各乡镇（街道）、各部门脱贫攻坚决策部署的落实情况。兰考县按照"县抽查、乡核查"[①] 的方法，督查建档立卡工作。对落实不力的单位和个人，通报批评直至追责，确保脱贫攻坚工作有效提升。

---

① 资料来源：兰考县委宣传部《蔡松涛在县委脱贫攻坚工作会议上的讲话》（根据录音整理），2016 年 1 月 16 日。

一方面，制定具体考核、督导办法。兰考县将贫困户建档立卡和动态管理情况作为《兰考县驻村扶贫工作考核办法》中的基本考核内容。兰考县结合实际制定了具体的考核细则，细化考核指标，量化考核分值，坚持实事求是、客观公正、注重实绩和群众公认的原则，采取组织考核和业务考核相结合，年终考核与日常督导、季度考核、半年考核相结合的方式。考核的形式主要包括：驻村工作队队长对工作开展情况进行书面述职，督察组对驻村工作队工作开展情况进行实地调查，对照《考核细则》逐项打分，组织所在乡镇分管领导、村"两委"成员、党员代表、不少于贫困户总数30%的贫困户代表，对工作队进行民主测评等。

另一方面，实时督查，限时整改。建档立卡的督查内容主要包括：查看贫困户信息系统中的贫困户信息是否与实际相符合，是否存在漏人、漏登等问题；查看标准化档案建设情况，依照标准化档案目录，核实是否有缺项漏项，各项内容是否完整准确；查看一户一档，按照一户一档目录，核查是否有缺项漏项和缺失各项内容，基本信息是否与实际相符。

从兰考县督查局了解到，他们在督查中发现了一些较为典型的问题，对后期扶贫工作的改善具有重要的参考价值。如2015年12月23日至27日，兰考县委县政府督查局派出5个调查组对3个乡（镇）的15个贫困村扶贫工作开展情况进行了抽查式暗访，针对群众对扶贫工作的认识、扶贫工作开展的情况以及驻村扶贫工作队开展工作的情况进行逐户摸排。对存在的问题经过梳理，主要归纳如下：相关扶贫政策不透明，群众知晓率低；贫困对象信息不准确，精准度不高；扶贫措施不到位，扶贫资金使用效果较差；扶贫工作队工作不扎实，浮于表面、流于形式；贫困对象不公开，群众意见大，扶贫手册未发放；工作队与村"两委"工作不协调；个别村干部干涉调研工作。

兰考县委县政府督查局对专项督查调研中发现的问题，要求要以乡镇（街道）为单位逐村交办，各乡镇（街道）、行政村（社区）必须在规定时间前完成整改任务。同时规定整改台账完成情况每月通报1次①。这也直接督促着工作人员走进群众中，认真研究问题，发现真正的贫困群众，

① 资料来源：兰考县扶贫办《兰考县脱贫攻坚提升工程实施方案》，2016年4月14日。

帮助贫困户早日摆脱贫困。

第六，识别过程中探讨扶贫方案。

认识、改造世界要有策略方法的指导，而这些策略方法是一个随着实践的深入不断丰富发展的体系。在精准识别过程中，分析致贫原因，探讨扶贫方案和措施，用问题导向落实具体工作。例如在贫困村识别中，针对孟寨乡韩营村有 1200 平方米的闲置坑塘没有得到有效利用的情况，探讨复耕方案的可行性。

按照国家统一制定的扶贫对象识别办法，兰考县建立了规范化的贫困人口识别动态管理机制。并将扶贫措施与贫困识别结果相衔接，对丧失或缺乏劳动能力且符合低保条件的贫困对象，及时纳入低保范围；对有劳动能力的扶贫对象，深入分析致贫原因，有针对性地制定具体帮扶措施，建立县、乡两级帮扶体系，做到规划到村到户、帮扶到村到户，通过发展创造有利于造血式扶贫的大环境，通过发展产业、技能培训、劳动力转移就业等多种方式，逐村逐户制定帮扶措施。

在贫困户识别、建档立卡的过程中，也存在群众互相攀比的现象。因为脱贫攻坚政策的刚性比较强，经过精准识别、建档立卡之后，建档立卡的贫困户能获得可观的资金扶持和特殊优惠政策，而其他农户按规定不能享受相关政策，因此有的人就出现了心理不平衡，特别是一些家庭状况接近的群众，对自己没有评上贫困户意见较大，要求在产业扶持、金融贷款等方面能够享受到同样的政策。

2017 年 3 月宣布脱贫后，兰考县继续做实建档立卡工作，坚持每年动态管理，同时完善专项扶贫、行业扶贫、社会扶贫，扎实开展驻村帮扶，努力探索金融扶贫、产业带贫新模式[①]。2017 年，全县脱贫 527 户 1490 人，剩余未脱贫人口 3369 户 6934 人，贫困发生率由脱贫时的 1.27% 降为 0.89%。积极贡献脱贫攻坚"兰考智慧"，全省产业扶贫现场会、全国构树扶贫现场会、全国扶贫办主任座谈会先后在兰考县成功召开[②]。2018 年

[①] 资料来源：《政府工作报告——2018 年 9 月 18 日在兰考县第十五届人民代表大会第三次会议上》，李明俊。
[②] 资料来源：《政府工作报告——2018 年 9 月 18 日在兰考县第十五届人民代表大会第三次会议上》，李明俊。

全县脱贫 1406 人，贫困发生率降至 0.74%，2018 年剩余未脱贫人口 2628 户 5774 人，兰考县荣获全国脱贫攻坚组织创新奖。2019 年定的任务是新增城镇就业 1 万人以上，努力实现"不掉一户、不落一人"全面脱贫①。实际实现脱贫 2457 户 5505 人，至 2019 年底剩余未脱贫户 3 户 10 人②。2020 年兰考县主要脱贫任务是巩固脱贫攻坚成果，建立监测预警和动态帮扶机制，防止返贫和新致贫发生。

---

① 资料来源：《李明俊在兰考县第十五届人民代表大会第四次会议上作政府工作报告》，2019 年 5 月 22 日。

② 资料来源：《李明俊在兰考县第十五届人民代表大会第五次会议上作政府工作报告》，2020 年 5 月 26 日。

第三章　兰考县精准安排扶贫项目

习近平总书记指出，贫困地区要激发走出贫困的志向和内生动力。他多次强调，"一个地方必须有产业，有劳动力，内外结合才能发展。最后还是要能养活自己"①。由单纯的"输血"到既"输血"又"造血"，是习近平扶贫思路的一个重要内涵。20 世纪 90 年代中期以来，随着国家财政体制改革的推进，由放权让利为主的包干制改为分税、分权为主的分税制，资金分配开始依靠"条线"体制另行运作。"条线"部门采用专项支付的形式自上而下转移流动，基层政府则需要通过项目申请的形式来获得转移支付②，"项目治理"由此开始兴起。作为一种新的治理方式，项目制开始成为中国特色治理模式的核心表征③。在扶贫领域也不例外，1994 年之前的扶贫资源只有专项扶贫贷款、以工代赈和财政发展资金等少量扶贫资金。1994 年国务院制定和发布"国家八七扶贫攻坚计划"，这标志着中国贫困治理实现了从救济式扶贫向开发式扶贫的转变。2000 年以后，中国的贫困治理进入了转移性支付混合运行、多部门共同参与的综合性治理阶段，各种扶贫项目纷纷涌现出来。④

各种类型的扶贫项目作为贫困地区发展的重要抓手，为贫困地区带来了发展活力和契机。因此，适配扶贫项目，让承载着大量扶贫资金的各扶

---

① 习近平：《在河北省阜平县考察扶贫开发工作时的讲话》（2012 年 12 月 29 日、30 日），《做焦裕禄式的县委书记》，中央文献出版社，2015，第 18 页。
② 折晓叶、陈婴婴：《项目制的分级运作机制和治理逻辑——对"项目进村"案例的社会学分析》，《中国社会科学》2011 年第 4 期，第 126~148 页。
③ 渠敬东：《项目制：一种新的国家治理体制》，《中国社会科学》2012 年第 5 期，第 113~130 页。
④ 许汉泽、李小云：《精准扶贫视角下扶贫项目的运作困境及其解释——以华北 W 县的竞争性项目为例》，《中国农业大学学报（社会科学版）》2016 年第 4 期。

贫项目在贫困地区发挥带动力量，是扶贫工作的一项重要的任务。

2015 年 7 月河南省扶贫开发领导小组出台《河南省财政专项扶贫项目管理办法（试行）》，将项目审批权下放到县，实行乡镇申报、县级审批、省市级备案、县乡组织实施，乡镇初验、县级验收的项目管理制度，强调"突出特色，因地制宜"，由县级在资金支持范围①内自主安排实施扶贫项目。兰考县拿出产业扶贫资金，支持贫困户、脱贫户发展种、养、加项目，建设了一批贫困人口参与度高的特色农业基地，鼓励农村发展第三产业，支持有条件的贫困群众从事商贸零售、物流业，并顺应互联网发展趋势推进电商扶贫。

第一节 扶贫项目概况

当前，中国已形成了一套完整的项目扶贫体系，包括教育扶贫项目、医疗扶贫项目、义化扶贫项目、科技扶贫项目、产业扶贫项目、生态扶贫项目、妇女扶贫项目、儿童扶贫项目等等②。这些项目为贫困地区的发展"输血"、"造血"，带来了发展活力。在脱贫攻坚道路上，兰考县着力践行习近平"坚持以人民为中心"的发展思想，因地制宜发展扶贫项目，确保真扶贫、扶真贫，实现真脱贫。

兰考县基于自身发展情况和长远发展需要，在扶贫项目选择和配置上，进行了有重点、有倾向、有传统、符合地域特点的安排。兰考县坚持开发式扶贫方针，坚持"输血"与"造血"并重，积极探索创新，完善扶贫开发长效机制，切实做到结对帮扶、不断增强内生动力，各类扶贫项目

---

① 专项扶贫资金主要支持范围：围绕培育和壮大当地特色优势产业，发展特色种植业、养殖业、加工业和服务业等与贫困人口脱贫增收相关的扶贫产业，支持贫困村发展村级集体经济，建立资产收益扶贫长效机制；围绕改善贫困地区小型公益性生产生活设施条件，修建小型公益性生产设施、小型农村饮水安全配套设施、贫困村村组道路等；围绕增强贫困人口自我发展能力，对贫困家庭子女和青壮年劳动力接受全日制中高等职业教育、参加短期技能和产业发展实用技术培训给予补助；增强贫困人口抵御风险能力，支持建立贫困村互助资金，对产业化扶贫贷款利息，贫困户参加种植业、养殖业保险农户负担的保费等给予补贴。

② 方劲：《中国农村扶贫工作"内卷化"困境及其治理》，《社会建设》2014 年第 2 期，第 84~94 页。

为实现全县脱贫提供核心动力。

一　扶贫项目分类

（一）基础设施建设项目

基础设施主要包括交通运输、机场、港口、桥梁、通信、水利、供电设施等，是一个地区及其群众正常生产、生活的基础保障。因此，兰考县在扶贫过程中，将完善贫困地区的基础设施作为一项重要的基础工作，致力于改善当地群众的生活条件。

1. 交通设施建设项目

为改善农业生产条件，兰考县利用专项扶贫资金实施"整村推进"项目，完成了 115 个贫困村道路建设工程。发展农村公路村村通建设项目，确保所有贫困村都有硬化公路，所有行政村实现通客运班车，主要街道实现路面硬化[1]。针对部分地区的特殊地质环境，加强滩区防汛公路建设项目[2]。为确保人力、物力沟通便利，开展了省际、县际断头路再建设项目。

2. 水利设施建设项目

兰考县水利局建设完善一批小型农田水利工程，整治各级渠道共 609 条，长度 1369.8 公里[3]。为改善黄河丰水期决口问题，重点进行了水库工程建设，如许河乡老牛圈水库工程建设项目、城关乡二坝寨引黄蓄水库建设项目、红庙镇黑龙潭—贺李河引黄调蓄水库建设项目。为节约水资源、保证灌溉充足，还进行了灌区节水改造，如兰考干渠城关乡、爪营乡、红庙镇段改造项目，兰考县城北干渠三义寨、城关乡段改造项目，兰考县北沙河一分小宋乡段改造项目等[4]。为合理开发利用和保护水资源，兰考县规划实施了地下水库工程和地下水回灌工程。

---

① 资料来源：兰考县交通运输局《兰考县交通运输扶贫脱贫工作总结》，2016 年 12 月。
② 数据来源：兰考县交通运输局《兰考县交通运输脱贫及持续扶贫专项方案》，2016 年 7 月。
③ 数据来源：兰考县水利局《兰考县水利局三年脱贫工作总结（2014~2016 年）》，2016 年 12 月。
④ 数据来源：兰考县水利局《兰考县水利局三年脱贫工作总结（2014~2016 年）》，2016 年 12 月。

3. 能源建设项目

兰考县落实新建变电站及变电站增容建设项目，乡镇电网电气化排灌、乡镇电网电气化非排灌建设项目。利用地理优势，发展风力发电、太阳能发电、风力涡轮发电及生物质发电建设项目[①]。在农村实施大中型沼气及户用沼气建设。完成115个贫困村的电网升级改造工程，确保基本满足村民生产生活用电需求，保障产业发展需要[②]。

（二）增收产业培育项目

产业是强县之本、致富之源、脱贫之基。推动产业发展，激活农村内生动力和发展活力，是实现稳定脱贫的治本之策。兰考县鼓励各乡镇围绕"一乡一业"和"多乡连片一业"，在农村，按照"一村一品、多村一品"发展群创产业，吸纳农民在家门口就业。一系列措施既增加了就业，又拉动了消费，同时有利于构建产业规模。

1. 发展特色农业基地

积极推动"一村一品、多村一品"产业的形成，大力支持晚桃、晚葡萄、晚梨等特色产业示范园建设，吸纳农村贫困劳动力就业的同时，引导、示范部分贫困农户发展特色水果种植产业。仅2016年，县财政在该项目列支超过1000万元产业发展基金[③]。至2017年上半年，兰考县每个贫困村至少发展了1个扶贫创业园或示范园。坚持因地制宜、因村施策，鼓励村民充分发挥自身优势，重点培育了一批集体经济年收入达到5万元以上、基本满足村级各项建设和发展需求的村办企业。同时大力发展畜牧业，发放金融扶贫贷款3224万元，重点推进禾丰肉鸭养殖等畜牧产业发展，至2016年底已建成鸭棚1046座，累计出栏肉鸭1300余万只，带动1046户贫困家庭稳定增收[④]；晓鸣禽业年出栏100万只的青年鸡厂建成后，可带动更多的贫困户脱贫。同时，引进花花牛集团、坤盛牧业、广春牧业

---

① 资料来源：国网河南省电力公司兰考县供电公司《兰考县电网脱贫工作成效总结》，2016年12月。

② 数据来源：国网河南省电力公司兰考县供电公司《国网河南省电力公司兰考县供电公司"精准扶贫"工作自评报告》，2016年12月。

③ 数据来源：兰考县农林局《兰考县农林局脱贫工作总结》，2016年12月。

④ 数据来源：兰考县农林局《兰考县农林局产业脱贫实施方案》，2016年6月15日。

等企业，大力发展奶牛和湖羊养殖，发展产业化扶贫；其中坤盛牧业采取"公司+农户"模式，2016年带动1300多户贫困户养殖湖羊5600多只[①]。

2. 发展加工制造业重点项目

兰考县因地制宜发展与木制品和农副产品深加工两个主导产业相配套的关联企业，切实增强农村"造血"功能。发展食品及农副产品深加工产业集群，在产业集聚区，依托正大、华润、禾丰、晓鸣等龙头企业，培育集屠宰、精深加工、冷链物流于一体的肉制品加工产业集群。2016年，县财政拿出1251万元作为产业扶贫资金[②]，按每个贫困村5万元、非贫困村2万元的标准，支持贫困户、脱贫户发展种养业和具有当地特色的小加工业，使其就地转化为新兴职业农民或产业工人，夯实稳定脱贫的根基。同时，壮大家居制造及木业加工产业集群，在产业集聚区，打造恒大家居联盟产业园、中部家居产业园、同乐居电商产业园、中小企业孵化园集群；在乡镇，突出产业配套、链条延伸，打造特优产业园区。

3. 发展旅游项目

兰考县位于九曲黄河最后一道弯，是焦裕禄同志战斗过的一线，有着丰厚的自然旅游资源和人文旅游资源。兰考县借助自身旅游资源优势，大力推进特色旅游项目，促进本地区发展旅游业，进而带动相关产业发展。兰考县基于自身的旅游资源，开发了一日游路线和两日游路线[③]。

一日游线路

线路一：开封刘少奇纪念馆—焦裕禄纪念园—焦裕禄精神文化苑—毛主席视察黄河纪念亭—堌阳民族乐器工业园区；

线路二：开封黄河旅游度假区—东坝头黄河湾风景区—世界母亲河文化博览区—黄河农业生态休闲园—黄河大堤花卉林木观赏带；

线路三：封人请见夫子处—张良园—吴家大院—谢家楼—张伯行故里。

---

① 数据来源：兰考县畜牧局《兰考县畜牧局脱贫工作总结》，2016年12月15日。

② 数据来源：兰考县科学技术和工业信息化委员会《兰考县科学技术和工业信息化委员会关于2016年工作总结和2017年工作目标任务的报告》，2016年12月1日。

③ 数据来源：兰考县扶贫办《兰考县重点村旅游扶贫建设项目实施方案》，2015年4月。

二日游线路

线路一：清明上河园—龙亭—铁塔—开封府—延庆观—封人请见夫子处—张良园—吴家大院—谢家楼—张伯行故里；

线路二：焦裕禄纪念馆—焦裕禄精神文化苑—毛主席视察黄河纪念亭—东坝头黄河湾风景区—世界母亲河文化博览园—黄河农业生态休闲园—黄河大堤花卉林木观赏带—堌阳民族乐器工业园区。

兰考县因地制宜规划旅游路线，既体现了当地特色，展现了本地区的风土人情，也促进了当地旅游经济和相关产业的发展，解决了部分贫困人口就业问题，切实为脱贫事业添砖加瓦。

4. 重视民族文化产业和电子信息产业发展

发展了兰考县工人文化宫建设项目、兰考县博物馆建设项目、兰考县农村文化大院建设项目、兰考县非物质文化遗产保护项目等。发展河南百昱光电科技项目、豫康生物芯片项目等，推动高科技信息产业发展。同时，还充分重视机械加工、生物医药产业、化工制造、纺织等领域的发展。

（三）就业与农村人力资源开发项目

1. 培训就业方面

在建档立卡贫困人口的基础上，通过摸底调查，建立全县贫困劳动力资源库。根据兰考县人社局提供的数据，至2016年底全县16~60岁劳动年龄段贫困人口41294人，贫困劳动力没有参与就业的8233人。通过整合培训项目和培训资金，实施"两后生"职业技能培训项目、"农业实用技术培训"、农村"致富能人"、"雨露计划"农村劳动力培训中心建设项目、"技术能手"培训项目、大学生实习培训基地建设项目等培训计划，已培训贫困农民、下岗失业人员超过8000人。

2. 转移就业方面

开展一系列针对贫困劳动力的现场和线上招聘会，为贫困劳动力解决就近就地就业，至2016年4月已有1260名贫困劳动力实现就业。

3. 扶持创业方面

制定出台《关于创业担保贷款支持脱贫攻坚实施意见》，为自主创业劳动力提供财政贴息担保贷款。仅 2016 年一年就新增发放小额担保贷款达 2795 万元，帮助 697 余人实现就业，吸纳贫困劳动力 348 人就业①。

（四）社会事业发展与公共服务项目

民之所盼，政之所向。为了满足人民群众的物质和精神生活的需要，解决好与人民群众切身利益直接相关的问题，提高人民获得感，为贫困地区人民群众提供更加公平、稳定的社会环境，兰考县在发展中注重补齐民生短板、促进公平正义，在幼有所育、学有所教、劳有所得、病有所医、老有所养、住有所居、弱有所扶方面加大力度。

1. 教育方面

完善农村中学、小学、幼儿园建设项目，配备校车，保证农村适龄儿童上学更加便利。资助贫困生读书。提高教育质量，建立幼特教教育中心、开展师资培训项目②；改善贫困地区学校住宿、食堂条件，如实施义务教育阶段住改项目；实施中小学生营养餐补助项目，资助贫困学生营养餐项目③。重视高等学校发展，资助贫困生上大学，为他们提供学费和生活费补助；发展职业教育院校建设项目，建立兰考县职业教育培训中心、兰考县教师电教培训中心、河南省兰考职业技术学院等④。

2. 医疗卫生方面

完成 115 个贫困村标准化卫生室新建、改建工作，实现了村村有标准化卫生室、有合格乡村医生⑤，据兰考县卫生局统计，全县每千常住人口占有卫生资源水平较高，含医疗卫生机构执业医师 2.33 人，高于全省平均水平 2.01 人。

---

① 数据来源：兰考县人力资源和社会保障局《兰考县人力资源和社会保障局脱贫攻坚工作总结》，2016 年 12 月。

② 资料来源：兰考县教体局《兰考县教体局 2017 年教育脱贫攻坚工作总结》，2018 年 1 月 2 日。

③ 资料来源：兰考县教体局《兰考县教体局 2017 年教育脱贫攻坚工作总结》，2018 年 1 月 2 日。

④ 资料来源：兰考县教体局《兰考县教体局 2017 年教育脱贫攻坚工作总结》，2018 年 1 月 2 日。

⑤ 资料来源：兰考县卫生和计划生育委员会《兰考县医疗卫生扶贫自查报告》，2016 年 12 月。

3. 文化娱乐方面

对有线电视机宽带线路进行改造提升，确保实现广播电视户户通，基本实现通宽带①；完成 115 个贫困村村级综合性文化服务中心建设任务，解决了图书室少的问题，确保每个图书室藏书量达到 2000 册以上，基本满足了村民娱乐和发展生产的需求②。

（五）环境和生态建设项目

提供一个良好的生产生活环境是贫困治理的重要部分，也是推动脱贫的重要保障和条件。兰考县从改善贫困村的人居环境和生态环境两个环节着手进行整治，有效改善了贫困村的生产生活环境。

1. 加强基建

为改善人居环境，进行农村危房改造项目、新型农村社区基础设施建设项目、"六到农家"基础设施改造项目、农村人畜安全饮水工程③。完成115 个贫困村安全饮水新建、管网延伸及设备更换工作，达到农村饮用水安全卫生评价指标体系标准，确保村民能够饮用安全水④。

2. 注重生态环保

为保护生态环境，为人民群众提供一个"绿水青山"的生存环境，兰考县提前规划，积极争取专项资金推动生态建设和环境保护项目实施。2015 年，兰考县入选首批国家级生态保护与建设示范区⑤。

在生态环境的建设和保护上，兰考县实施了黄河湿地保护与恢复工程、兰考县黄河故道治沙造林项目、水土涵养保护工程、黄蔡河环境综合治理工程⑥。2018 年，兰考县建设了 6600 亩的兰考泡桐主题森林公园，成为展示兰考生态形象的高标准绿色长廊。通过各项建设任务的逐步落实，

---

① 资料来源：兰考县文广新局《兰考县文广新局贫困村退出文化扶贫自查报告》，2016 年 12 月 19 日。
② 资料来源：兰考县文广新局《兰考县文广新局扶贫政策落实情况》，2016 年 12 月。
③ 资料来源：兰考县水利局《兰考县 2016 年贫困村饮水安全工程项目实施方案》，2016 年 7 月。
④ 资料来源：兰考县水利局《兰考县 2016 年贫困村饮水安全工程项目实施方案》，2016 年 7 月。
⑤ 资料来源：河南省人民政府《关于印发生态保护与建设示范区名单的通知》，2015 年 5 月。
⑥ 资料来源：兰考县扶贫办《农业、农村类工作台账》，2017 年 1 月。

兰考县的生态环境面貌发生了质的变化,生态承载能力得到提升。

实施环境保护重点建设项目,建设中心城市污水和垃圾处理项目。兰考县污水处理厂续建项目有兰考县污水处理厂提标改造、管网完善及中水回用项目;兰考县城市生活垃圾(无害化)处理工程[①];兰考县堌阳镇生活污水处理建设项目;兰考县考城镇污水处理建设项目等[②]。重点污染行业治理项目,如堌阳镇造纸废水深度治理工程、美莎纸业废水深度治理工程、景天纸业废水深度治理工程[③]。同时,兰考县重视环保督查,特别是人民群众的监督,积极整治造成环境污染的产业和行为,回应群众对污染环境行为进行彻底治理的期盼,努力实现"小乱散污"企业清零,推进生态环境不断改进。

二　扶贫项目发展状况

(一)产业扶贫成果丰硕

兰考县坚持产业带动扶贫,增加就业岗位,为贫困户拓宽增收渠道。2016年重点推进禾丰肉鸭产业化、晓鸣禽业、格林美再生资源、森源农光互补等项目建设,带动5000多贫困人口就业。同时,引进花花牛集团、坤盛牧业等企业,大力发展畜牧养殖业,直接带动农户参与养殖。引进了乐农集团、包公食品、大宋农业、丰益牧业等种植养殖项目,新增流转土地5万多亩,带动发展农业产业化经营组织152个,吸纳农村贫困劳动力就业5500人。鼓励乡镇因地制宜发展中小企业,全县木制品加工小微企业发展到550多家,直接带动2.2万人就业[④]。实施精准扶贫以来,实施"雨露计划"等技能培训,2016年转移农村富余劳动力18万人次,实现劳务收入24.6亿元,其中3240户贫困户13200人实现稳定脱贫[⑤],实现了

---

① 资料来源:兰考县扶贫办《农业、农村类工作台账》,2017年1月。
② 资料来源:兰考县扶贫办《农业、农村类工作台账》,2017年1月。
③ 资料来源:兰考县扶贫办《农业、农村类工作台账》,2017年1月。
④ 资料来源:兰考县扶贫办《兰考县扶贫开发工作总结》,2016年12月27日。
⑤ 资料来源:兰考县扶贫办《兰考县扶贫开发工作总结》,2016年12月27日。

"培训一人、输出一人、就业一人、脱贫一户"①。

（二）金融扶贫成效突出

兰考县将财政资金和金融资金有机结合起来，探索建立政府、金融、企业"三位一体"的金融扶贫机制，后引入保险公司，最终形成"四位一体"新机制。2016 年县财政用 1000 万元专项风险补偿金②，帮助 92 户小微企业和新型农业经营主体贷款 6100 万元，极大缓解了小微企业"贷款难、担保难"问题，精准帮扶贫困人口 1600 余人③，实现了政府、银行、企业、农户"四赢"。

（三）机制创新取得突破

兰考县率先建立"先拨付、后报账，村决策、乡统筹、县监督"的资金分配运行机制，将 1150 万元"到户增收"扶贫资金④，按照每个贫困村 10 万元标准全部卜拨到各乡镇，由乡镇根据各村贫困人口数量、扶贫项目等情况进行调控分配，共扶持 2344 户贫困户发展种、养、加项目，有效增加了贫困群众收入。同时，安排 40 个贫困村 4600 万元的"整村推进建设资金"、支持肉鸭产业化发展的 2000 万元专项资金⑤，全部下拨到各乡镇，由乡镇按规划调配使用，使乡镇、村委对扶贫工作由"被动承接"转为"主动运作"，使贫困户从"与己无关"变为"以我为主"⑥，极大调动了三方的积极性、主动性和创造性。

---

① 资料来源：兰考县委宣传部《蔡松涛在县委脱贫攻坚工作会议上的讲话》，2016 年 1 月 16 日。

② 数据来源：兰考县人民政府《兰考县人民政府关于呈送兰考县整合涉农资金用于脱贫攻坚实施方案的报告》（兰政文〔2016〕135 号）。

③ 资料来源：兰考县财政局《创新财政扶贫机制支持全县脱贫攻坚》，2016 年 12 月。

④ 资料来源：河南省扶贫办《走向精准最为深刻的变革——兰考扶贫资金项目管理改革的调查与思考省扶贫办调研考察组》，《决策参考》2015 年 6 月 9 日。

⑤ 资料来源：河南省扶贫办《走向精准最为深刻的变革——兰考扶贫资金项目管理改革的调查与思考省扶贫办调研考察组》，《决策参考》2015 年 6 月 9 日。

⑥ 周宏春：《兰考脱贫的示范意义》，中国网·中国发展门户网，2017 年 9 月 18 日，http://cn.chinagate.cn/news/2017-09/18/content_50020056.htm。

（四）　基础设施和生态环境明显改善

兰考县在扶贫开发过程中强化生态文明建设，努力建成经济、政治、文化、社会、生态文明建设五位一体协调发展的典范。根据2016年统计局数据，全年投资9100万元，实施了40个贫困村整村推进项目，对村内道路、安全饮水、绿化亮化、文化卫生、电力设施、垃圾处理等基础设施，按照缺啥补啥的原则给予重点建设，有效改善了当地群众的生产生活条件。同时，大力推进黄河滩区居民迁建工程，试点村姚寨安置区建设基本完成。

兰考县开展"春风行动"，改善了1800余贫困户家庭生产生活基本面貌。开展"三联三全"活动（县级干部联系所有重点项目和所有贫困村；科级干部联系所有软弱涣散村和贫困户中的政策兜底户；县直单位党员联系所有未脱贫户中的一般贫困户和困难党员，实现对重点项目、贫困村和软弱涣散村、贫困户和困难党员的全覆盖），按照"五净一规范"标准，着力改善贫困户卫生条件和精神面貌，提振脱贫信心[1]。至2017年3月，全县兜底户基本实现了院内净、卧室净、厨房净、厕所净、个人卫生净和院内摆放规范。

第二节　扶贫项目确认过程及其管理

扶贫项目要落地落实，最大限度发挥作用，需要加强项目进村到户机制建设，切实提高贫困户的参与度、受益度。兰考县在扶贫工作中动员、鼓励农业产业化龙头企业充分发挥带动作用，努力实现企业与贫困户利益捆绑，同时探索培育贫困村农民合作组织，将贫困户嵌入产业发展。

一　项目申报和审批制度

据作者走访了解并从查看的部分项目申报材料了解到，扶贫项目的确

---

① 资料来源：兰考县委宣传部《脱贫攻坚的兰考实践》，2019年3月19日蔡松涛在中央党校讲稿。

定程序比较严谨,一环扣着一环。脱贫攻坚项目在流程上要执行项目库编报制度和审批制度。

(一)脱贫攻坚项目库编报制度

1. 项目申报编制指南

作者从兰考县扶贫办了解到,县级行业部门要根据全县脱贫攻坚需求,出台本行业(部门)的项目申报指南,再由县脱贫攻坚领导小组办公室汇总后统一发布,这项工作要求每年8月20日之前完成。

2. 村级申报初步意见

按照要求,村"两委"、村级脱贫责任组、第一书记和驻村工作队要认真分析本村(含贫困户、贫困人口)致贫原因、资源禀赋、资金保障和脱贫需求,在充分尊重贫困群众意愿的基础上,提出项目建设初步意见,组织召开村"两委"或村民代表大会,广泛征求意见,确定申报项目,并在村务公开栏醒目位置,设置脱贫攻坚公告专栏进行公示,公示无异议后,上报所在乡镇(街道),这项工作要在每年9月20日之前完成。

3. 乡镇审核完善实施方案

项目报到乡镇(街道)后,乡镇(街道)要召开党政联席会议,对申报项目的真实性、必要性以及建设内容、资金概算、预期效益、贫困群众参与情况和带贫机制等进行审核,审核后在乡镇(街道)公示,公示无异议后,按照项目申报指南要求,编制项目实施方案(申报文本)。项目实施方案(申报文本)要详实具体、科学合理、可操作性强。项目实施方案要按照类别报县级相关行业主管部门,申报工作要在每年的10月20日之前完成。

4. 县级行业主管部门论证

收到项目实施方案后,县级行业主管部门要召开专题会议,对乡镇(街道)报送项目的科学性、合规性、可行性进行论证,必要时组织相关人员对项目进行现场勘查。为切实提高项目质量,确保可以随时开工建设,行业部门可根据论证意见和行业部门定额标准对方案进行完善,并确定项目应支持的扶贫资金规模,按照项目轻重缓急排序,报县扶贫办。县级主管部门要在每年的10月30日之前完成这项工作。

5. 县脱贫攻坚领导小组审定

扶贫办报送项目后，由县扶贫办会同财政局，结合年度脱贫攻坚目标任务及扶贫资金规模，汇总筛选各行业主管部门拟纳入项目库的项目，合理确定项目库储备规模，报县脱贫攻坚领导小组审定。由县脱贫攻坚领导小组召开专题会议，审定项目库入库项目，形成相关会议纪要或决议，并在县级政府门户网站上进行公示①。公示无异议后，将项目纳入项目库并公告，项目入库工作要在每年的 11 月 20 日之前完成。

（二）扶贫项目审批制度

1. 择优选择出库项目

选择出库项目需要根据整合资金规模，按照项目类别、性质及轻重缓急，由项目主管部门办理《兰考县统筹整合使用财政涉农资金项目实施审批表》；根据审批表签批意见，对项目进行批复。

2. 明确项目资金来源

项目批复后，根据中央、省、市、县扶贫资金使用范围，原则上按照财政评审价或中标价，由县财政局、县扶贫办核实后，将资金分配指标文件下达到项目主管部门和县财政局相关业务股室。

3. 严格项目实施程序

项目批复后，按照有关规定，及时办理政府采购或招投标，确定中标单位后签订施工合同，并进行公示公告②。然后按照合同约定及项目管理有关规定组织实施，要在项目批复之日起 60 日内完成③。

4. 加强项目资金监管

主管部门要对项目实行倒排工期，并定期报送项目实施进度。县财政和县扶贫办根据主管部门报送情况及上级要求，做好扶贫项目实施和扶贫资金支出旬报填报及相关信息报送工作。县督查巡查、县委巡查办、第三

① 资料来源：兰考县财政局《全力推进预算绩效管理不断提高财政资金使用效益》，2016 年 12 月。

② 资料来源：兰考县财政局农业科《兰考县统筹整合涉农资金精准发力助推脱贫攻坚》，2016 年。

③ 资料来源：兰考县财政局《全力推进预算绩效管理不断提高财政资金使用效益》，2016 年 12 月。

方根据项目实施及资金拨付进度，进行督查巡查①。

5. 组织验收决算评价

项目完工后，施工单位申请验收；验收合格后，按照合同约定，实施单位进行报账，并按照相关要求，组织审计、决算。政策落实补助类项目，完工后随机进行验收；工程类项目，在完工后 60 日内验收完毕。

二　项目实施和管理的基本要求

（一）加强脱贫攻坚项目库建设

作者从兰考县财政局了解到，县扶贫办要结合实际，认真筛选扶贫项目，经县脱贫攻坚领导小组研究确定后，再报县财政局评审，主要对申报项目预算是否合理、是否合规、是否准确进行评审。通过评审的项目，将被纳入脱贫攻坚项目库并做动态管理，确保不出现资金滞留问题。

（二）严格规范项目申请流程，提高办事效率

统筹整合资金项目建设各项制度。根据项目特点依法确定采购方式，依法组织招标采购活动。要求加强工作的组织协调，规范审批流程，简化办事程序，切实提高办事效率，确保扶贫项目顺利推进、按时完成。投资评审要在送审之日起 10 个工作日内完成；政府采购的，在资料齐全后，3个工作日内办结；公开招投标的，公共资源交易中心要开辟绿色通道，随到随办，确需排队等候的，排队不得超过 3 个工作日②。

（三）完善扶贫项目管理组织保障

由县脱贫攻坚领导小组办公室统筹考虑工程类项目、产业类项目实施的季节性、时效性，结合上级资金分批下达的特点，科学合理、分批分类将资金对接到项目，组织项目实施。县财政局在上级和本级安排的扶贫资金到位后，要会同有关部门对接项目库，及时提出资金安排的初步建议，

---

① 资料来源：兰考县财政局《兰考县财政局国务院扶贫办访谈材料汇总》，2016 年 12 月。

② 资料来源：兰考县财政局《兰考县国库支付中心创新工作机制助力全县脱贫攻坚》，2016 年 12 月。

报县脱贫攻坚领导小组研究审定后，将资金和项目一并下达到相关责任单位。项目实施期限自资金下达之日起不得超过1年。

三　项目实施和管理的制度建设

项目管理遵循以下基本原则：

一是坚持实事求是。因地制宜，统筹规划，以巩固脱贫成效和提高收入为重点，坚持择优立项，效益为先，促进贫困村经济社会协调发展和全面进步。

二是坚持节俭实用。项目应与贫困村和贫困人口的迫切需求相结合，与群众生活和产业发展实际相结合，不搞重复建设，既要保证脱贫达标，又要节俭实用，有利于改善人居环境，有利于促进经济社会发展。

三是坚持精准规范。项目要精确瞄准贫困村和建档立卡的贫困人口，统筹考虑项目投资标准、项目实施程序等综合因素，确保入库项目能够实施。

（一）项目实施和管理基本制度

一般来说，项目实施和管理基本制度包括合同管理制度、工程监理制度和预决算制度，扶贫项目要招标或聘请有资质的监理单位和监理。监理单位对项目实施全程监理，并按规定出具监理报告及相关资料。

扶贫项目工程实施前必须进行预算。项目完工后，项目主管部门应组织审计、监理、施工单位整理竣工资料，并进行竣工决算。也可采取政府购买服务的方式委托第三方对统筹整合资金项目进行预算、结算、决算工作。决算审计，如资料齐全，7个工作日内必须审结。

（二）项目公告公示制度

扶贫项目公告公示是指管理使用扶贫资金的各级财政部门、扶贫部门、业务主管部门和项目实施单位通过新闻媒体、政务公示栏和公告牌等形式，公布扶贫项目有关信息内容，接受广大干部群众和新闻媒体监督的工作管理措施。

项目公告公示主要是对拟纳入县脱贫攻坚项目库的项目、年度扶贫资金项目的计划安排和完成情况、项目实施情况和验收情况等进行相应的公告公示。项目公告公示期限不少于 15 天，以保证扶贫项目实施和管理的公开透明，加强群众监督。

1. 公告公示方式

（1）县级公告公示工作。经县脱贫攻坚领导小组审定后，由县财政局对扶贫资金来源、规模、资金分配情况进行公告公示，由项目主管部门对本部门安排项目情况进行公告公示。

（2）乡镇（街道）、行政村的公告公示工作。由项目主管部门在项目所在乡镇（街道）、行政村内进行公告公示，公告公示范围要覆盖项目受益范围，到户项目要公告公示受益农户具体名单。

（3）媒体公开。公告公示应通过新闻媒体（包括政府网站、单位门户网站、广播电视、微信公众号、报刊等）、政务公示栏（包括乡镇街道政务、村级政务）和公告牌等便于公众及时知晓的方式公开。

2. 公告公示的基本要求

（1）严格程序，保证知情权和反映权。项目经批准确定后，项目主管单位应于 5 个工作日内进行公告公示。对公示内容提出的质疑，应在 15 个工作日内给予答复。未做出答复或询问人对答复不满意的，询问人可在答复期满后 15 天内向其上一级主管部门反映，上一级主管部门应在 15 个工作日内，对反映事项进行核实处理，并将核实处理结果告知询问人。

（2）加强对公告公示内容的审查和保护工作。扶贫资金项目公告公示前，要依法依规严格审查公开内容和信息，注意保护贫困户、贫困对象的隐私，对于涉及个人隐私的信息公开时要选择恰当的方式和范围。

（3）畅通举报渠道。公告公示单位对群众反映的有关扶贫资金项目的意见要严肃对待。充分发挥 12317 扶贫监督举报电话和公开的扶贫资金项目监督举报电话作用，做好相关舆情处置工作。

第三节　兰考县堌阳镇推进实施扶贫项目

堌阳镇位于兰考县城东北 23 公里处，106 国道和 220 国道在镇区交会，日南高速贯穿全境，是兰考县通往鲁西南的门户。据堌阳镇徐场村徐亚冲介绍，2014 年之前，堌阳镇贫困发生率较高。大多数村庄入村是泥泞路，"雨天一地泥，晴天一脸土"，村民没有清洁环境的意识，整体环境脏乱差。全村没有路灯，没有污水管网，道路两侧常年垃圾乱堆乱放，旱厕简陋，蚊虫滋生，污水横流，安全饮水无保障，防洪、抗旱能力差，对村民生产生活造成了极大影响。村内没有文化广场，没有公共卫生厕所，只有一个 60 平方米的简陋村室，整体形象很差，人民群众的生产条件、生活质量和满意度都比较低。村内文化设施匮乏，娱乐形式单一，村民日常以从事农业生产劳动为主，思想保守，很少参与村内事务；在婚丧嫁娶上攀比现象严重，宗教信仰普遍存在，孝老爱亲意识淡薄，乡风文明意识不强。2014 年之前，徐场村村民主要收入来源为外出务工和传统农业种植，年人均纯收入仅 2800 余元。没有村集体经济收入，村里基础设施差。

兰考县扶贫工作队来了以后，在调查研究的基础上，详细分析了堌阳镇的发展优势和致贫的原因。经过走访调查发现，堌阳镇地理位置优越，交通便利，处于开封、菏泽、商丘三地交界处，是兰考县通往鲁西南的门户。堌阳镇 1986 年创办第一家民族乐器制作小作坊，至今有 30 多年的历史。1985 年以前，主要是加工泡桐板材制作家用风箱、桐木家具等，之后逐步扩展到琵琶、古筝、古琴及其配件为主的民族乐器产品加工，但是由于消息闭塞，乐器销售全靠两条腿一张嘴，缺乏稳定的销售渠道，产品经常滞销，经济效益差。尽管有很多的发展障碍，但是大家还是看到了堌阳镇有非常适宜做乐器的泡桐，还有着悠久的制作民族乐器的历史。经过一系列的考察分析，决定堌阳镇依靠发展民族乐器实现脱贫。

一　堌阳镇依靠民族乐器产业实现脱贫的优势

（一）盛产优质的民族乐器制作材料

在兰考有一句顺口溜："兰考有三宝，花生、泡桐和大枣。"受土质等条件影响，堌阳镇生产的泡桐木质疏松度适中，共鸣程度高，透音性能好，适合做乐器制品。改革开放初兰考就有桐木刨切单板出口创汇。1984 年堌阳镇被国家轻工业部命名为全国唯一一家乐器桐木音板生产基地，2008 年经世界森林组织认证堌阳镇是世界泡桐发源地，拥有最优质的泡桐树资源。这是堌阳镇依靠民族乐器脱贫的优势和基础条件。

（二）积累了良好的民族乐器制作技术

提及堌阳镇民族乐器产业溯源，应该感谢一个人：代士永。20 世纪 70 年代，兰考人并不知道泡桐能做乐器，当时泡桐被制作成烧火用的风箱，这些风箱在鼓风的时候，发出的声音非常清脆悦耳。偶然的机会，上海乐器厂的一位技师来到兰考，在听到这种声音之后便说兰考的泡桐很适合做乐器材料。这个消息在业内不胫而走，上海、扬州等地多个民族乐器厂老板前来兰考进行实地考察，随即派人前来兰考进货。随着进货的人越来越多，代士永萌发了创办民族乐器厂的念头。1986 年，代士永聘请张连根为技师，又相继聘请中央音乐学院和上海音乐学院的两位教授为技术顾问，开始集中精力生产乐器。1993 年，代士永和台商共同投资两千多万元创办了开封中原民族乐器有限公司，年产古琴、琵琶等 20 多个品种的乐器上万件，成为兰考最大的民族乐器生产企业。这为堌阳镇发展民族乐器积累了良好的制作技术和经验。

堌阳镇紧紧抓住机遇，以文化为枢纽，以服务为平台，以政策为杠杆，以要素为内容，以市场为导向，以项目为牵动，大力发展民族乐器产业，支持企业做深、做强、做大，为堌阳镇整体脱贫提供支持。

二 依托民族乐器产业园，形成集聚效应

近 30 年的民族乐器产业历程，从统到分，从散到聚，站在现代产业集群新起点上的堌阳镇民族乐器，已经走上复兴之路。堌阳镇民族乐器产业的重新崛起，也是以文化产业振兴兰考经济的经典乐章，"中国民族乐器之乡"的美誉也逐渐传遍国内。

（一）建立专门产业园区，打造自身品牌

为促进乐器产业大发展，县委县政府因势利导，不仅出台了《关于加快民族乐器文化产业发展的实施意见》，还专门规划出 1000 亩土地，建设堌阳镇民族乐器产业园区项目，并完善园区内供水、电力、道路、通信、绿化基础设施和生态环境建设。堌阳镇党委政府也对企业入园给予最优惠

的政策和服务，引导乐器企业向园区集中，力促企业资源共享、信息共享，加强合作交流，支持企业加快发展。在文化产业迅速发展的形势下，堌阳镇意识到，要想做大做强乐器产业，必须创建自主品牌，必须立足产业优势，着力产业集聚，强力推进民族乐器园区建设[①]。为进一步做大做强民族乐器产业，走民族乐器集团化道路，堌阳镇以上海、中原民族乐器为引领，集中联片，整合资源，规模发展，开发新产品，打造新品牌，开拓新市场，推动民族乐器业向高端领域发展。堌阳镇党委政府意识到，民族乐器产业基地建设应凸显当地文化特色，要把园区发展成为集观光、体验、购物、娱乐于一体的复合型产业基地，在产业基地内设置有民族乐器展厅和交易广场；要扶植中州、敦煌等规模企业做大做强，提升品牌附加值；要加快高级技工培养，提高从业人员的文化素养；要规范市场，加大产品推销力度；还要加强与旅游业的互动与宣传。目前园区内有乐器及配件生产企业 10 家，经过几年的发展，集新产品研发、成品加工、配件生产于一体，功能完备的乐器园逐步形成。

（二）请进来，走出去，建立多元化、复合型产业基地

堌阳镇积极组织乐器企业参观学习，组织开封、韵音等民族乐器企业参加上海等乐器行业博览会，积极与外商洽谈合作，借力发展。几年来，堌阳镇先后培育出"中州"、"敦煌"、"三好"等一批知名品牌。要让企业在竞争中立于不败之地，就必须鼓励企业增加投入、革新技术，提升科技创新能力，逐步实现由单一化向多元化战略转型。随着民族乐器生产工艺逐年提升，市场需求越来越大，现有生产规模已满足不了市场的需求，建设民族乐器产业基地，壮大民族乐器产业已经成为共识。为加快和促进堌阳镇乃至全县文化产业的发展，增强民族乐器产业的市场竞争力和综合实力，也为弘扬民族文化，打造文化强镇，示范带动文化产业集聚发展，做大做强文化产业，堌阳镇以打造中国民族乐器的核心产业基地为发展目标，打破传统的产业基地发展理念，采用景观化建筑理念，把形成产业基

---

① 资料来源：兰考县委宣传部《锐意进取乘势而上争当全省县域发展排头兵》（蔡松涛在全县三级干部会议上的讲话），2016 年 2 月 16 日。

地多元功能化格局，绿化、美化产业基地环境，建设融生产、交易、旅游、购物、娱乐功能于一体的复合型产业基地作为发展思路，充分发挥堌阳镇民族乐器产业基地乐器产业区、展览交易区和购物休闲区三个功能。

（三）狠抓产业规模，跻身全国前列

品牌是堌阳镇民族乐器产业发展的关键。近年来，堌阳镇党委政府以"利用资源优势，弘扬民族文化，打造文化产业强镇"为抓手，大力发展民族乐器产业，积极引进技术人才，不断扩大生产规模，狠抓产品质量，力促民族乐器产品上档次、创品牌。经过堌阳镇民族乐器人 30 多年的不懈努力和开拓创新，乐器企业已发展到 106 家，其中规模企业 16 家，从业人员 3500 多人，年销售各种民族乐器 20 万台（把），音板及配件 40 多万套，年产值 15 亿元。堌阳镇已发展成为全国重要的民族乐器生产基地，民族乐器产业已成为兰考县四大支柱产业之一。

三　堌阳镇民族乐器产业脱贫的启示

实践证明，只有利用资源优势，发扬创新精神，才能更好地弘扬民族文化，打造民族乐器文化产业强镇。为加快民族乐器产业集聚园区建设步伐，堌阳镇大力发展民族乐器生产，积极引进技术人才，不断扩大生产规模，狠抓产品质量，加速民族乐器生产企业向园区聚集，着力打造民族乐器产业"航母"，建设民族乐器集团、民族乐器特色产业园区、音乐小镇，形成集展览、销售、旅游、演奏于一体的现代化民族乐器生产基地。

（一）整合资源，打造一流的民族乐器产业园区

镇党委政府把民族乐器生产当作一项富民强镇的产业培植壮大，加大扶持力度，不断扩大园区规模，完善产业园区基础设施，打造具有民族风格的特色产业园。出台相关优惠政策和扶持政策，成立堌阳镇民族乐器协会，发挥产业集聚功能，引导入驻民族乐器特色产业园区，形成规模优势。

（二）加强交流学习，打造国际乐器城

为进一步扩大民族乐器生产规模，镇党委政府多次组织乐器企业外出

参加展销会，着力打造民族乐器高端、名牌产品。并从建设国际民族乐器音乐小镇概念入手，利用兰考焦桐这一优质、丰富而又独一无二的民族乐器音板资源，秉承国际化、生态化、多元化、永续化的先进理念，打造国内乐器生产和贸易中心。

（三）打造统一品牌，健全企业管理制度

以品牌效益带动产业发展已经成为产业发展的一个规律，乐器产业的发展也离不开乐器品牌。在现代社会，品牌是生产力和竞争力的浓缩，对产业的发展有着巨大促进作用。堌阳镇注重塑造乐器产业品牌，大打特色产业牌，让堌阳镇的民族乐器产业名扬海内外。为实现产品高端化、精品化，提高产品附加值，还着力打造了"大豫龙华"品牌。

（四）积极申报项目，加大资金投入

争取国家和省有关部门对文化产业和农产品深加工项目的政策资金支持，扩大规模，整合资源，发挥品牌优势、资源优势和发展优势，堌阳镇力争利用 3 至 5 年时间将其建设成为国内生产规模最大、乐器品种最全、产品质量更好、市场占有率最高的民族乐器生产销售基地之一。

兰考县堌阳镇依托自身的独特优势，大力发展民族乐器产业，推动全镇经济的发展，同时为更多人提供就业机会，为带动全镇整体脱贫提供了强有力的支撑。

第四节　兰考县精准发展扶贫项目的经验启示

2012 年 12 月，习近平总书记在河北阜平县考察扶贫开发工作时强调，"推进扶贫开发、推动经济社会发展，首先要有一个好思路、好路子。要坚持从实际出发，因地制宜，理清思路、完善规划、找准突破口"[①]。兰考县在精准扶贫的过程中，特别是在发展扶贫项目方面，根据自身的发展特点因地制宜选择扶贫项目，积累了一定的发展经验。这些经验不仅推动了

---

① 习近平：《做焦裕禄式的县委书记》，中央文献出版社，2015，第 17 页。

兰考县脱贫，对兰考县今后的发展仍然会有重要的参考指导价值。

第一，行业扶贫专业性强，项目选择有针对性。

以医疗卫生扶贫为例，可以了解医疗卫生系统利用行业资源，解决"因病致贫、因病返贫"贫困户的贫困症结。

一方面，推行健康签约服务，精准医疗卫生扶贫。以基本公共卫生服务信息平台为基础，重点加强和完善贫困人口健康信息，在开展健康检查、摸排因病致贫返贫人员，核实核准患病家庭、人员、病种、患病程度的同时，登记造册建档进行动态管理，更新完善贫困人口健康档案。以居民签约服务试点为契机，加强对因病致贫、因病返贫群众的跟踪服务。2016 年，全县成立服务团队 82 个，签约城乡居民 185431 户 684235 人，签约率 88.7%[1]。签约医生定期到贫困户家中进行"一对一"健康帮扶。筹措资金 215 万余元对 115 个贫困村进行医疗卫生帮扶，仅 2016 年就开展义诊活动 86 次，义诊群众 17846 人次，免费发放药品价值 23.9 万元，对 230 户因病返贫的特困户每月下发不低于 500 元的免费药品[2]。

另一方面，发挥医保杠杆作用，落实政策扶贫。2016 年，县、乡两级医疗机构的住院补偿起付线下调 100 元。从 2016 年 4 月开始，对 2016 年初仍未脱贫的贫困人员，全部实施免除新农合住院补偿起付线。2016 年共减免新农合住院补偿起付线资金 130 万元[3]。提高贫困人口慢性病门诊补偿水平，对确定为慢性病的救助对象做门诊就诊登记，2016 年上半年由医疗救助资金按每人不低于 500 元的标准进行补助，下半年及以后由新农合资金按 70% 补偿门诊费，封顶线由原来的 800 元提高到 3000 元，超出部分再由医疗救助资金按 50% 给予补助，2016 年共补助一般慢性病患者 6283 人次，补助资金 351.98 万元[4]。对肾病透析慢性病患者的门诊医疗费，经新农合报销后剩余自费部分按 50% 予以补偿，2016 年共补助肾病透析慢性

---

① 数据来源：兰考县卫生和计划生育委员会《兰考县医疗卫生扶贫自查报告》，2016 年 12 月。

② 数据来源：兰考县卫生和计划生育委员会《兰考县医疗卫生扶贫自查报告》，2016 年 12 月。

③ 数据来源：《2016 年基本医疗保障资金使用基本情况》，2017 年 2 月 25 日。

④ 数据来源：兰考县卫生和计划生育委员会《兰考县卫计委医疗卫生脱贫政策落实情况》，2016 年 12 月。

病患者 49914 人次（212 人），补助资金 87.44 万元①。2016 年门诊补助共 56197 人次，补助资金 439.42 万元②。提高贫困人口住院补偿水平，提高 救助对象一般住院补偿比例，新农合报销后，剩余部分减去相应医院起付 线后，县内住院的，医疗救助按 100% 比例予以补偿，县外住院的，医疗 救助在新农合规定报销比例基础上提高 20% 予以补偿，2016 年县内住院共 补助 4231 人次，补助资金 335.62 万元，县外住院共补助 549 人次，补助 资金 135.29 万元；提高白血病患者医疗费用补偿，2016 年白血病患者住 院共补偿 113 人次，补偿资金 48.39 万元③。实施救助对象先治疗后结算， 减轻救助对象医疗费用负担，2016 年医疗救助惠及救助对象 61248 人次，补 助资金 982.21 万元④。医疗卫生系统的各项工作彻底缓解了"看病难、看病 贵"和"因病致贫、因病返贫"现象的发生，提高了贫困户的生产能力。

第二，推进项目落实与构建特色产业体系统筹推进。

产业是经济发展的重要基础和有力支撑，兰考县要实现跨越发展、 "率先脱贫"，必须有产业作支撑。在落实精准扶贫政策的过程中，兰考县 坚持培育和壮大本土主导产业，建设乡镇特色产业园区，探索构建具有竞 争力的特色产业体系。

一是持续壮大家居制造及木业加工产业。在产业集聚区，进一步完善 产业链条，壮大提升原有的三环华兰产业园；依托恒大家居联盟产业园、 中部家居产业园、科瑞奇产业园、同乐居电商产业园等产业园区，发挥集 群效应⑤。在乡镇，对有产业基础和发展潜力的乡镇进行整体规划，突出 产业配套、链条延伸。如在堌阳镇规划建设全国民族乐器产业园，彰显文 化特色，逐步形成国内著名的民族乐器生产基地。在农村，对具有产业基

---

① 数据来源：兰考县卫生和计划生育委员会《兰考县卫计委医疗卫生脱贫政策落实情况》，2016 年 12 月。

② 数据来源：兰考县卫生和计划生育委员会《兰考县卫计委医疗卫生脱贫政策落实情况》，2016 年 12 月。

③ 数据来源：兰考县卫生和计划生育委员会《兰考县卫计委医疗卫生脱贫政策落实情况》，2016 年 12 月。

④ 数据来源：兰考县卫生和计划生育委员会《兰考县医疗卫生扶贫自查报告》，2016 年 12 月。

⑤ 资料来源：兰考县科学技术和工业信息化委员会《兰考县科工信委 2016 年工业产业扶贫 专项实施方案》，2016 年 1 月 18 日。

础的村，打造"一村一品"示范村，实现全县每个贫困村至少有一个扶贫创业园或示范园，吸引贫困群众实现家门口就业。

二是大力发展食品及农副产品深加工产业。根据兰考县实际，编制畜牧业发展专项规划，争创全省畜牧业大县。在产业集聚区，成功引进投资12亿元的正大集团蛋业和肉鸡产业链项目。投资7000万元的华润集团1.5万头肉驴养殖项目2016年已正式签约落地，为助推该项目发展，县政府成立了规模5000头的肉驴养殖公司，驴业产值达到3亿元，使兰考成为中原地带重要的养驴基地①。在乡镇，科学布局龙头企业养殖基地，扶持花花牛、坤盛牧业、广春牧业等龙头企业加快发展，带动农户创业增收，培育肉鸭、肉牛、奶牛、肉羊、肉鸡、蛋鸡养殖基地②。在农村，鼓励规模化养殖小区建设，同时大力支持土地流转，围绕饲草需求，调整种植业结构，大力发展构树、青贮玉米、花生、土豆等饲草配套加工，提高农产品附加值。

三是加快培育战略性新兴产业。为提高兰考企业科技含量和综合竞争力，在对原有吊装机械产业升级、小化工企业转型的基础上，在战略性新兴产业中选择3个板块作为培育探索的重点。依托格林美循环经济产业园和光大环保静脉产业园，打造循环经济产业园；依托富士康项目，规划建设兰考科技园；抓住国家消化钢铁产能机遇，承接产业转移，与杭萧钢构合作，建设钢结构住宅产业化生产基地③。

第三，科技产业项目助力脱贫，增强发展活力。

"造产业、造人才、造服务、造机制"是科技扶贫工作的着力点，科技扶贫项目树立"简化流程、方便基层、以人为本、注重绩效"的管理新理念，并构建了以项目分类管理、定向转移支持、经费科目"一提二放三增三减"④为核心的管理新制度。

---

① 数据来源：兰考县科学技术和工业信息化委员会《兰考县科学技术与工业信息化委员会关于2016年工作总结和2017年工作目标任务的报告》，2016年1月。
② 资料来源：兰考县扶贫办《兰考县扶贫开发工作总结》，2016年12月27日。
③ 资料来源：兰考县科学技术和工业信息化委员会《2016年科工信委精准扶贫工作实施方案》，2016年1月18日。
④ 一提二放三增三减，即提高间接费中的绩效支出比例，放开劳务费和设备使用范围，增加基础设施维修改造费、新技术新品种引进费、租车费，取消出版文献费、国际合作费、燃料动力费。

落实精准扶贫政策的三年里，兰考县科技富民强县项目资金全部投入使用，按年度完成科普统计调查及国防科技动员潜力调查统计，各项数据库更加完善。至2016年底，兰考县有省级科技特派员2人，法人科技特派员1家，"三区"科技人才受培训2人，征集到"三区"科技人才选派人员23人。科技人员覆盖13个乡和3个街道，为科技扶贫奠定了人才基础①。天民种业与河南农业大学、晓鸣农牧与河南大学、桐裕印务与河南牧业经济学院分别签署合作协议，推动产业可持续发展。同时发挥信息平台作用，利用河南省中小企业服务平台兰考服务窗口和中小企业兰考网，为电商扶贫和贫困户劳动力就业提供服务。

第四，注重项目间的连续性，统筹整合资源。

"世界是普遍联系的。"② 兰考县在精准扶贫项目开发过程中也十分注重项目间的连续性，注重整体统筹。实施整村推进是国家在"十一五"期间实施扶贫开发的有效形式和载体，为汇集、整合各方面扶贫资源，集中力量解决贫困村基本问题，为加快脱贫步伐发挥了积极作用。连片攻坚阶段贫困村整村推进仍是扶贫工作的有效方法，兰考县把整村推进与新农村建设有机结合，统筹整合资源，加强贫困村基础设施建设，改善了贫困地区生产生活条件、改善了村容村貌。

2014年8月11日，兰考县根据《河南省委办公室省政府办公室关于改善农村人居环境的实施意见》，结合当地实际，制定了创建方案。全县共451个行政村，按照"到2018年全县行政村80%以上建成达标村、40%以上建成示范村"的要求，本着"先易后难、突出重点、次第开展、逐步提升"的原则，以每年10%的示范村、20%的达标村的比例确定了名单。2015年，63个示范村、102个达标村在"净、通、绿、亮、硬、美"等方面取得良好成效。

2016年开展美丽乡村建设。全年完成农户改厕11.57万户，改厕比例达到89%。大力实施污水治理。2016年完成14座镇区污水处理厂提标改造和配套管网220公里建设，覆盖56个村庄，服务9.5万人。采用纳入镇

---

① 数据来源：兰考县科学技术和工业信息化委员会《兰考县科学技术和工业信息化委员会关于2016年工作总结和2017年工作目标任务的报告》，2016年1月。

② 李秀林：《辩证唯物主义和历史唯物主义原理》，中国人民大学出版社，1982，第151页。

区污水处理系统和就近就地分散处理两种类型，同步推进村庄污水处理。造林绿化方面，2016年兰考县完成植树4.39万亩、556万株。为提升村容村貌，完善道路、排污管网等基础设施建设，按照"十无一规范一眼净""五净一规范"标准，打造美丽庭院，兰考县深入学习浙江"千万工程"经验，2016年所有行政村完成"三清一改"，分类逐村验收，争创省"四美乡村"建设示范县，逐步改善了113个农村人居环境提升村、311个农村人居环境整治村村容村貌，完成了29个省市改善农村人居环境示范村和26个县美丽乡村试点村建设①。

第五，推进项目落实与构建新型城镇化体系深度融合。

"扶贫环境是指扶贫主体赖以生存和发展的自然、社会、经济、法治等因素综合组成的环境，既包括自然生态系统，也包括社会经济中的环境要素。"② 兰考县在扶贫项目开发过程中注重扶贫环境的建设和发展，从政治、经济、文化、生态等多个层次的环境出发，推动新型城镇化建设。

一是做大做强中心城区。持续推进县城主次干道"六乱"治理，打造了300余人的城市管理执法力量，实行网格化管理，成功创建国家园林县城、省级生态县，通过国家卫生县城初验，城市面貌极大改观。

二是着力打造中心镇。在堌阳镇，依托国家建制镇试点建设和民族乐器优势，打造特色"音乐小镇"；在谷营镇，打造"希望小镇"式地方特色城镇；并加快编制考城、南彰、谷营镇区道路水系专项规划，有序推进基础设施建设，有效提升城镇辐射带动和人口集聚能力。

三是统筹推进一般乡镇和美丽乡村建设。持续推进农村人居环境改善，推进农村卫生保洁市场化改革，建成生态乡镇9个、生态村216个③。利用冬春两季，变冬闲为冬忙，突出抓好造林绿化、水利建设、廊道工程、农村经济、美丽乡村五项重点工作，进一步改善了农业生产生活条件。

第六，规范管理、严格秩序，把监控落到实处。

---

① 数据来源：《解决"两不愁三保障"突出问题做好巩固脱贫成果防返贫工作——兰考稳定脱贫成果经验探索》，中共兰考县委、兰考县人民政府，2019年6月。

② 中国国际扶贫中心：《扶贫开发与全面小康：首届10.17论坛文集（上）》，世界知识出版社，2015，第165页。

③ 数据来源：兰考县扶贫办《兰考县扶贫开发工作总结》，2016年12月27日。

首先，做好项目选择，做好项目实施过程中的监督检查工作。尽力做到事前有预算评审、事中有跟踪审计、事后有绩效评价，还定期邀请退休老干部等形成多元化项目监督检查体系①。例如在农村公路建设过程中，坚持"百年大计，质量第一"的原则，严格按照公路工程基本建设程序，建设项目严格实行招投标制、项目经理负责制、工程质量责任终身制、工程保证金制等制度。2014 年 7 月 29 日，兰考县招投标中心就发布了关于对某建筑有限公司弄虚作假骗取中标问题的处理决定。同时，强力推行"政府监督、业主管理、社会监理、企业自检"四级质量管理体系，对工程质量严格管理，定期通报工程进度与质量，确保工程保质按时完成。必须关注到，项目选择需要尊重市场规律，慎重考察，因地制宜，例如构树项目作为产业扶贫的一个重要载体，在国内掀起过一轮发展热潮。但从兰考推广构树项目的效果来看，由于产业链不完整，特别是随着国内构树项目的推进，市场环境发生变化，经济效益不及预期。所以不能人为夸大、神化构树的作用，要防止种植的时候热情高涨，利用的时候无所适从。

其次，落实扶贫项目时特别要引导基层平衡好脱贫攻坚举措和长远发展目标的协调配合性。扶贫的核心是发展，而脱贫攻坚举措是其重中之重。通过制度创新，既要引导基层聚焦脱贫攻坚、强化各项脱贫攻坚举措对如期实现脱贫攻坚目标的贡献度和结合率，也要兼顾各项举措的可持续性，防止出现"烂尾楼"和"短命工程"，为长远发展奠定基础。在我国社会主义市场经济体制下，对资源配置起决定性作用的是市场，在脱贫攻坚中，可以交由市场调整解决的，应当尽可能用符合市场规律的机制和手段。

再次，确保扶贫基础设施项目质量。作者从兰考县扶贫办了解到，2017 年以前确定的扶贫项目现在都在运转，为确保扶贫基础设施项目质量，扶贫办采取了"四个不用"②和"八方验收"③，既保证了工程质量，又提高了群众对扶贫项目的满意度。2017 年，兰考县把稳定脱贫奔小康作

---

① 资料来源：兰考县财政局《兰考县涉农资金整合优化试点工作》，2016 年 12 月。
② 四个不用：1. 商砼站资质不全的不用；2. 纪委办理过的案件中，涉及商砼质量问题的不用；3. 以往实施的项目，商砼供应质量不达标的不用；4. 现场检验商砼站内原材料，发现有禁用原材料的不用。
③ 八方验收，即监理、施工方、乡镇负责人、责任组长、村"两委"、驻村工作队、村民代表及第三方八方验收。

为以后 5 年的总目标①，力争由农业大县逐步建成工业大县、服务业强县和全国重要的旅游集散地②。

最后，也要看到，部分产业项目没有充分发挥作用，特别是部分贫困村集体经济发展还没有产生效益。兰考县 2016 年扶持集体经济发展投入近 5000 万元，为每个贫困村提供 20 万~30 万元的集体经济发展资金，免费安装光伏 200 平方米。实地考察村集体经济收入发现，谷营镇东张村无集体经济收入、闫楼乡王玉堂村集体经济收入 2000 元、东坝头镇长胜村集体经济收入 2.2 万元、许河乡东堽怀村集体经济收入 5.32 万元、考城镇大胡庄村集体经济收入 20 万元，从统计结果来看，大多数村集体经济还没有得到很好发展，对脱贫致富的保障作用没有充分发挥，针对这一点，应该眼光向外，学习其他地区的成熟经验。

兰考县在 2017 年到 2019 年各类项目推进中取得了新的成绩。2017 年兰考被授予全国品牌家居产业基地、国家级出口木制品质量安全示范区，兰考科技园规模效应日益显现，全国资源循环利用基地已具雏形，新能源产业逐步成为兰考新的产业优势③。2018 年富士康投资额由 40 亿元追加到 65 亿元，恒大一期投资额由 35 亿元追加到 42 亿元④。恒大家居小镇基本建成，富士康、光大科技、航天信息等项目推进顺利。2019 年主导产业体系逐步健全。恒大索菲亚、欧派、曲美等 6 家企业投产达效，南彰、红庙、闫楼、东坝头、堌阳 5 家乡镇配套园区初具规模，畜牧产业体系更加完善，优质饲草种植达到 9 万亩。"产业引领、城乡联动"的循环经济产业体系逐步形成。富士康玻璃盖板项目稳定运行，企业用工达到 1.1 万人。黄河湾乡村振兴示范项目有序推进，金融小镇、焦裕禄干部学院二期、兰考三

---

① 资料来源：《政府工作报告——2017 年 3 月 20 日在兰考县第十五届人民代表大会第一次会议上》，李明俊。
② 资料来源：《政府工作报告——2018 年 9 月 18 日在兰考县第十五届人民代表大会第三次会议上》，李明俊。
③ 资料来源：《政府工作报告——2018 年 9 月 18 日在兰考县第十五届人民代表大会第三次会议上》，李明俊。
④ 资料来源：《政府工作报告——2019 年 5 月 22 日在兰考县第十五届人民代表大会第四次会议上》，李明俊。

农职业学院即将投入运行①。2020 年兰考县支持企业延长农产品产业链，打造小宋、葡萄架、三义寨、仪封 4 个农业产业强镇。建设省级特色农产品优势区和湖羊蜜瓜种养结合的现代农业产业园。新发展合作社 70 家，家庭农场 30 家。争创国家级特色农产品优势区②。

　　2017 年实施人居环境改善工程，推进"厕所革命"，全县年内完成 60% 的改厕任务。加快农村生活垃圾分类和资源化利用进程。完成全县垃圾中转站整改并投入使用③。推进生物育种技术研发与应用试验示范中心建设，启动建设杂交构树工程技术研发中心、木制品检测中心。成立民族乐器、食用菌、林果业产业科技组，建立科技服务团下乡服务制度④。2018 年，东方红提灌站等水利项目投入使用，解决了 11.5 万人的饮水安全问题。完成 150 个村坑塘整治工作，农村生活污水治理率达 50% 以上。完成农村改厕 5.5 万户⑤。美丽乡村建设初步成型，截至 2018 年底，全县建成农村公路 122 公里；乡村铺设燃气主管网 120 公里、分支管线 1200 公里；集中在夏、秋两季和春节前开展的"清零"大行动，使村容村貌得到极大改善；166 个美丽村庄稳步推进，农村垃圾分类试点工作成效明显⑥。2020 年梯次推进 192 个美丽乡村建设，同步开展"集中清零"，完成改厕 2.6 万户。打造 32 个农村人居环境整治样板⑦。

---

① 资料来源：《政府工作报告——2020 年 5 月 26 日在兰考县第十五届人民代表大会第五次会议上》，李明俊。

② 资料来源：《政府工作报告——2020 年 5 月 26 日在兰考县第十五届人民代表大会第五次会议上》，李明俊。

③ 资料来源：《政府工作报告——2018 年 9 月 18 日在兰考县第十五届人民代表大会第三次会议上》，李明俊。

④ 资料来源：《政府工作报告——2018 年 9 月 18 日在兰考县第十五届人民代表大会第三次会议上》，李明俊。

⑤ 资料来源：《政府工作报告——2019 年 5 月 22 日在兰考县第十五届人民代表大会第四次会议上》，李明俊。

⑥ 资料来源：《政府工作报告——2019 年 5 月 22 日在兰考县第十五届人民代表大会第四次会议上》，李明俊。

⑦ 资料来源：《政府工作报告——2020 年 5 月 26 日在兰考县第十五届人民代表大会第五次会议上》，李明俊。

第四章　兰考县精准使用扶贫资金

扶贫资金是农村贫困治理中最重要的资源投入，其使用的精准和高效对打赢农村脱贫攻坚战尤其关键。党的十八大以来，中央财政扶贫资金的规模在不断扩大，一方面直接效果明显，极大改善了农村的生产、生活条件，另一方面也带动了地方各级政府配套资金投入和社会资金投入，农村中小型基础设施建设在规模和增长速度上都有前所未有的提升，带动了产业规模，取得了显著的经济效益和社会效益。

习近平总书记在河北省阜平县考察扶贫开发工作时指出，要用好扶贫开发资金。"只要有信心，黄土变成金。……只要立足有利条件和优势，用好国家扶贫开发资金，吸引社会资金参与扶贫开发，充分调动广大干部群众的积极性，树立脱贫致富、加快发展的坚定信心，发扬自力更生、艰苦奋斗精神，坚持苦干实干，就一定能改变面貌。"[1]

随着中央加大农村扶贫开发力度，落实到基层的各类财政专项扶贫资金稳定增长。查阅兰考县财政局相关数据发现，仅 2013~2015 年，中央和河南省拨入兰考县的扶贫专项资金总额达 17646.56 万元（如图 4-1）。

为进一步优化财政涉农资金原有供给机制，大幅度提高资金使用效率和效益，确保各贫困县能够集中资金、资源打赢脱贫攻坚战，国务院于 2016 年 4 月发布《国务院办公厅关于支持贫困县开展统筹整合使用财政涉农资金试点的意见》，着力改革财政关于涉农资金管理使用机制，更大程度上赋予贫困县在统筹整合及使用财政涉农资金上的自主权。

河南省委省政府考虑河南省实际，根据《国务院办公厅关于支持贫困县

---

[1]　习近平：《在河北省阜平县考察扶贫开发工作时的讲话》（2012 年 12 月 29 日、30 日），《做焦裕禄式的县委书记》，中央文献出版社，2015，第 17 页。

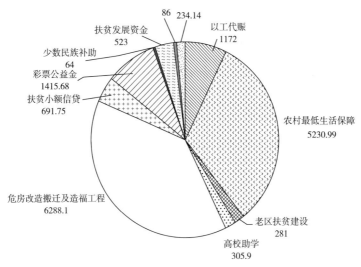

图 4-1　2013~2015 年中央和河南省拨入兰考县的扶贫专项资金（单位：万元）

注：图中其他项未列入。

开展统筹整合使用财政涉农资金试点的意见》，出台《河南省开展统筹整合财政涉农资金试点实施办法》和《河南省扶贫资金管理办法》。关于统筹整合财政涉农资金，国家有政策、有要求，决定在 53 个贫困县全面展开，就是为了真正让基层放开手脚、大胆工作。整合资金范围包括四个方面，包括中央财政下拨资金 20 类 64 项；省级财政 13 类 28 项；提出了市县财政安排资金整合的原则；支持贫困县统筹结余结转资金用于脱贫攻坚。进一步明确资金整合方式、资金指标下达和列支科目及资金使用管理相关要求。

兰考县高度重视扶贫资金的使用和管理，在党和国家政策指导下，2015 年 3 月 3 日印发《兰考县深化改革扶贫项目资金使用管理办法（试行）》，规范扶贫资金的使用和管理，以保障其使用效率，助力脱贫攻坚。但是，不能回避的是在资金的使用和管理过程中，仍然存在不尽完善之处，兰考县发现了这些问题，并及时给予解决。

第一节　扶贫资金的来源及投入方向

贫困地区的发展水平和发展基础都处于较为落后和薄弱的阶段，资金注入对激活贫困地区的发展活力具有重要作用。2014～2016 年，兰考县累计投放扶贫资金超过 4.45 亿元，其中 2014 年 7384.9 万元，2015 年 10364.4 万元，2016 年 26787.1 万元①。

一　扶贫资金的来源构成

扶贫重点县扶贫资金的来源构成主要分为中央财政扶贫资金、中央扶贫贴息贷款、中央专项退耕还林还草工程补助、以工代赈资金、省级财政扶贫资金、中央拨付的低保资金，以及利用外资和其他资金。由于国家政策、本地区统筹规划等原因，每年扶贫资金的组成结构也会有所差异。

（一）扶贫资金的主要构成

1. 财政专项扶贫资金

从 2016 年兰考县可整合使用的试点资金分配情况可以看出，用于扶贫攻坚工作的有 9 项，资金共计 26987.12 万元，分别为：中央扶贫发展资金 9986 万元；扶贫以工代赈资金 650.9 万元；现代农业项目县畜牧类 525 万元；基层农技推广体系改革与建设项目 75 万元；新型农业职业培训项目 104 万元；巾帼扶贫培训补助项目 10 万元；省级财政扶贫资金 333 万元；农业产业化集群发展项目 230 万元；涉农资金整合试点专项资金 1000 万元②，整合其他涉农资金 14073.22 万元。在兰考县整合优化中央、省、县财政局安排的部分涉农资金时，纳入整合范围的共计 77 项。其中，参照国办发〔2016〕22 号文件，将中央财政及省级配套涉农资金纳入整合范围的项目有 49 项；参照国办发〔2016〕22 号文件，将省级财政安排的涉农资金纳入整合范围的项目有 22 项；按照财农〔2016〕7 号文件"创新财政涉农资金管理模式"和豫办〔2016〕28 号文件的有关要求，确定纳入涉农资金整合范围的项目有 6 项③。

兰考县根据中央和省财政支出规模，并结合兰考县自身脱贫攻坚的发展需要，及时调整县财政用于扶贫的资金规模和比重。兰考县财政局与河

---

① 数据来源：兰考县财政局《创新财政扶贫机制全力助推脱贫攻坚工作》，2017 年 3 月。
② 资料来源：兰考县财政局《兰考县财政局 2016 年扶贫工作总结》（兰财办〔2017〕4 号）。
③ 资料来源：兰考县财政局《兰考县财政局 2016 年扶贫工作总结》（兰财办〔2017〕4 号）。

南省财政厅对接，争取到省财政支持加快现代农业生产发展等试点项目，争取到资金 5.8 亿元，助推了兰考县脱贫攻坚任务进程，并争取到河南省财政对兰考县率先脱贫奖励资金 1000 万元①。

兰考县政府在涉农资金整合优化试点工作中主要采取"五统一，五保障"工作措施②。以脱贫攻坚工作为重点，统筹涉农资金，重点开展产业扶贫、整村推进、农业职业技术培训等工作，持续加大脱贫攻坚力度。兰考县还注重提高财政资金监管力度，保障扶贫资金安全有效运行，重点对财政投资项目预算评审、决算审计工作的监督再监督，在项目招标前由财政局和政府第三方评审企业对项目进行"双评审"，在项目完成后由审计局和政府第三方审计机构对项目决算"双审计"，从而有效规范扶贫项目、扶贫资金的监督管理③。

2. 金融扶贫资金

兰考县鼓励和引导各类金融机构加大对扶贫开发的资金投入，争取金融扶贫资金支持。2016 年经县委县政府多次研究，兰考县对金融扶贫模式进行了调整，在原来"三位一体"、"四位一体"的基础上，推出了"新三位一体"④ 和"新四位一体"⑤ 金融扶贫模式，更易操作、更有效率。同时对贫困户个人贷款做出了明确要求，每个乡镇推荐建档立卡贫困户贷款金额不少于 300 万元，其中包括未脱贫户不少于 10 户、建档立卡一般贫

---

① 资料来源：兰考县财政局《创新财政扶贫机制全力助推脱贫攻坚工作》，2017 年 3 月。
② "五统一，五保障"，即统一制定方案，统一项目审批，统一组织实施，统一资金使用管理，统一项目验收和绩效评价；政策保障，机构保障，制度保障，监督保障和资金保障。
③ 资料来源：兰考县财政局《创新财政扶贫机制全力助推脱贫攻坚工作》，2017 年 3 月。
④ "新三位一体"金融扶贫贷款，即由财政资金作为风险补偿金，银行按风险补偿金的 10 倍发放贷款，贷款主体的贷款实行基准利率并全额贴息，其风险由县政府承担 80%，银行承担 20%。
⑤ 新"四位一体"金融扶贫贷款，即由财政资金作为风险补偿金，银行按风险补偿金的 10 倍发放贷款，贷款主体（企业、新型农业经营主体）须提供 5% 的扶贫资金或每 10 万元带动 1 个贫困户就业，须提供 5% 的扶贫资金或每 10 万元带动 1 个贫困户就业，且就业时间不低于 6 个月，月工资不低于 2000 元（企业统一为贫困户办理银行工资卡，由乡镇、街道定期检查贫困户在企业务工的时间及工资），贷款主体的贷款实行基准利率并全额贴息，保险公司为贷款主体贷款进行保险（保费为贷款总额的 3%）。对种植养殖业贷款进行保险，保费由省财政负担 80%，贷款主体负担 20%；对木材加工企业贷款进行保险，保费由县政府和贷款主体各负担 50%，年底省财政对政府出资的保费奖补 50%。种植养殖业和木材加工企业贷款的风险，由县政府和保险公司各承担 50%。

困户 20 户，对于这 30 户贫困群众要简化手续、直接放贷①。有效利用金融扶贫资金助推扶贫产业发展，尤其是确定用于板材加工产业的贷款不低于 5000 万元，有效带动了贫困群众增收。

针对贫困户发放小额贴息贷款②。要求各涉贷银行、保险公司克服困难，简化审批手续，缩短放贷时间，对一般贫困户 10 万元以下的贷款审核由所在乡镇（街道）负责，银行、保险公司不再审核；同时，各涉贷银行要加大对贫困户的直接放贷力度，贷款额度不得低于放贷总量的 30%。确保完成各自承担的工作任务，以 2016 年为例，7 月 31 日前，县中原银行要发放不少于 1000 万元的扶贫贷款资金，邮储银行要发放不少于 500 万元，县农业银行要发放不少于 1600 万元，农商银行要发放不少于 2070 万元。9 月 30 日前，全县金融扶贫贷款累计发放总额要不少于 3 亿元③。

（二）扶贫资金总体结构的变化

兰考县财政安排使用扶贫资金呈现明显增长趋势。以 2014 年至 2016 年为例，2014 年县财政安排使用扶贫资金共计 6150.5 万元（中央和省资金 5990.5 万元、县级预算安排 160 万元），2015 年县财政安排使用扶贫资金共计 9445.3 万元（中央和省资金 6845.3 万元、县级预算安排 2600 万元），2016 年县财政安排使用扶贫资金共计 26787.12 万元（中央和省扶贫发展资金 9786 万元、县级预算安排 9668.02 万元，整合其他涉农资金 7333.1 万元）④。随着中央攻坚扶贫力度的不断加大、政策倾斜，加之本地区经济发展的拉动等因素，每年扶贫资金的结构也会有所差异和变化。

---

① 资料来源：兰考县人民政府《兰考县"四位一体"金融扶贫实施办法》，2016 年 3 月 17 日。

② 小额贴息贷款指为支持所有建档立卡贫困户发展产业的一项贷款，实行基准利率和全额贴息。

③ 数据来源：兰考县财政局《兰考县 2016 年财政专项扶贫资金和项目自查自纠情况》，2016 年 12 月。

④ 数据来源：兰考县财政局《兰考财政局 2014～2016 年扶贫工作总结》，2016 年 12 月 20 日。

根据兰考县财政局数据统计，2015 年财政投入扶贫资金增长尤为明显，相比于 2014 年的 1312 万元，增长 3988 万元，增幅高达 304%。2015 年，中央和省级财政投入兰考县专项扶贫资金 6720 万元，相比于 2014 年的 5990.5 万元，增长 729.5 万元，增幅为 12.2%[①]。

可以看到，在兰考县脱贫攻坚的过程中，中央财政的支持对兰考县脱贫和经济发展起到了重要的拉动作用。而且，国家为实现全面小康、推动共同富裕，对扶贫的财政倾斜也更加有力、有效，为拉动贫困地区的经济增长、实现早日脱贫注入了活力和动力。

二　扶贫资金的投入方向

扶贫资金是实现攻坚脱贫的重要财力保障，精准、有效使用扶贫资金是精准扶贫的重要环节，也是脱贫攻坚各环节中最容易引发腐败的一环。因此，兰考县高度重视扶贫资金的管理和使用，科学统筹规划扶贫资金的投入，保证资金准确投放到最有效、最急需的地方。兰考县严格按照"资金跟着项目走、项目跟着规划走、规划跟着脱贫目标走、目标跟着扶持对象走"的原则，根据本县的脱贫攻坚规划和扶贫项目库，对扶贫资金进行了科学规划和合理分配安排。在资金使用方面，主要是支持扶贫产业、金融扶贫、加强农村基础设施建设和落实兜底政策。

（一）重点支持扶贫产业

兰考县资金使用和安排中，对产业扶贫进行了侧重性投入。力图通过扶持贫困村、贫困人群创业就业，促进当地增收，增加贫困户的收入，实现"造血式"扶贫。这样既能够提高脱贫实效，也能够从长远激发本地经济发展活力，为经济和社会发展提供长久动力。产业扶贫投入，主要针对到户增收，扶贫科技项目，支持企业建设、旅游、乡村种植业养殖业发展等方面。通过资金注入，一方面有利于扩大企业的规模和科技投入，另一方面有利于调动贫困户自主创业增收的积极性。

---

① 数据来源：兰考县人民政府《兰考县人民政府关于呈送兰考县整合涉农资金用于脱贫攻坚实施方案的报告》（兰政文〔2016〕135 号）。

兰考县不断创新产业扶贫模式，灵活利用财政政策支持贫困村创新发展产业，充分利用兰考惠普金融的优势，支持贫困户发展产业。2016 年，兰考县安排到户增收资金 1251 万元，支持贫困户创业或者采用资产收益的方式帮助贫困户脱贫，受益贫困群众达 4042 户[①]；安排肉鸭养殖小区基础设施配套资金 1470 万元，支持 49 个养鸭小区基础设施建设，改善养殖贫困户的生产条件[②]；安排专项资金 50 万元，支持构树扶贫产业发展。

（二）稳步推进金融扶持

在金融扶贫方面，兰考县安排了风险补偿专项资金，县财政局会同县扶贫办，与县农商银行、农业银行、邮储银行、中原银行以及中原农险合作，以"三位一体"、"四位一体"金融扶贫模式，支持小微企业发展，为脱贫户就业及发展产业提供金融保障。兰考县通过金融贷款为种植业、养殖业和相关扶贫企业提供资金保障，安排产业化贴息、小额贴息资金，为其发展提供充足的资金支持。并且，通过购买保险降低自然或者人为原因造成的损害对贫困户生产生活的影响。

2016 年，兰考县财政局安排专项资金 2950 万元[③]，设立扶贫发展风险补偿基金，支持小微企业发展，帮助贫困户就业。2016 年上半年，发放贷款 7932 万元，惠及小微企业和贫困户 364 家[④]。兰考县积极落实保险扶贫政策，安排专项资金 1000 万元[⑤]，为全县建档立卡贫困户购买了财产、人身意外伤害及传统种植保险，确保"脱贫路上零风险，致富之后不返贫"。

（三）实施整村推进工作

农村基础设施建设也是扶贫资金的重要投入点。农村基础设施的完善

---

① 资料来源：兰考县财政局《创新财政扶贫机制支持全县脱贫攻坚》，2016 年 12 月。
② 数据来源：兰考县人民政府《兰考县人民政府关于呈送兰考县整合涉农资金用于脱贫攻坚实施方案的报告》（兰政文〔2016〕135 号）。
③ 数据来源：兰考县财政局《兰考县财政局关于贫困退出落实情况的自评自查报告》（兰财办〔2016〕36 号）。
④ 数据来源：兰考县财政局《兰考县财政局关于贫困退出落实情况的自评自查报告》（兰财办〔2016〕36 号）。
⑤ 资料来源：兰考县财政局《创新财政扶贫机制支持全县脱贫攻坚》，2016 年 12 月。

主要从物质文明建设和精神文明建设两个方面推进。加强美丽乡村建设，改善村内居住环境，切实让村民受益。不仅重视村内村容村貌的规划和建设，还对农村道路和水利设施、桥梁等进行建设和完善，恢复和保护农村生态环境。整村推进工作，一方面改善了农村的投资环境，如农村进出公路的修建，方便了农产品的运输，有利于减少运输的困难和成本；另一方面，改善了村民的居住环境，为提高村民生活质量、改善村民社会面貌和精神面貌提供了重要保障。

兰考县充分发挥财政资金"四两拨千斤"的作用，健全投融资担保机制，多方筹措资金，全力服务于城镇化建设、美丽乡村建设、基础设施建设。改善了农村的人居环境，建设了体育场、文化活动室等公共服务场所，着力打造具有兰考特色的公共文化服务平台，丰富了人民群众的文化生活。2016 年，兰考县安排整村推进资金 4056 万元，其中弥补 2015 年整村推进资金 1666 万元，2016 年整村推进资金 2390 万元，支持全县 40 个贫困村基础设施建设[①]。

（四）保障政策兜底的投入

习近平总书记指出，要像抓经济建设一样抓民生保障，像落实发展指标一样落实民生任务。兰考县把惠民政策的着眼点和着力点放在低收入群众、特困群众身上，坚持政策兜底，确保不落一人。经过 2017 年 3 月调查摸底，对全县剩余贫困人口实行政策兜底脱贫（对于一般贫困户，继续采取就业、产业等扶持措施帮助其脱贫）。如果这部分贫困人口解决不好，既影响人民群众对扶贫工作的满意度，也影响社会对兰考县"率先脱贫"的认可度。所以，必须对这部分脱贫能力差的贫困群众，实行政策兜底脱贫，推动扶贫政策与农村低保、危房改造等政策协同发力，确保脱贫路上不落一村、不漏一户、不少一人。

2016 年兰考县安排专项资金 410 万元，解决 4027 名 60 岁以下特殊困难群众临时救助问题[②]；安排专项资金 1000 万元，为建档立卡贫困户家庭

---

① 数据来源：兰考县财政局《兰考县财政局关于贫困退出落实情况的自评自查报告》（兰财办〔2016〕36 号）。

② 资料来源：兰考县财政局《创新财政扶贫机制支持全县脱贫攻坚》，2016 年 12 月。

中的大专及以上大学生提供大学生补助，每人每年补助 5000 元①，确保贫困学子顺利完成学业；安排分阶段教育补助 200 万元②，用于未脱贫贫困户家庭学生补助；安排跨省外出务工路费补助资金 100 万元③，用于外出务工往返路费报销；安排专项资金 500 万元，为 15361 名贫困人员提供医疗救助④。切实解决了贫困人口"生活难、上学难、看病难"和"因病致贫和返贫"问题。

第二节　扶贫资金的统筹使用

兰考县紧扣三大发展体系，立足理财，发展经济，做大做强财政收入，不断提高自身的财力水平。充分发挥融资平台的职能作用，通过 PPP 模式吸纳社会资本，投入风险补偿金、撬动银行贷款等，为助推脱贫、发展区域经济提供强有力的保障。兰考县遵循"统分结合、以统为主，适度集中、确保重点，严格管埋、规范操作"的原则，运作投融资工作。

一　精准落实扶贫资金及成效

兰考县按照党中央、河南省脱贫攻坚工作总体部署和工作安排，严格落实脱贫工作"六个精准"要求，不断完善政策体系，创新落实工作机制，持续加大扶贫资金的投入，科学制定资金使用流程，严格管理资金使用，实现了在全国率先脱贫的目标任务。

（一）争取资金支持

1. 积极争取上级政策资金支持

兰考县政府积极履行财政职能，主动与省财政厅对接，争取省财政支持兰考县改革发展和加强党的建设综合试验示范县建设的 31 条政策措施，支持和加快现代化农业生产发展，美丽乡村、农村人居环境改善、农业生

①　资料来源：兰考县财政局《创新财政扶贫机制支持全县脱贫攻坚》，2016 年 12 月。
②　资料来源：兰考县财政局《创新财政扶贫机制支持全县脱贫攻坚》，2016 年 12 月。
③　资料来源：兰考县财政局《创新财政扶贫机制支持全县脱贫攻坚》，2016 年 12 月。
④　资料来源：兰考县财政局《创新财政扶贫机制支持全县脱贫攻坚》，2016 年 12 月。

产全程社会化服务、农民合作社创新融资风险补偿、农作物秸秆综合利用、农产品初加工、现代农业示范县等试点项目，积极争取上级财政资金支持，助推全县脱贫攻坚任务进程；争取省财政对兰考县率先脱贫奖励1000万元，兰考县成为河南省乃至全国第一个获得率先脱贫省级财政奖励的贫困县①。

2. 加强发展，提升自身财力

脱贫攻坚离不开财政资金的投入，兰考县全力发展地方经济，以提升自身的财力。数据显示，兰考县一般公共预算收入从2011年的51355万元增长到2016年的140992万元；一般公共预算支出从2011年的192237万元增长到2016年的525600万元，增支333363万元。随着兰考县财力的增长，不断加大对民生和扶贫领域的投入，民生支出从2011年的129613万元增长到2016年的416413万元；扶贫支出从2011年的2356万元增长到2016年的26787万元②。民生和扶贫领域的支出在逐年递增，为稳定脱贫、如期实现小康提供了强有力的财力保障。

兰考县狠抓增收节支，提高财政保障能力。收入方面，不断强化征管措施，加大依法组织税收力度，进一步提高财政收入的总量与质量。依法加强税费征管、优化收入结构。支出方面，围绕提高资金使用效益，加强预算绩效管理；切实加强财政财务管理，着力解决制度不健全、管理不规范等突出问题，认真贯彻落实《党政机关厉行节约反对浪费条例》③。

3. 积极撬动金融社会资本参与

兰考县在充分利用财政支持的基础上，敢于突破，转变了以往的扶贫思路。形成了一个由政府主导、银行等金融部门参与、龙头上市公司带动的全新"三位一体"金融扶贫模式④，成为兰考贫困群众脱贫致富的主渠道。运用政府引导基金、金融资本、社会资本、政府购买服务等方式，引导市场、企业和社会资源，聚焦脱贫攻坚工程。

兰考县利用金融力量推动产业发展。2014年，为改变以往扶贫资金缺口

---

① 资料来源：兰考县财政局《创新财政扶贫机制支持全县脱贫攻坚》，2016年12月。
② 资料来源：兰考县财政局《兰考县财政局国务院扶贫办访谈材料汇总》，2016年12月。
③ 资料来源：兰考县财政局《兰考县财政局国务院扶贫办访谈材料汇总》，2016年12月。
④ 数据来源：《兰考县"三位一体"带动贫困户脱贫实施办法》（兰扶贫组〔2015〕8号）。

大、产业发展资金严重不足的困境，兰考县找到了金融扶贫的新路径。兰考县晓鸣农牧股份有限公司就是金融扶贫的重要典范，2014年，在国务院扶贫办和证监会的支持下，晓鸣农牧在"新三板"成功挂牌，成为世界最大的单体蛋雏鸡孵化基地。仅此一个企业的兴办，就让400多户贫困农户过上了好日子。两年时间富士康、格林美、三源电气、合丰牧业、晓鸣禽业等上市公司落户兰考，投资额突破100亿元[①]。这些上市公司的落户，在促进就业、调结构、活金融、转观念等方面对兰考起到很大的推动作用，使其脱贫致富步伐明显加快。兰考县还积极运用扶贫公益捐赠企业税收抵扣政策，引导企业加大扶贫捐赠力度。支持搭建网络平台，运用社会众筹机制，动员社会力量共同参与脱贫攻坚。

（二）合理安排资金

根据党中央和河南省的政策规定，兰考县建立了县级财政扶贫专项资金项目库，对县级财政扶贫资金项目进行规范化、程序化管理。

其项目申报和审核程序具体如下：

每年8月份，县脱贫攻坚领导小组发布项目申报指南或者文本，征集下年度具体项目；项目单位按照指南要求，进行项目申报。同时，填报项目标准文本，并附报相关的证明材料以及项目相关审批文件等。县扶贫部门会同县财政部门进行审核筛选，提交县脱贫攻坚领导小组研究后，将符合条件的项目汇总上报省级部门项目库。

据了解，在以前的财政资金管理中，每年财政支出相当大比例的资金存在审批管理人为影响大、随意性强的问题，一方面造成财政预算支出的约束软化、追加频繁；另一方面造成一些项目未加深入论证、前期准备不足就急于向财政部门申请资金，资金安排后很长一段时间难以实施，存在资金等待项目的现象，造成资金的浪费，而一些亟待实施的项目又因缺乏资金而无法实施。

项目库制度建设，有效地避免了财政部门和预算单位专项资金审批和申请的随意性，降低人为因素的影响，加快了资金的支出进度。在专项资

---

① 资料来源：兰考县扶贫办《兰考县产业发展情况汇报》，2016年4月。

金的管理上，实行专项资金项目库量化评分、滚动管理、绩效考评，杜绝有关部门的"闭门造车"行为，有效提高了经济发展的前瞻性和主动性，抛弃以前等上级部门安排发展项目的思维定式，树立抢抓机遇的意识，储备把握机遇的能力。

（三）统筹整合涉农资金

兰考县是全国涉农资金整合优化试点县。为确保统筹整合的财政资金从源头上用于脱贫攻坚，兰考县财政在优化资金供给，提高资金配置效率，形成一套统筹整合使用新机制的同时，严格按照"资金跟着项目走、项目跟着规划走、规划跟着脱贫目标走、目标跟着脱贫对象走"的原则，制定统筹与整合涉农资金实施方案。彻底解决项目层层上报、资金戴帽下达、资金投向固化、使用"碎片化"等问题，打破"打酱油的钱不能买醋"的困局。此外，还建立了几项评价制度，按年度对资金统筹整合使用情况进行绩效评价，总结试点经验。2016 年共整合优化涉农资金 61664 万元[①]，支持脱贫攻坚、高标准粮田和农业基础设施建设，促进农业增产增效、农民增收、农村社会事业发展。

统筹涉农资金的主要方式为"五统一，五保障"，即统一制定方案，政策有保障；统一项目审批，机构有保障；统一组织实施，资金有保障；统一资金使用管理，制度有保障；统一项目验收和绩效评价，监督有保障。

按照"充分授权、自主整合"的工作思路，兰考县结合自身实际，以脱贫攻坚工作为统揽，统筹利用整合涉农资金，在保障原有项目顺利完工的基础上，重点开展产业扶贫、金融扶贫、教育扶贫、保险扶贫、整村推进、贫困人口职业技术培训等工作。2016 年，兰考县纳入整合使用财政涉农项目有 77 个，资金共计 61664 万元，主要涉及财政、发展改革委、国土资源、交通运输、水利、农业、林业、扶贫开发等八个部门[②]。整合其他资金用于脱贫攻坚工作金额 4919 万元，中央和省专项扶贫资金 11900 万

---

① 资料来源：兰考县财政局《兰考县涉农资金整合优化试点工作》，2016 年 12 月。
② 资料来源：兰考县财政局《兰考县涉农资金整合优化试点工作》，2016 年 12 月。

元，县级配套资金 9668 万元，全县共投入扶贫资金 26787 万元①，有力保障了在全国率先顺利实现脱贫目标。

（四）完善收支流程

为保证扶贫资金及时、准确拨付到各扶贫项目和各贫困户手中，兰考县制定了严格的资金拨付规定，详细规定了拨付的基本流程，并监管相关部门严格执行。

1. 扶贫项目资金使用分配方案经县扶贫开发领导小组批准后及时拨付；

2. 扶贫资金实行项目管理，项目主管部门建立健全扶贫项目库，严格做到资金到项目、管理到项目、核算到项目；

3. 简化操作流程，按照项目实施进度，及时办理资金支付手续；

4. 对事关民生或季节性强的重大扶贫项目，根据项目用款需要和主管部门审核意见预拨资金，确保项目顺利实施；

5. 财政扶贫资金拨付使用严格执行国库集中支付和政府采购等有关规定，涉及贫困户个人补助资金通过惠农资金"一卡通"打卡发放。

（五）进行财政专项扶贫资金和项目自查自纠

兰考县在党中央和河南省的政策指导下，抽调单位业务骨干专门负责扶贫资金和项目自查和整改工作。发现并及时解决财政专项扶贫资金使用程序、管理及扶贫项目招投标、公告公示、工程质量中存在的突出问题，规范财政专项扶贫资金和项目工作，加强对财政专项扶贫资金和项目的监督管理，推进全县扶贫体系廉政建设，切实维护农民群众的利益，使党和国家的惠民政策落到实处。

项目工程完工验收合格后，通过实行报账告知制，督促施工企业抓紧时间准备报账资料，严格做到自验收合格之日起 15 天内完成工程报账和资金

---

① 数据来源：兰考县人民政府《兰考县人民政府关于呈送兰考县整合涉农资金用于脱贫攻坚实施方案的报告》（兰政文〔2016〕135 号）。

拨付，做到当年项目当年完成，当年拨付资金，杜绝财政扶贫资金滞留①。

兰考县注重对扶贫资金的使用和管理，基本保证了扶贫资金用在刀刃上，解决最关键和最迫切的问题，并在精准扶贫上取得了较为突出的成果，促进了农村农业现代化的发展。资金的注入为兰考县小微企业的发展带来了活力和动力，不仅改善了其发展规模，而且为推进这些企业适应经济发展新常态，进行机构性改革提供了助力。此外，保险投入也为小微企业和农户自主创业提供了安全保障，一定程度上免除了其后顾之忧。全县兴办了规模化的养殖场和种植基地，实现了农村村民在家门口创业就业，对增加贫困人口和贫困地区的收入起到了重要推动作用。农村基础设施得到了极大改善，也在很大程度上改善了农村的村貌。

二　扶贫资金使用存在的问题

近年来，兰考县采取有效措施积极筹措调度资金，支持脱贫攻坚工作取得了初步成效，但在项目资金执行过程中也存在一些问题。

（一）涉农资金整合不到位

作者在兰考县财政局了解到，在开展涉农资金整合试点工作中取得的成效颇丰，但面临着首次尝试、摸石头过河的创新阻碍，主要存在以下几项困难。

1. 财政资金量相对减少

虽然根据上级文件要求，下达试点县的资金量"只增不减"，但是部分业务部门收到的涉农项目资金均存在减少或者上级不再安排资金等情况。

2. 对资金"整合"认识不到位

通过开展资金统筹工作，县级层面的涉农主管部门，普遍对财政涉农资金整合的重要性和紧迫性认识不足，部门利益间接受损，向上级单位申报项目的积极性相对减少，加上受财力、人力、物力等因素限制和涉农项

---

① 数据来源：兰考县人民政府《兰考县人民政府关于呈送兰考县整合涉农资金用于脱贫攻坚实施方案的报告》（兰政文〔2016〕135号）。

目规划意识不强、重视程度不够的影响，涉农资金整合的效益难以显现。

3. 扶贫资金投向受限制

近年来，财政扶贫资金投向均是贫困村和部分非贫困村的贫困人口，忽视了非贫困村困难群众，使之产生不满情绪。这也是对稳定脱贫后，开展致富奔小康工作的极大阻碍。

（二）资金滞留问题影响资金使用效率

资金滞留现象一直在各级政府部门普遍存在，这是资金使用未充分发挥效益的表现之一。

1. 兰考县资金滞留的主要表现

（1）资金滞留在财政部门，由于部分资金上级下达资金指标较晚，年终形不成支出，存在预算指标结转及专户资金结余现象。

（2）资金滞留在相关主管单位。由于项目实施进度缓慢，相关手续繁琐，各主管单位往往在收到财政资金后才开始项目相关手续的准备工作。

（3）资金滞留在各个乡镇，如到户增收资金、产业发展资金、各项补贴资金等。主要表现为：受各种不利因素的影响，乡镇对各村产业发展不敢盲目地进行选择，各种补贴到户资金，因补贴对象不能及时提供相关报账所需手续，再次进行补充完善手续的周期较长。

2. 针对资金滞留情况，兰考县主要采用了以下办法

（1）在资金到位后，及时向项目单位下达《项目资金到位告知函》。

（2）完善工作程序、简化办事流程。县政府专门召开会议研究，根据县政府〔2017〕12号会议纪要要求，财政局对工程及采购项目制定简捷明了的操作办法。县委改革办还针对乡镇奖补资金和项目资金拨付流程制定出台文件。

（3）对项目资金拨付进度采取一天一通报的工作制度，及时汇总上报项目资金拨付进度，加大对资金的监管力度，切实发挥资金使用效益。

（三）项目实施较慢

由于贫困地区的经济基础比较薄弱，各方面资源优势不突出，资金

投入后项目推进比较缓慢。比如产业发展项目，大部分乡镇、贫困村经济基础薄弱，没有实体支撑，没有发展企业的基础规划。而任何一个项目都是一个系统性的工程，不仅需要资金直接投入，还需要有各方面的基础配套设施的辅助和支持，特别是对于输入原料输出产品的交通、专业技术人员等的需求必不可少。贫困地区薄弱的基础设施就会直接影响到项目的落地和启动。贫困地区教育水平相对低，本地区的人才培养能力有限。贫困地区发展机会比较少，留住人才和吸引人才的能力有限，直接导致人才匮乏。很多项目要分配到乡镇实施，而乡镇缺少实施项目的专业人员，所以建议在乡镇层面进行相关项目方面的专业培训，保障项目顺利实施。

此外，由于经验不足和认识不足，部分贫困村在选择产业上有很大的困难，有的村没有选择好合适的发展产业，导致项目无法实施或者项目进展缓慢。精准扶贫是一个系统性的工程，需要从完善基础设施、提高农村人口素质等多方面着手。当然，这更需要县里做好统筹规划，在扶贫资金投入的方向上做好规划，保证资金投入能够有效解决问题，而不是投入之后被长期闲置，产生资源的浪费。

（四）相关制度配套不够完善

在扶贫资金的申请和使用过程中还存在着期内重复借款还款等一系列制度问题，造成资金申请和落实程序过于繁琐，从申请到落实的时间漫长，导致扶贫资金不能及时到位等问题。也存在资金报账过程缓慢的问题，个别部门只重视项目的实施，而忽视了项目报账资料的整理，不是缺评审报告，就是缺审计报告，导致项目完工后不能及时报账。

第三节 精准使用资金的案例分析

兰考县在推进精准扶贫的过程中牢牢抓住"资金"这一重要资源，通过积极争取扶贫资金、高效落实资金使用，使一个个扶贫项目得以启动和运行。作者在走访中了解到，兰考县葡萄架乡杜寨村蜜瓜种植产业园就是牢牢抓住财政资金支持，不断做大做强，为推动全村经济发展助力的典型。而兰考县东坝头镇张庄村工商联小微企业张庄村布鞋研发中心，则借助政府、金融、企业"三位一体"金融扶贫模式，争取到发展资金实现新腾飞进而带动全村致富。

一　有效利用财政资金

（一）强化扶贫资金管理，不仅是提高扶贫开发效率的中心环节，也是提高扶贫效益的关键

通过政府奖补葡萄架乡杜寨村蜜瓜种植产业园，可以看到兰考县不断创新体制机制，特别是在扶贫资金使用方面进行大胆改革创新，把有限的资金用在刀刃上，使资金发挥最大的作用。葡萄架乡杜寨村蜜瓜种植产业园 2016 年 2 月开始起步，由最初的 2 座发展到现在的 475 座，并辐射带动周边建成园区 5 个，建棚 4000 余座。为最大限度发挥扶贫功能，县委、县政府对其采取多种形式的帮扶和鼓励。

1. 利用奖补资金直接帮扶。每棚奖补资金 6000 元，指对集中连片新建钢架塑料大棚占压面积 100 亩（含 100 亩）以上并投入使用，每座补贴 6000 元。

2. 合作社帮扶。利用"合作社+农户"的模式，由村"两委"成立兰考县甜心种植专业合作社，免费提供优质种苗、技术培训、全程指导等服务，以市场最低价为贫困群众提供瓜苗、农药、肥料，并为社员提供贷款。

3. 集体经济帮扶。利用县扶持资金 30 万元建设村集体经济大棚 17 座，实现村集体经济年收入 6 万元以上，通过租赁、托管等方式，承包人和贫困户按照大棚收益 7∶3 比例分红，租金按照收益的 30% 用于帮扶村内未脱贫户。

4. 就业帮扶。2018 年园区带动贫困户参与种植和就业 51 户，户均年增收 1.2 万元；全乡 6 个园区共带动贫困户种植 137 户，户均年收益 2 万元，带动贫困人口就业 500 余人，人均年增收 5000 元。

5. 金融扶持。给予贫困户最高不超过 8 万元的小额扶贫贴息贷款；一般农户给予年利率最高不超过 6.75% 的小额贷款；企业和新型农业经营主体贷款给予单户额度不超过 150 万元的基准利率扶贫贷款。

(二) 财政补贴严格执行财政审批程序

财政局工作人员介绍程序如下：由贫困户向村委申请，村党支部会提议，村"两委"会商议、党员大会审议、村民代表会议或村民会议决议，决议要有公示，然后上报乡扶贫办，乡扶贫办上报县扶贫办，然后通过县扶贫开发领导小组的批复确定项目及金额。项目及金额确定之后，财政局涉农科根据县扶贫开发领导小组的批复分配资金（资金来源一般为上级专项资金或者整合资金，具体资金来源文号需要根据确定项目来查找），通过一卡通系统拨付给农户。

至 2018 年底兰考县财政局分三次对葡萄架乡杜寨村蜜瓜种植产业园进行补贴发放。

1. 根据兰考县财政局农业股分配 2016 年第二批中央财政扶贫资金（豫财农〔2016〕164 号）情况，兰考县财政局预算股下达兰财预指〔2016〕157 号文，分配葡萄架乡 160 万元扶贫资金，其中杜寨村 30 万元用于发展村集体经济大棚。资金文件下达后，葡萄架乡财政所在农业股申请此笔资金，最终由财政所拨付给杜寨村。

2. 根据《关于第六批整合涉农资金用于稳定脱贫实施方案的批复》（兰扶贫组〔2018〕13 号），兰考县财政局涉农资金管理股整合豫财建〔2018〕73 号资金，分配兰考县 2018 年涉农资金整合第六批扶贫项目——葡萄架设施农业奖补资金 9542577.16 元（其中杜寨村 505238.36 元）。根据涉农资金管理股意见，兰考县财政局预算股下达兰财预指〔2018〕131 号文。资金文件下达后，葡萄架乡财政所在涉农资金管理股申请此笔资金，最终由财政所拨付给杜寨村。

3. 根据《关于第六批整合涉农资金用于稳定脱贫实施方案的批复》（兰扶贫组〔2018〕13 号），兰考县财政局涉农资金管理股整合豫财贸〔2017〕118 号资金，分配兰考县 2018 年涉农资金整合第六批扶贫项目——葡萄架乡蜜瓜种植示范园区基础设施建设项目资金 1259000 元（其中杜寨村 797550 元）。根据涉农资金管理股意见，兰考县财政局预算股下达兰财预指〔2018〕174 号文。资金文件下达后，葡萄架乡财政所在涉农资金管理股申请此笔资金，最终由财政所拨付给杜寨村。

二 有力撬动金融资金

(一) 创新金融扶贫新机制，构建普惠金融扶贫模式

在充分利用财政拨付的基础上，兰考县积极探索金融扶贫创新机制，借助普惠金融改革试验区的制度优势，构建了"一平台四体系"的普惠金融扶贫体系。

2014 年，国家开发银行宣布提供 12 亿元的长期发展资金支持兰考；中国农业银行对兰考制定了具体的金融措施；河南省农行、建行、中行、邮储银行与兰考签订了合作协议；2014 年 7 月，中原证券在兰考设立营业部，成为兰考实现与资本市场近距离对接的重要窗口①。兰考县还以创新金融扶贫机制为切入点，引导金融机构完善和改进金融服务，通过扶贫贴息资金引导金融资本支持企业和贫困农户发展优势特色产业，建立辐射带动力强、增收明显的农业产业化集群，推动产业扶贫。

2016 年 12 月，经国务院同意，中国人民银行联合河南省人民政府等监管和职能部门印发《河南省兰考县普惠金融改革试验区总体方案》，兰考县成为全国首个国家级普惠金融改革试验区。以此为基础，经过积极探索，兰考实验区搭建了"一平台四体系"的普惠金融扶贫模式②。

---

① 资料来源：《兰考县财政局 2014 年度扶贫工作实施方案》（兰财办〔2014〕4 号）。
② "一平台"即数字普惠金融服务平台，推出"普惠金融一网通"微信公众服务号，2017 年 10 月升级为"普惠通 App"，打造一站式线上"金融超市"，实现金融服务零距离。"四体系"：一是普惠授信体系，将信贷前置，创新"信贷+信用"，推出普惠授信贷款，即对全部农户无差别、无条件普遍授信 3 万元（农商行提高至 5 万元，目前拟对产业发展好的村提高至 5 万~30 万元），免抵押、免担保，年利率最高不超过 6.75%。农户只要有正当生产经营项目、无不良信用记录、无不良嗜好即可启用授信。二是信用体系，成立信用信息中心，依托省农信和中小企业信用信息系统，采集、录入农户社会信用信息，组织开展信用户、信用村、信用乡镇和信用企业评定。三是金融服务体系，将普惠金融内嵌于县、乡、村三级便民服务体系，打造"基层党建+就业扶贫+普惠金融"三位一体服务平台。提供"4+X"金融服务，其中的"4"即贷前推荐和贷后协助管理、信用体系建设和失信联合惩戒、数字普惠金融推广和基础金融服务、金融消费权益保护和政策宣传；"X"即银行、保险机构特色金融服务，让老百姓足不出村即可享受便捷的金融服务。四是风险防控体系，兰考财政出资设立风险补偿金、还贷周转金，银行、政府、保险、担保四方分段分担风险。

（二）普惠金融助力小微企业，复兴传统手工业助力脱贫

位于兰考县东坝头镇张庄村的兰考县工商联小微企业——张庄布鞋研发中心成立于 2018 年 4 月，是落实《国家乡村振兴战略规划（2018—2022 年）》时创建，为传统手工艺文化的回归翻开了崭新的一页。

张庄布鞋研发中心成立以来，为张庄村及周边村农村留守妇女提供了大量就业机会。张庄布鞋的制作者大多是 50 岁至 70 岁的农村留守妇女，该年龄段的农村留守妇女外出打工缺乏机会，闲散在家又没有收入，张庄布鞋研发中心的创建解决了该年龄段妇女无工可做的问题，而且让她们"守住了家，看住了娃，不出家门挣钱花"。

自 2016 年以来，在普惠金融"三位一体"贷款模式支持下，张庄布鞋研发中心通过兰考县农村商业银行连续三年得到了每年 100 万元的贷款，逐步扩大项目规模，目前已在全县设立了 5 个"百企帮百村带万户""巧媳妇工程"示范点。

贷款申办经过个体申请—乡级审核—县级推荐—银行调查—审批放款 5 个环节。首先由贷款主体根据资金需要到所属乡镇普惠金融服务站申请贷款，填写申请表和承诺书；乡镇普惠金融服务站联合乡镇金融办、扶贫办审查申请人是否符合贷款条件，对符合贷款条件的，在 1～3 个工作日内报送县普惠金融服务中心；县普惠金融服务中心将信贷申请信息当日分流至各合作银行；经办银行收到推荐表后于 15 个工作日内对贷款主体进行受理考察；对符合条件者，经办银行在 3~5 个工作日到县普惠金融服务中心办理授权放款手续。

至 2018 年底，张庄布鞋研发中心带动全县留守妇女参与制作张庄布鞋的人数约 650 余人，其中建档立卡户 21 人，为她们提供了看似平凡而不简单的工作，每人平均增收 20000 余元，此外，张庄布鞋研发中心以扶危济困为己任，与消费者广积美德、助力公益，消费者每购买一双张庄布鞋，便有 20 元纳入"爱心美德公益基金"，推动兰考县社会扶贫。

（三）政府、银行、企业、保险四家联动，共同致力于创新金融扶贫模式

2016 年 3 月，在"三位一体"的基础上，引入保险机制，建立了政

府、银行、企业、保险"四位一体"金融扶贫新机制，并在"三位一体"的基础上推出"新三位一体"金融扶贫模式。政府的定位主要是设立风险补偿金，撬动金融扶贫。仅2016年，利用整合涉农财政资金2950万元，设立风险补偿金，为贫困户、新型农业经营主体和小微企业增信，撬动银行贷款，解决贫困户、新型农业经营主体和小微企业贷款难问题[①]。

"三位一体"和"四位一体"金融扶贫模式，可以总结为以贷养贫，对贷款主体的要求就是捐助扶贫基金或安排扶贫就业，进一步的优化措施可以是通过一定的体制机制优化调整贷款主体的"要我扶"为"我要扶"，即提高贷款主体的主观能动性。以企业为中心，进一步优化金融扶贫体系。很明显，贫困户的造血能力远低于企业的造血能力，所以针对贫困户的贷款使用效率不高，甚至存在资金空转的情况，要求政府部门构建企业对贫困户的金融扶贫模式。

第四节　兰考县精准使用扶贫资金的经验启示

强化扶贫资金管理，不仅是提高扶贫开发效率的中心环节，也是提高扶贫效益的关键。脱贫攻坚战开展以来，兰考县不断创新体制机制，在扶贫资金使用方面进行大胆改革创新，把有限的资金用在刀刃上，使资金发挥最大的作用。

第一，脱贫攻坚总揽经济社会发展全局。

一是做到了助推特色产业体系统筹建设。兰考县通过财政投入、城投公司融资，支持建设恒大家居联盟产业园、富士康科技园等一批重大项目，推动其产业规模扩大，为经济增长提供强力支持；在乡镇发展方面，发展民族乐器加工企业，逐渐形成国内著名民族乐器生产基地，打造加工产业园，承接周边企业集群入驻；在农村，重点推进畜牧业的发展，由政府主导建立"新三位一体"融资扶贫新机制。形成了禾丰集团肉鸭饲养、

---

① 数据来源：兰考县人民政府《兰考县人民政府关于呈送兰考县整合涉农资金用于脱贫攻坚实施方案的报告》（兰政文〔2016〕135号）。

正大集团蛋鸡饲养、花花牛集团奶牛饲养等为主的畜牧产业布局，为农村脱贫致富奔小康奠定了坚实基础。

兰考县通过合理规划和使用资金助力攻坚脱贫，通过产业扶贫为兰考县夯实经济基础，扩大产业规模和竞争力，完善经济结构，为兰考县经济社会发展改革提供契机，促进了兰考县经济现代化的实现。可以说，扶贫的历程也是兰考县抓住改革大势实现全县经济社会发展的过程。

二是实现了助推新型城镇化体系建设。充分发挥财政资金"四两拨千斤"的作用，创新投融资担保机制。兰考县多方筹措资金，全力服务于城镇化建设、美丽乡村建设、基础设施建设。贷款资金支持棚户区（城中村）改造项目，仅 2016 年就启动了中山南街、中山北街、兰阳路、兰商干渠、薛楼、二坝寨 6 个棚户区（城中村）改造项目，总投资约 107 亿元，支持棚户区（城中村）改造项目改造。利用 PPP 模式吸引社会资金投入到社会事业发展中，规划省级推介库及意向库项目，吸纳投资，支持产业集聚区基础设施建设、中心医院迁建、国省道改建和县乡新建道路等重点项目建设，加快新型城镇化建设进程①。吸纳投资和贷款，持续开展农村人居环境整治，加快了美丽乡村建设进程，有效提升小城镇辐射带动和人口集聚能力。

兰考县通过吸纳投资和贷款，改善城镇和乡村基础设施建设，改善人居环境，推动了新型城镇化体系建设。科学布局城镇和乡村，推动城镇化，为兰考县长远发展奠定了基础。

三是做到了助推构建公共服务体系建设。兰考县在推动脱贫攻坚的过程中，注重公共服务体系建设。一方面，完善公共服务平台。加大对县图书馆、文化馆、体育城、文化交流中心等文化设施升级改造的投资，并对外免费开放，实施"文化创意产业园"、"文化礼堂·幸福兰考"项目，着力打造具有兰考特色的公共文化服务平台②。另一方面，强化乡村公共文化服务平台建设。在全县 115 个贫困村全部建设了 1000 平方米文化广场、90 平方米文化活动室在内的综合性文化服务中心③，其他非贫困村也有序

---

① 资料来源：兰考县财政局《兰考县财政局国务院扶贫办访谈材料汇总》，2016 年 12 月。
② 资料来源：兰考县财政局《兰考县财政局国务院扶贫办访谈材料汇总》，2016 年 12 月。
③ 资料来源：兰考县财政局《兰考县财政局国务院扶贫办访谈材料汇总》，2016 年 12 月。

推进，丰富群众文化生活。

第二，探索创新扶贫资金分配运行机制。

2014 年 11 月，国务院扶贫办主任刘永富在兰考调研时明确指出，只要有利于精准扶贫、精准脱贫，真正把钱用到贫困群众身上，什么办法都可以试验，不怕出错，错了可以拐回来，就怕不愿试、不敢试。据兰考县扶贫办副主任黄海龙介绍，仅依靠县扶贫办人手，不仅扶贫资金分不好，项目也定不准，完全是"小马拉大车"，根本做不到精准扶贫。兰考驻村帮扶工作队也讲到，没有资金，帮扶工作不好开展。很多贫困村反映，项目村里做不了主，群众参与不进来。财政专项扶贫资金项目没有与贫困村、贫困户对接，真扶贫、扶真贫的"最后一公里"未能打通。2015 年初，县扶贫开发领导小组在充分听取大家的意见后制定出改革方案，并经县政府常务会议研究通过，兰考县在全省率先建立了"先拨付、后报账，村决策、乡统筹、县监管"的扶贫资金分配运行机制。

首先，先拨付、后报账[1]，资金发挥效益快。通过改革扶贫项目资金的使用和管理，大大提高了扶贫项目资金使用效率，2015 年的到户增收资金项目完成时间比往年提前 4 到 7 个月，带动贫困户数比往年翻倍还要多；肉鸭养殖基础设施配套项目使 10 个乡镇的 20 个肉鸭养殖小区提前 20 天投产；整村推进项目建设进度明显加快，比往年提前 5 个月完成项目建设任务。

其次，村决策、乡统筹[2]，贫困群众真受益。到户和到村的扶贫项目，村"两委"在驻村工作队的协助下，征求贫困户、村民代表意见之后，再启动相关程序，全程接受群众监督，实现阳光透明操作[3]。乡、村由原来的被动承接转变为主动运作，实现了从"等安排"到"拿主意"的转变，

---

① "先拨付、后报账"，即在项目实施前，先将扶贫项目资金由县财政局下拨到各乡镇（街道）财政所，各乡镇（街道）财政所负责拨付到项目实施单位或农户，待项目实施完成后由乡镇（街道）财政所直接报账，就是由"县级报账制"转变为"乡级报账制"。

② "村决策、乡统筹"，即村里结合实际情况，运用"四议两公开"的民主决策机制，由村"两委"、工作队和村民自主决定需要实施的项目；乡镇（街道）根据各村上报的项目可行度及实际情况，由乡镇给各村统筹分配资金进行自主调配使用。

③ 河南省扶贫办：《走向精准最为深刻的变革——兰考扶贫资金项目管理改革的调查与思考省扶贫办调研考察组》，《决策参考》2015 年 6 月 9 日。

同时农户自己有了项目选择权，积极性、主动性自然就起来了。例如2015年资金到位后，小宋乡连同村里共同征求群众意见，逐村论证、确定项目，在该乡东邵岗二村，乡里和村"两委"、帮扶工作队一起主动与河南德坤集团进行对接，通过民主决策后东邵岗二村实施了景观苗木种植项目，该项目当年直接带动20户贫困农户稳定脱贫；考城镇党委书记李舒翼介绍，乡（镇）对村里上报的到户增收项目审核把关，主要体现在确定扶贫项目是否合适上。大胡庄村原定种植辣椒根，经乡镇考察后就因亩产过低而被否决。

最后，县监管、保安全，资金运转零风险。扶贫资金下沉到乡级后，县里的监管工作极为关键，监管内容包括项目立项和实施是否经过民主决策，扶贫资金是否用于精准识别的贫困村、贫困户，扶贫项目是否有明显效益等。兰考县对项目组织实施到位、扶贫效益明显的乡镇给予奖励，并加大扶持力度；对工作落实不到位、未按要求实施的乡镇，限期整改并减小资金扶持规模。

为确保资金安全，兰考县出台了《兰考县扶贫资金管理办法》等一系列文件，构建了集政府、群众、媒体等于一体的多维立体监督体系，不仅建立纪检、审计和资金安排部门之间的联动监督，还主动邀请人大代表、政协委员进行调研视察；所有扶贫资金和项目不仅对社会公开，接受群众监督，还主动邀请媒体进行报道和曝光，接受媒体监督。同时，将资金的分配、管理、使用、效益等实施量化考核，列入财政专项扶贫资金涉及部门、单位、个人的绩效考核范围，充分发挥绩效的激励作用。

改革扶贫资金的分配使用办法，加快了扶贫项目实施和资金拨付进度，充分发挥了项目资金使用效益，有效激发了贫困群众脱贫致富的积极性，切实提高了群众满意度。管好用好扶贫资金，提高稳定脱贫成效，为兰考县全面建成小康社会持续提供强大动力。

第三，加强监督和绩效评价。

一方面加强资金使用和管理监督机制，科学有效的监督机制是防止扶贫过程中贪腐、扶贫不作为、形式主义等问题的有效和必要措施。要加强监督，杜绝截留、挪用和贪污扶贫资金，真正把资金用到扶贫对象上，帮助贫困群众早日过上小康生活。

全面推行扶贫资金项目公告公示制度。对个人补贴类资金，在乡村两级公开；对工程项目类资金，在县、乡、村三级公开；实行扶贫资金报账直付制度、严格报账程序、落实监管责任。发挥乡镇就近就地监督优势，强化乡镇包村干部、扶贫干部监管扶贫资金责任。加强对扶贫资金管理使用的监督检查，畅通扶贫资金违规违法行为举报渠道，在县财政、检察、审计、扶贫等部门设置举报电话和举报信箱，对虚报冒领、套取扶贫资金的行为坚决查处，严肃财政法纪，保障资金在阳光下运行。建立财政扶贫资金绩效评价机制，将绩效考评结果作为下一年扶贫资金安排的重要依据，对沉淀一年以上未使用的财政扶贫资金，由县财政部门收回重新分配。

另一方面，完善绩效评价体系。进行项目筛选，慎重资金投入。为建立规范有序的资金分配和财政监督机制，兰考县在资金投入项目的选择方面，在确定投入的前一年就要进行项目筛选。把预算部门全部纳入绩效管理范围，在预算单位报送下一年度预算编制时间的同时报备评价项目的绩效目标，重点对项目的立项依据是否充分，成本与效益是否相关，项目预算与效益目标是否匹配进行审核、确定。审核通过后以绩效目标为今后绩效评价工作的参考，同时作为预算编制的重要依据，使资金管理有据可循。在项目定位上，围绕公共服务性强、社会影响面广、政府重视、群众关注、事关民生的标准筛选评价项目，逐年扩大评价范围。2013年兰考县确定绩效评价项目32个，评价金额4.7亿元；2014年又进一步扩大了绩效评价范围，确定评价项目83个，评价金额2.7亿元；2015年确定绩效评价项目45个，评价金额10亿元；2016年确定绩效评价项目58个，评价金额20.6亿元；2017年确定绩效评价项目112个①。

兰考县制定出台了《兰考县扶贫资金管理办法》《兰考县扶贫资金使用公开公示办法》，从资金的来源、分配到使用，从项目的确定、招标到项目的实施，从项目的规模、质量标准到项目的管理、验收、报账等每个环节都要公开公示，阳光操作，杜绝"暗箱操作"，时刻树立"扶贫资金

---

① 资料来源：兰考县财政局《全力推进预算绩效管理不断提高财政资金使用效益》，2016年12月。

是高压线"的理念。

兰考县财政局专门成立了财政监督检查局、财政绩效评价中心和财政投资评审中心，配合与县审计、纪检监察、县委县政府督查局等部门的集中联动。为切实提高财政资金监督效率，保障资金安全有效运行，县政府专门成立资金使用监督管理领导小组，重点是对财政投资项目的监督再监督。在项目招标前由财政局和政府第三方评审企业对项目进行"双评审"，在项目竣工后由审计局和政府第三方审计机构对工程决算进行"双审计"①，有效规范了工程项目的监督管理。

兰考县强化社会监督，及时将统筹整合资金使用情况，在县政府网站进行了公开公示，接受社会各界监督，主动邀请人大代表、政协委员对扶贫项目进行专题调研视察。对财政扶贫资金使用，全面实行常态监督和重点抽查相结合，及时掌握资金流向。

但也要看到，扶贫资金使用管理存在薄弱环节，特别是财政专项扶贫资金管理制度建设和执行方面仍有不足。财政专项扶贫资金项目公告公示制度执行不够到位，资金项目监管方面有待进一步加强。项目实施进度比较慢。2016 年第四季度重大政策措施落实跟踪审计发现，截至 2016 年 8 月底，巾帼扶贫培训项目未实施，涉及资金 15 万元；产业化贴息项目未实施，涉及资金 734 万元。

宣布脱贫以后，兰考县不断加大涉农资金整合使用力度。从 2017 年全县整合涉农资金 23168.55 万元到 2019 年的 27923.93 万元，扶贫资金投入力度不减。兰考县扶贫办牵头完善项目库建设，统筹使用整合涉农资金，重点实施了产业扶贫、基础设施、能力建设等项目，资金使用效果得到了进一步体现。2017 年政府工作报告提出，年底整合资金支出比例达到 80%以上，专项扶贫资金支出比例达到 92%以上。深化"1+3"社会扶贫模式。募集社会资金（物资）不少于 1000 万元，打造"光彩兰考"②。2018 年全年统筹整合涉农资金 4.48 亿元，新增金融扶贫贷款 2.78 亿元。发放县级教育资助资金 1559 万元。改造危房 407 户。全面落实"先诊疗后付费"，

---

① 资料来源：兰考县财政局《创新财政扶贫机制全力助推脱贫攻坚工作》，2017 年 3 月。
② 资料来源：《政府工作报告——2018 年 9 月 18 日在兰考县第十五届人民代表大会第三次会议上》，李明俊。

符合参保条件的贫困人口应保尽保①。夯实"两不愁三保障"基础，2019年发放各类教育扶贫资助资金5183万元，鉴定慢性病人员9619人，改造危房1036户，发放创业担保贷款1.2亿元，新增创业人员9978人②。

2017年兰考县全面推进普惠金融改革试验区建设，2018年四家国有投资公司实现由融资到投融资、行政化到市场化的转变；产业发展信用贷、三位一体等普惠金融贷款推进明显。国开行、农发行新增授信78.2亿元，工农中建四大国有银行新发放贷款14.84亿元，农商行、邮储、中原银行、齐鲁村镇银行新发放贷款16.25亿元，有力地支持了兰考经济发展③。2018年以来，压缩一般性支出3000万元，改善村容村貌、改善贫困户基本面貌④。2020年兰考县提出完善普惠金融兰考模式，让群众在改革中得到实惠⑤。

---

① 资料来源：《政府工作报告——2019年5月22日在兰考县第十五届人民代表大会第四次会议上》，李明俊。
② 资料来源：《政府工作报告——2020年5月26日在兰考县第十五届人民代表大会第五次会议上》，李明俊。
③ 资料来源：《政府工作报告——2019年5月22日在兰考县第十五届人民代表大会第四次会议上》，李明俊。
④ 资料来源：《政府工作报告——2019年5月22日在兰考县第十五届人民代表大会第四次会议上》，李明俊。
⑤ 资料来源：《政府工作报告——2020年5月26日在兰考县第十五届人民代表大会第五次会议上》，李明俊。

第五章　兰考县精准选择到户措施

习近平总书记指出，"扶贫开发贵在精准，重在精准，成败之举在于精准。……要坚持因人因地施策，因贫困原因施策，因贫困类型施策"①。由于致贫原因各不相同，而且大部分贫困户致贫是叠加了多种原因，所以单一的、孤立的扶贫措施很难奏效。这就需要因地因户因人而异，精准识别出贫困户后找到真正的致贫原因，帮扶措施具体到户，以提高其发展能力，缩小发展差距，使落后地区早日跟其他发达地区一道共同进步，过上更加幸福美满的生活。河南省把中央要求和河南的实际有效结合，围绕脱贫攻坚大局，着眼全局、统筹扶贫资源，真正找准路子、构建好的体制机制，对中央提出的精准施策要求进一步细化，分别由省人力资源和社会保障厅、发展改革委、民政厅、省政府研究室负责制定了具体实施方案。

按照中央和河南省的相关要求，兰考县重视完善"帮扶机制"，落实到村到户帮扶措施。研究实施"四个一批"脱贫攻坚行动计划，防止"扶农不扶贫、富县不富民"。但调研中发现还存在扶贫产业组织化程度低等问题。虽然落实了肉鸭养殖、小杂果种植、板材加工、湖羊养殖、生猪养殖等适合贫困户发展的扶贫产业，但是真正能做到"一村一品"的村还很少，贫困人口参与度高的特色农业基地更少。贫困农户发展扶贫产业，基本上是农户单打独斗，组织化程度低，抗市场风险和防自然灾害能力差，巩固增收效果不是很好。即使成立了合作社或加入了合作社，但因合作社规模小，作用发挥不好，难以取得规模效益。例如 2015 年兰考县共下拨到户增收资金 1150 万元，扶持 3000 余户贫困户，贫困户自己发展产业的

---

① 习近平：《在部分省区市扶贫攻坚与"十三五"时期经济社会发展座谈会上的讲话》（2015 年 6 月 18 日）。

2700 余户，加入合作社的仅有 300 余户，占 11%。

第一节　精准到户的基本内容

贫困户是扶贫的对象，也是脱贫的重要主体。脱贫攻坚的第一步就是要精准识别出哪些是真正的贫困户，进而分析出这些贫困户的致贫原因。正如习近平总书记所说，"帮助困难乡亲脱贫致富要有针对性，要一家一户摸情况，张家长、李家短都要做到心中有数"①。在这个基础上，为贫困户量身制作帮扶措施，将扶贫的资源、政策、措施有针对性地落实到贫困户，帮助贫困户有效实现脱贫。兰考县在实现精准到户方面，以"六到户"（建档立卡到户、结对帮扶到户、项目覆盖到户、工作指导到户、排难攻坚到户、统计抽查到户）为核心，将扶贫资源、扶贫政策、扶贫措施落实到位。

一　建档立卡到户

扶贫工作真正做到资源、政策和措施落实到每一个贫困户上一个重要的前提就是识别出贫困户。怎样将识别出的贫困户进行系统管理和掌握，这就需要通过建档立卡的方式实现。习近平总书记指出，"对建档立卡的贫困户要实行动态管理……做到政策到户、脱贫到人"②。建档立卡到户，是指将识别出的贫困户的个人信息、家庭状况、收入状况、致贫原因等基本要素进行登记造册，实现动态化管理。建档立卡到户的关键是"全"与"准"，也就是确保每一个贫困户都"入卡"，"入卡"信息准确无误、"入卡信息"定期维护和核实。

（一）建档立卡覆盖范围到户

为确保每一个处于贫困线以下需要帮扶的贫困户"浮出水面"，被纳入扶持对象，并掌握每一个贫困户的具体情况，及时帮助他们脱离贫困、

---

① 习近平：《在河北省阜平县考察扶贫开发工作时的讲话》（2012 年 12 月 29 日、30 日），《做焦裕禄式的县委书记》，中央文献出版社，2015，第 21 页。
② 习近平：《在中央扶贫开发工作会议上的讲话》（2015 年 11 月 27 日），《十八大以来重要文献选编（下）》，中央文献出版社，2018，第 45 页。

实现小康，兰考县坚持建档立卡覆盖到每一个贫困户。

为做好精准识别工作，兰考县成立了建档立卡和信息化建设工作领导小组，随即出台《兰考县扶贫开发建档立卡工作实施方案》。分批次组织乡镇扶贫工作者培训精准识别的工作方法，以保障工作的顺利开展。脱贫攻坚工作督查组着重督查村"两委"开展扶贫对象精准识别和建档立卡工作进展情况，着重督查县直及驻兰考有关单位驻村帮扶工作队、乡镇包村班子成员对扶贫对象精准识别和建档立卡工作具体指导、把关情况①。

兰考县积极完善县乡村三级脱贫攻坚工作台账，做到"一村一本台账，一户一个专页"。建档立卡主要包括"精准识别入户普查表"和"贫困户精准扶贫明白卡"（包括《基本信息明白卡》《帮扶措施明白卡》《收入明白卡》《脱贫核查明白卡》《政策明白卡》五个部分），囊括了贫困户的基本信息和贫困情况、致贫原因、结对帮扶情况等。2016 年 4 月时任河南省委书记谢伏瞻指出："识别精准、建档立卡要出以公心、秉承爱心、工作细心。不能关系好的，不是贫困户给他弄成贫困户；关系不好的，是贫困户我也不把他弄成贫困户。要出以公心，实事求是。明明白白的贫困户不把他写进来，那就是缺乏爱心。工作不细，大而化之，一共人均收入总数就是 2800 块钱，2700 和 2800 就差 100 块钱，你大而化之一算就可能没进去。"②

建档立卡是明确扶贫对象、实施精准扶贫工作的基础工作，但具体操作中仍有工作粗放的情况。谢伏瞻在调研时就讲，看过去三年精准建档立卡那个册子，其中有一个，10 张表中有 8 张收入来源一栏中，种植业都是整数，家家都是一万③。在精准识别"回头看"过程中这种情况得到很大程度改善。

（二）建档立卡信息动态管理到户

建档立卡的对象是贫困户，而人是处于动态变化之中的，不仅自身在

---

① 资料来源：兰考县扶贫开发领导小组《兰考县扶贫开发领导小组关于印发〈兰考县三年扶贫攻坚工作督察方案〉的通知》（兰扶贫组〔2014〕7 号）。
② 资料来源：兰考县扶贫办《谢伏瞻在兰考调研座谈时的讲话》，2016 年 4 月 20 日。
③ 资料来源：兰考县扶贫办《谢伏瞻在兰考调研座谈时的讲话》，2016 年 4 月 20 日。

发展变化中，所处的环境也在变化中。因此，建档立卡必须及时关注到贫困户的发展变化，及时进行信息的调整和管理。而且，这种动态的管理必须在一定时间范围内进行全覆盖核实，确保每一个贫困户的信息都是准确的，这样才能适时调整扶贫资源的投放，实现资源有效利用。

兰考县建档立卡的动态管理的内容覆盖到贫困户基本信息的变动、脱贫情况的变动、结对帮扶的调整等多个层面。为此，兰考县专门制定了"行政村建档立卡贫困户人口动态调整统计表"和"行政村建档立卡贫困人口增加情况名册"等表格，用以记录贫困户的信息调整记录。有行业扶贫任务的部门、乡镇（街道）村"两委"、驻村工作队根据台账，每月写出"三对照"工作报告。驻村工作队根据驻村情况和实际调查走访情况，及时记录贫困户的情况，形成工作记录本，以备在信息库开放时间修改信息。兰考县扶贫办明确信息库开放时间，在规定时间内统一修改信息。这个时间段内，在扶贫办统一领导下，选择懂电脑业务、思路清晰的人组成工作人员进行信息修整。以扶贫办统管，各乡镇修改各自信息，现场解答疑问。按照"应进则进、应出尽出、应纠则纠"的原则，对贫困户重新审查，达到不落一户、不落一人。

通过及时系统地将贫困户信息进行动态管理和信息核实，确保为脱贫工作提供的信息支持准确无误，避免了政策设计脱离贫困户实际，也能有效避免扶贫资源浪费。

二　结对帮扶到户

结对帮扶是扶贫中一种优势群体带动相对劣势群体，帮助其实现脱贫的形式和手段。通过结对帮扶的方式调动人民群众互帮互助积极性，发挥人民群众的作用。兰考县积极动员每一名党员干部跟贫困户"认穷亲，结对子"，定期深入走访贫困户，与贫困群众一起分析致贫原因、找准症结，积极出点子、想办法，帮助贫困群众理清发展思路、找准脱贫的突破口。通过这种更加精准、专门的问诊把脉式的帮扶方式，真正落实党员干部的具体责任，确保他们为贫困户出点子、谋思路、办实事，主动为群众送知识、送医疗、送技术、送信息，拓宽群众发展视野，力所能及帮助群众解决现实困难，实现真帮实扶。

以建档立卡的贫困村、贫困户为帮扶目标，兰考县广泛动员和聚集社会力量参与扶贫，以扶贫协会为平台，以广播、电视、报纸、互联网等方式，构建社会扶贫信息工作平台，畅通社会扶贫信息渠道，多形式、多途径地为贫困群体、帮扶单位、爱心人士开通"扶贫济困直通车"，在贫困户自愿的前提下，向社会公开贫困农户基本情况、致贫原因、帮扶需求，倡导有爱心、愿奉献、乐扶贫的社会力量，以自主选择、自愿结对，"点对点"认亲、"面对面"等方式进行帮扶[1]。

结对帮扶干部承担着掌握所驻村庄和帮扶贫困户基本情况，并结合其自身的实际，"因户制宜"、精准帮扶的基本任务。除了结对帮扶干部，以河南省工商业联合会"千企帮千村"、兰考县"圆梦公司"和扶贫企业协会等为媒介，鼓励和支持兰考县内国有企业、民营企业联系贫困村和贫困户，推动形成企业积极参与脱贫攻坚新高潮。倡导企业捐资扶贫，积极参与"扶贫日"募捐、"结对认亲、爱心扶贫"等扶贫公益活动[2]。兰考县还探索完善社会力量参与精准扶贫平台的打造，不断拓宽各类企业参与脱贫攻坚的空间。兰考团县委、妇联、工会、残联等部门积极引导各类社会团体各种组织，通过开展志愿者服务、专业人才支持、扶贫募捐等多种形式积极参与脱贫攻坚。

结对帮扶充分体现了党和国家密切联系群众，充分调动群众积极性的群众路线，也体现了具体问题具体分析的理论。一方面，有利于提高扶贫工作队的积极性和工作效率；另一方面，有利于促进贫困户脱贫能力的提升。通过结对帮扶实现责任到人，做到"不脱贫、不脱钩"。结对帮扶工作实施"责任到人、一户一法"，以调动所有贫困户的主观能动性。在调研过程中，作者发现所有贫困户（包括已脱贫和新识别的贫困户）都要填写的"贫困户精准扶贫明白卡"就有一个部分叫做《帮扶措施明白卡》，内容包括贫困户结对帮扶关系和帮扶措施及成效。结对帮扶关系主要填写贫困户所在村的包村责任小组组长、驻村第一书记、驻村工作队队长、村

---

① 资料来源：中共兰考县委办公室兰考县人民政府办公室《兰考县脱贫攻坚精准帮扶工作方案》，2016 年 6 月 17 日。

② 资料来源：中共兰考县委办公室兰考县人民政府办公室《兰考县脱贫攻坚精准帮扶工作方案》，2016 年 6 月 17 日。

支部书记、村委会主任以及贫困户的帮扶责任人信息。帮扶措施及成效主要填写对贫困户的帮扶项目，根据项目实施情况实时填写，每帮扶一个项目就记录一笔，凡脱贫攻坚期内帮扶的项目都要记录在案，要把项目帮扶实施时间、项目主要内容、享受帮扶项目后取得的成效填写清楚，每一个项目填写后都要经过贫困户签字认可、指纹手印确认。

三　项目覆盖到户

兰考县在扶贫过程中非常重视增强贫困户自我发展能力，提出让村内富余劳动力有相对固定的务工地点和相对稳定的经济收入，实施全民振兴工程，使每个贫困户都有一个增收项目①。兰考县坚持项目覆盖到户，积极帮助有劳动能力的贫困户找到适合自己的发展项目和脱贫机会。

为有效提高扶贫项目资金使用效率，做到项目快速确定、资金快速拨付、效益快速发挥，并激发贫困户内生动力，调动贫困户脱贫致富积极性，选择确定到户增收项目是可行且必要的。兰考县为到户增收项目实行先建后补原则并设定了扶持标准：补贴额度为贫困户投资额度的50%，最高上限不超过5000元。执行这个标准的扶持对象除了要求是建档立卡贫困户，还需符合三个条件：一是要由农户自愿申请；二是申请扶持的农户要有一定的自有资金；三是要有明确的发展产业。

兰考县在充分考察与调研的基础上，对村级产业发展进行系统规划和设计。为了保证项目的可行性和科学性，兰考县组织专业人员对规划项目进行论证、考察。确定扶贫项目后及时通过线上线下进行宣传，吸引企业和社会资本的投入。积极鼓励大中型企业（无论是国有、非国有企业）承担社会责任，为扶贫事业贡献力量。比如，引进花花牛集团等企业，发展畜牧养殖业，直接带动农户参与养殖。引进了大宋农业、丰益牧业等种植养殖项目，新增流转土地5万多亩，带动发展农业产业化经营组织152个，吸纳农村贫困劳动力就业5500人。鼓励乡镇因地制宜发展中小企业，木制

---

① 资料来源：中共兰考县委办公室兰考县人民政府办公室《兰考县脱贫攻坚精准帮扶工作方案》，2016年6月17日。

品加工小微企业发展到 550 多家，直接带动 2.2 万人就业[①]。

四　工作指导到户

为推动扶贫举措真正落实，提升贫困户致富能力，兰考县建立了健全的指导工作体系。县委书记统领扶贫工作，指导各乡镇、相关部门脱贫工作，并亲自走访贫困村、贫困户，指导和检查相关工作。各级部门负责人统筹指导本部门具体对口扶贫对象和扶贫项目，相关扶贫人员特别是驻村工作队直接负责，并具体指导脱贫实施。兰考县还积极聘请各行各业的专业人才作为指导员，对贫困户相关脱贫产业进行详细指导，提供技术支持和专业培训。保证了贫困户脱贫既有领导干部的统筹指导，又有工作队的全程指导，还能够充分享受到专业技术人员的指导，真正实现了工作指导到户。

兰考县县级干部定期带头在联系的贫困村每周至少住一天一夜，入户摸情况，座谈理思路，带动乡镇干部、驻村干部严格落实"五天四夜"工作制，在精准扶贫上想实招、下苦功、求实效。通过实地考察、座谈等形式及时了解精准扶贫工作落实情况。城关乡、产业集聚区的驻村扶贫工作队由本乡镇两名同志和县直单位一名同志组成，队长由乡镇科级干部担任；其他乡镇的驻村扶贫工作队由县直单位两名同志和乡镇一名同志组成，队长由县直单位科级干部担任。工作队员坚持择优选拔。

为提高科学性，兰考县组织了多种形式的技术指导，并为贫困村配备了产业指导队，要求各村产业指导员到户指导产业发展工作。指导员定期走访对口贫困村，现场向贫困户宣传产业扶贫政策，指导其科学、合理地选择发展产业。通过入村入户调研，了解群众的需求和困难，为后续的扶贫工作提供指导方案，从而保证后续脱贫工作的科学性。专业化、科学性扶贫队伍的加入，使贫困地区在脱贫过程中尽可能摆脱盲目性，提高脱贫的科学性。在扶贫工作队伍的帮助下，贫困村、贫困户能够走一条真正适合本村、适合自己的脱贫道路，更好地发挥自身优势，补齐短板，找准脱

---

① 资料来源：兰考县委宣传部《蔡松涛在县委脱贫攻坚工作会议上的讲话》（根据录音整理），2016 年 1 月 16 日。

贫攻坚的"七寸",实现高效脱贫。

五　排难攻坚到户

群众之事无小事,扶贫工作越到后期阶段也就越艰难,可谓"行百里者半九十",越接近成功,越不能懈怠。习近平总书记2013年11月3日至5日在湖南考察时指出,"抓扶贫开发,既要整体联动、有共性的要求和措施,又要突出重点、加强对特困村和特困户的帮扶"。进入脱贫攻坚阶段,需要及时掌握仍未脱贫或者返贫贫困户的具体情况,找到致贫的根源,从国家、社会多个层面帮助他们有效脱贫。

进入扶贫攻坚阶段,大多数贫困村和贫困户在国家政策支持下,找到了适合自身情况、最有效脱贫的途径。比如,青壮年劳动力接受培训再就业、不能离家的劳动力进入本村集体企业打工,种植果树、蔬菜大棚等方式进行创收,逐渐脱离贫困。但是,还有一小部分贫困户因为内外部原因无法实现脱贫,亟待扶贫工作队给予重点关注,根据其自身的情况制定有效的脱贫方案。比如,对于丧失劳动力的家庭,应当将其具体的情况形成材料帮助他们申请相应的国家补助,帮助其脱贫;对于家庭成员有重大疾病正在治疗的家庭,帮助他们申请医疗补助,并适当寻求社会救助。

一方面,扶贫工作队要及时掌握脱贫困难较大家庭的具体情况,通过分析其致贫根源,采取有效措施帮助他们尽早脱贫。对于这些脱贫困难的贫困户要保证脱贫方案一户一策,而且尽量采取多种脱贫方式相结合,既要保证他们及时享受国家的政策补助,还要帮助他们争取社会帮扶,同时积极帮助有劳动能力的家庭实现创收,做到"输血"和"造血"相结合。另一方面,要动态掌握贫困户的信息,要重点关注脱贫困难贫困户的情况。及时掌握采取的脱贫政策是否有效,一旦发现脱贫效果不明显要及时查找原因。如果是贫困户自己未能有效落实脱贫方案,要对他们进行引导和督促,如果是脱贫方案收效低就要考虑调整脱贫方案。

通过排难攻艰重点关注脱贫困难的贫困户,集中精力解决其致贫问题,早日帮助他们脱离贫困,保证脱贫不落下一户。

六 统计抽查到户

兰考县在对贫困户情况的调查统计过程中，坚持对每一个贫困户的基本情况进行全覆盖调查，不落下一户，不掉一人。此外，为确保扶贫工作高质量完成，避免个别扶贫人员消极怠工、应付工作，兰考县制定了严格的脱贫工作考核制度，并且保证经过几轮的考核程序，相关统计抽查覆盖到每户。

（一）对扶贫工作队的考核坚持全覆盖、高标准

兰考县严格贯彻执行"两督查，一考核"[①]。制定具体考核、督导办法，由县纪委牵头，县委县政府督查局、组织部、扶贫办等相关人员参加，组成扶贫攻坚督查组。

1. 督查规划制定情况：规划是否科学可行，是否符合客观实际，是否得到群众充分认可。

2. 督查项目实施情况：规划项目实施是否措施得力、是否按时间节点完成，群众是否满意。

3. 制定规章制度，兑现考核结果：为更加准确、客观、公正地评价驻村扶贫工作队工作实绩和队员工作表现，激励督促驻村干部认真履行工作职责，确保驻村扶贫工作取得实效，兰考县制定《兰考县驻村扶贫工作考核办法》。采取组织考核和业务考核相结合，年终考核与日常督导、季度考核、半年考核相结合的方式，全面了解驻村工作队和驻村干部的具体表现。确保考核覆盖到每个贫困村、每个贫困户。经考核后，帮扶效果好的，帮扶队员优先提拔重用，帮扶效果差的，实行一票否决，并实施问责。

（二）对贫困户脱贫情况的统计抽查到户

为及时掌握脱贫情况，兰考县定期组织专门人员对贫困户脱贫情况和

---

① 资料来源：中共兰考县委兰考县人民政府《关于强力推进三年扶贫攻坚工作的意见》，2014 年 4 月 30 日。

发展情况进行统计抽查。要求统计抽查小组必须真正走进贫困户,实地考察他们的情况,而不是简单通过"明白卡"了解。调查内容覆盖到贫困户生活、生产的各个方面,既要对其生活状况有所统计,还要对其生产发展能力进行了解。

通过几轮的统计抽查,尽量保证统计覆盖到每村每户。统计抽查到户能够更加客观准确地了解贫困户的脱贫情况以及扶贫工作队的工作成效,进而及时调整扶贫工作的规划和设计,确保在扶贫的道路上,不让一个贫困户掉队,不浪费一分扶贫资源,扶贫人力的投入能够发挥更加有效的作用。

第二节　精准到户的具体措施

为保证精准到户具体落地,兰考县以"六到户"(建档立卡到户、结对帮扶到户、项目覆盖到户、工作指导到户、排难攻坚到户、统计抽查到户)为核心内容,将扶贫资源、扶贫政策、扶贫措施落实到位。在实际的推动过程中,以"三保障,五政策"为具体的实施措施,从贫困户生活和生产着手,保障"六到户"的落实。

一　"三保障"推进社会福利到户

在脱贫攻坚道路上,兰考县着力践行习近平"坚持以人民为中心"的发展思想,把民生工程作为助推脱贫攻坚的有效抓手,作为凝聚民心的战略举措,通过教育、医疗、住房"三保障",编织一张保障民生的安全网,兜好脱贫底线,将社会福利资源落实到每个贫困户中。

(一)教育保障到户

为了满足人民群众的物质和精神生活的需要,解决好与人民群众切身利益直接相关的问题,提高人民获得感,为贫困地区人民群众提供更加公平、稳定的社会环境。兰考县在发展中注重补齐民生短板、促进公平正义,在幼有所育、学有所教方面加大发展力度,为兰考县的长期发展培育人才。

在教育设施配备方面，兰考县完善农村中学、小学、幼儿园建设项目。资助贫困生读书。改善贫困地区学校住宿、食堂项目，重视高等学校发展，资助贫困生上大学，为他们提供学费和生活费补助①。

同时，对本县的在读困难学生提供补贴和支持。具体标准为：新考入专科、二本的考生一次性资助生活补贴 2000 元/生；新考入一本的考生一次性资助生活补贴 3000 元/生；学前教育每个学生每年 500 元。并将这些在读学生全部建档立卡，进行动态关注，及时给予相应的帮扶，保证每个学生安心读书。通过教育扶贫落实到每一个贫困学生的政策，兰考县为人才培养提供了基础和保障。

（二）医疗保障到户

"看病难"也是民生中需要着力关注的一个重点。怎样解决贫困户"看病难"、"不敢看病"、"无力看病"等现实问题，是扶贫中需要解决的重点问题。医疗保障到位，既是帮助贫困户及时脱贫的一项举措，也是防止"因病返贫"的重要保障。为此，兰考县为群众设立了健全的保险机制，并推行"健康扶贫 369"措施，保障群众得病不发愁。

1. 设立健全的保险机制，减轻人民群众看病负担。制定了具体的报销标准，6000～15000 元按 60% 报销，15000～30000 元按 70% 报销，30000～50000 元按 80% 报销，50000 元以上按 90% 报销。另外，推行"健扶贫 369"措施，保障群众得病不发愁。"3"（3 个 100%）：贫困人员 100% 纳入医疗保障，住院治疗合规费用 100% 报销，肾病透析患者、白血病患者门诊费用 100% 报销；"6"（60%）：住院自费费用 60% 给予补助；"9"（90%）：慢性病患者门诊费用补助 90%②。

2. 完成 115 个贫困村标准化卫生室新建、改建工作，实现了村村有标准化卫生室、有合格乡村医生或执业（助理）医师，每千常住人口医疗卫

---

① 资料来源：兰考县教育体育局《兰考县教育体育局教育脱贫退出自查报告》，2016 年 12 月 15 日。

② 资料来源：《兰考县卫计委医疗卫生脱贫政策落实情况》，2016 年 12 月。

生机构执业（助理）医师 2.33 人，高于全省平均水平（2.01 人）[①]。通过这一系列的医疗保障措施，解决了人民群众"看病难"的问题，极大地减轻了其家有病患带来的负担。

（三）住房保障到户

住房是贫困户正常生产生活的重要基础，住房问题也是很多贫困户依靠自己力量无法解决的问题。兰考县投入大量人力物力集中进行危房改造，改善贫困户的住房条件[②]。兰考县规定：所有农户危房改造后面积不低于人均 20 平方米，若该户只有一口人则不低于 40 平方米，超过危房改造政策补助资金，由县财政负担。由村民自己上报，经过村"两委"、扶贫工作队走访调查，并组织专门的技术人员对危房情况进行核实，确认危房。根据兰考县的危房改造标准，对不同贫困户不同状况的危房进行补贴，帮助他们进行危房改造。通过认真排查和专项扶持，兰考县坚持不忽视一个贫困户，不落下一间危房，帮助贫困户对存在的危房进行了积极改造。极大改善了贫困户的生活环境，也改善了城乡面貌，整体上提升了兰考县的风貌。

二 "五政策"实现生产帮扶到户

习近平总书记深刻指出，贫困地区要激发走出贫困的志向和内生动力。他多次强调，"扶贫要扶志"，"治贫先治愚"，"一个地方必须有产业，有劳动力，内外结合才能发展。最后还是要能养活自己"[③]。由单纯"输血"到既"输血"又"造血"，是习近平扶贫思路的重要内涵，也是精准扶贫思想的集中体现。

（一）产业发展政策到户

产业是强县之本、致富之源、脱贫之基。推动产业发展，激活农村内

---

① 数据来源：兰考县卫生和计划生育委员会《兰考县医疗卫生扶贫自查报告》，2016 年 12 月。

② 资料来源：兰考县住房和城乡规划建设局《兰考县住房和城乡规划建设局脱贫攻坚工作整体规划》，2014 年 11 月 8 日。

③ 习近平：《在河北省阜平县考察扶贫开发工作时的讲话》（2012 年 12 月 29 日、30 日），《做焦裕禄式的县委书记》，中央文献出版社，2015，第 19、24、18 页。

生动力和发展活力，是实现稳定脱贫的治本之策。产业到户是落实精准到户的关键一招和核心环节，只有真正培植起贫困户的"造血"能力，使其具备长期发展和不断改善自己生活条件的本领和条件，才能从根本上、从长远杜绝贫困的再发生。为此，兰考县积极推动实现产业发展政策到户。针对不同的脱贫产业，制定详细的帮扶标准，并保障这些政策积极落地到户（见图 5-1）。

产业发展政策

1.设施农业
建一座日光温室奖补3万元；建一座塑料大棚奖补6000元。

2.莲藕种植
集中连片新发展莲藕100亩（含100亩）以上，每亩给予补助300元。

3.经济林种植
集中连片新发展小杂果10亩（含10亩）以上，成活率达到98%以上，每亩给予补助300元。

4.木本油料种植
集中连片新发展油用牡丹等木本油料500亩（含500亩）以上，成活率达到98%以上，每亩给予补助300元。

5.水产养殖
对水产养殖集中连片10亩（含10亩）以上，每亩给予补助300元。

6."三品一标"认证
对新获得农业部认证的每一个无公害农产品、绿色食品和有机农产品，分别给予1万元、2万元和5万元的奖励。对获得农产品地理标志的给予10万元的奖励。

7.养驴
基础设施按照每头驴3平方米标准进行建设，以存栏100头为起点，每头补助1000元，单场补贴最高不超过100万元。规模为100头以下的养殖户，每头驴补贴500元。（享受本政策后，补栏到100头以上的不再享受1000元/头的基础设施补贴）

8.养牛
基础设施按照每头牛4平方米标准进行建设，以存栏100头为起点，每头牛补贴1000元，单场补贴最高不超过100万元。

9.养羊
基础设施按照每只羊1.5平方米标准进行建设，以存栏500只为起点，每只补贴100元，单场补贴最高不超过100万元。

10.饲草种植
对千亩以上饲草种植基地给予每亩200元土地流转补助，连补3年，并享受40%大型收储装备购置补贴；成立饲草产业基金1000万元；对在黄河滩区内连片种植1000亩（县域内其他地方连片种植500亩）以上，且当年保苗率达到90%以上，第二年保存面积不减少的，给予每亩2000元补助。第三年每亩补助500元。

图 5-1　产业发展政策

通过对各类农业产业补助进行详细定标，保障了产业帮扶有规可循，避免了扶持的随意性。同时，标准的制定也确保达到相应标准的贫困户能够切实得到相应的补贴，不仅产业扶持到户，而且实现了产业扶持公平公正落实到户。

（二）就业创业政策到户

"积极就业，自主创业"，是大到推动一个地区发展，小到实现一个家庭奔小康必不可少的方面。为保障经济和社会发展能够有源源不断的后续力量，为贫困户脱贫奔小康提供支持，兰考县积极鼓励就业创业，为贫困户就业创业提供政策支持和资金扶持。

针对有意愿、有劳动能力的贫困人口提出的创业需求，兰考县从资金和技术层面对其进行扶持。在资金支持方面，制定出台《关于创业担保贷款支持脱贫攻坚实施意见》，对自主创业劳动力，优先给予最高不超过 10 万元的财政贴息担保贷款。对有意愿但没有明确发展目标的人群，采用普惠金融授信，然后在技术上，县内引导的十大产业（鸡、鸭、牛、羊、驴、饲草、瓜菜、经济林、食用菌、水产），由工作队统计登记后，交业务部门培训。

针对没有产业发展能力，但具备劳动能力的贫困人口，引导其积极就业。针对稳定就业人群，登记用工信息，收集后由劳动部门集中培训，输送上岗；针对不稳定或季节性就业人群，引导他们在空闲时间从事巧媳妇工程、来料加工、手工制作等时间自由度较高的工作，或者利用乡村产业园安排在家门口就业；针对弱劳动力特殊群体，成立劳务合作社，由劳务合作社安排工作，如人居环境管护等。

（三）金融支持政策到户

发挥金融在扶贫开发中的驱动作用，将财政资金和金融资金有机结合，通过扶贫贴息资金引导金融资本支持贫困农户发展特殊产业，累计发放小额贷款 17 亿元①。仅 2016 年就安排产业发展资金 2600 万元②，支持贫困村村集体经济与受益贫困户协调发展。安排到户增收资金 2401 万元，

---

① 资料来源：兰考县扶贫办《兰考县产业发展情况汇报》，2016 年 4 月。
② 资料来源：兰考县财政局《创新财政扶贫机制支持全县脱贫攻坚》，2016 年 12 月。

支持贫困户创业帮助贫困户脱贫，受益贫困群众 1201 户[1]（见图 5-2）。

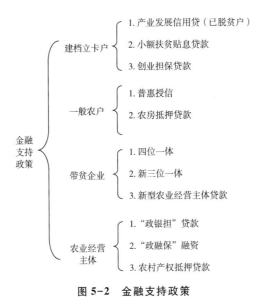

图 5-2 金融支持政策

（四）设施保险政策到户

安排产业化贴息、小额贴息资金 569 万元[2]，为小微企业家和贫困户提供贴息贷款支持。积极落实保险扶贫政策，安排专项资金 1000 万元[3]，为全县建档立卡贫困户购买日光温室，塑料大棚，鸡、鸭、羊棚等财产、人身意外伤害及传统种植保险，确保"脱贫路上零风险，致富之后不返贫"。

（五）标准化厂房补助政策到户

根据不同类型的厂房，兰考县制定了标准化的补助措施[4]。不同贫困户的厂房根据其不同类型，给予不同的补助。同时，政府专门组织人员进

---

① 资料来源：兰考县财政局《创新财政扶贫机制支持全县脱贫攻坚》，2016 年 12 月。
② 资料来源：兰考县财政局《创新财政扶贫机制支持全县脱贫攻坚》，2016 年 12 月。
③ 资料来源：兰考县财政局《创新财政扶贫机制支持全县脱贫攻坚》，2016 年 12 月。
④ 资料来源：兰考县人力资源和社会保障局《兰考县人力资源和社会保障局行业扶贫工作开展情况》，2016 年 12 月。

行严格的厂房类型和规模的核查，避免弄虚作假骗取财政补贴的现象。这样既防止了以权谋私的补助乱象，也基本保证了公平公正，保证了贫困户的积极性和对政府的信任。

对自建自营模式的厂房，每平方米县财政奖补 100 元；自建政府回租不安装光伏模式的厂房，租期 5 年，县财政每月每平方米出租金 4 元；自建政府回租安装光伏模式的厂房，租期 6 年，租金每月每平方米 5 元+6 年光伏收益的 50%。

第三节 兰考县许河乡东埧怀村
精准选择到户措施

兰考县许河乡处于两省（河南省和山东省）三县（兰考县、民权县、曹县）交界处，南沙北碱，中间有个"老牛圈"，构成了许河独特的地理条件。东埧怀村是许河乡一个行政村，2015 年，其贫困户 67 户中，除无劳动能力的兜底户 3 户、五保户 1 户以及 2014 年脱贫的 25 户贫困户外，剩下一般贫困户 21 户，有劳动能力的低保贫困户 17 户，共计 38 户贫困户。为帮助许河乡东埧怀村 38 户贫困户早日脱贫，兰考县、许河乡东埧怀村村"两委"采取了积极的扶贫举措，在详实把握 38 户贫困户基本情况的基础上，将扶贫措施落实到户。

扶贫工作队协助东埧怀村依托种植专业合作社，完善发展思路、调整产业结构、发展富民产业。首先从思想上帮助贫困户打破旧观念，克服等、靠、要的落后思想，帮助他们树立勤劳致富的观念，特别是让贫困户发挥自主性，树立通过不同渠道、不同形式实现就业的观念。然后帮助农户了解党的路线方针政策、国家法律法规和党委政府的重大决策部署，讲解强农惠农政策等，尽可能地为农民群众提供政策法规、信息等服务，引导贫困户学习技术。

一 针对贫困户实际情况进行动态管理

通过走访调查确定贫困户的贫困程度和致贫原因，对每一户贫困户进行建档立卡，并及时进行动态管理。许河乡东埧怀村 21 户一般贫困户中经统计，有 2 名及以上劳动能力的有 20 户；17 户低保户中，有 2 名及以上劳动能力的有 13 户。这说明，只要给予针对性的支持和帮助，许河乡东垾怀村绝大多数贫困户是可以通过辛勤的劳动实现脱贫的。根据此情况，兰考县进行了"结对帮扶"，县委宣传部扶贫工作队和村委积极争取扶贫产业和扶贫项目，为贫困户提供就业和创业机会，帮助他们早日脱贫。通过结对帮扶，扶贫工作队队员全面掌握自己直接负责的贫困户的详实情况，帮扶他们早日脱贫。

扶贫工作队还对许河乡东垾怀村 38 户贫困户的致贫原因进行了详细的统计（如表 5-1）。根据致贫原因，在充分尊重贫困户意愿的前提下，扶贫工作队及村"两委"为不同的贫困户制定了较为精准的脱贫规划。

表 5-1　许河乡东垾怀村贫困户致贫原因分类

致贫原因	缺资金	因学	因病	因残	因灾	因婚	缺技术	懒惰	两种或两种以上原因
户数（共计 38 户）	15	3	11	1	1	1	3	1	2

对于缺资金并且具备发展产业能力的贫困户，主要是帮助贫困户申请小额贴息贷款，帮其争取到发展产业的资金支持，鼓励发展第三产业。如该村的陈某记，其家庭人口 4 人，有妻子和两个儿子，有劳动能力 4 人，其中 2 人打零工，耕地面积 4.2 亩，主要靠传统种植农业，年人均收入低于 2600 元。根据对这户贫困户的走访调查，扶贫队发现，这户贫困户家庭劳动能力充裕，但是没有充分利用，一家人靠传统种植农业和打零工为生，收入极不稳定。但是，该贫困户的家庭成员都具有较为积极的脱贫致富愿望，而且 4 人均有劳动能力，其脱贫的条件基本具备，只要给予一定的政策和资金的支持和引导，其脱贫指日可待。扶贫工作队针对其贫困原因，决定依托种植专业合作社，帮助其调整产业结构，申请小额贴息贷款，鼓励其发展第三产业。同时，落实各项扶贫政策，帮助他们争取外出务工的机会。此外，工作队对该家庭进行跟踪落实，确保年底人均年收入 3500 元以上。

二 针对不同致贫原因采取差异化脱贫措施

1. 对于因病致贫的贫困户，因为贫困户因病的情况差异较大，相应扶贫措施也会有较大的差异性和针对性。

因病致贫的绝大多数是因为家庭中有因慢性病失去劳动能力患者，家庭医药支出长期透支，收入又受到限制。针对这类贫困户，扶贫工作队对贫困户会常走访，常做思想工作，安慰病人和家人。并积极落实各项政策，联系医生定期上门义诊。对于具备劳动能力的家庭，依托种植专业合作社，帮助其流转土地，调整产业结构并帮助申请到户增收资金扩大养殖规模。

对于因突发大病而致贫的个别贫困户，扶贫工作队和村"两委"积极为其治病费用落实各项辅助政策。积极引导家庭中具备劳动能力的劳动力外出务工，或者依托种植专业合作社，帮助其调整产业结构。此外，兰考县的多个医院承担了帮扶任务，每个医院承担几个村子或者社区，定期开展义诊、医学知识宣传等活动。

2. 对于因残致贫的贫困户，首先联系社保局、残联等部门认真核实情况，及时为其办理了参保所需的证件和证明，强化了对贫困残疾人的兜底保障措施，按照相关政策实现"应保尽保"。

3. 对于因灾致贫的贫困户，扶贫工作队在村"两委"的配合下对其灾难状况和贫困状态进行详细的调查，特别是对其受灾的原因进行调查，是洪涝灾害等自然灾害，还是遭遇意外等。了解这些贫困户基础设施损毁情况和人员伤亡情况。在此基础上有针对性地进行帮扶。如许河乡东埔怀村的程某魁，属于一般贫困户，家庭人口2人，户主和妻子年龄都在60岁以上，暂且可以劳作，耕地面积2.02亩，主要靠传统种植农业，年人均收入低于1600元。但是由于灾害，家庭贫困。对这一户贫困户，主要是帮其争取到户增收资金，帮助扩大养殖规模；依托种植专业合作社，帮助流转土地。帮助其重新获得增收的基础能力，实现政府帮扶基础上的自救和产业发展。

4. 对于因婚致贫的贫困户，帮助其积极增收。

因婚致贫是当前中国农村贫困治理面临的重要难题。异化的婚嫁成本造成了农民家庭的持久性贫困，阻碍当前扶贫攻坚战的进展。

高昂的婚礼仪式成本成为一个家庭的重大负担，使其陷入贫困。对此，许河乡东堼怀村进行文明婚俗宣传教育，特别是积极破除封建迷信思想，杜绝攀比。逐渐改善婚嫁风俗，倡导简约化婚礼，形成优良生态。力图从根本上破解因婚致贫难题。对于已经陷入贫困的家庭，依托种植专业合作社，帮助其调整产业结构。鼓励户主采取外出务工等措施增加收入。

5. 对于因缺少技术致贫的贫困户，及时给予农业种植技术、自主创业技术或者劳动务工培训等支持。

如许河乡东堼怀村的陈某峰，属于低保贫困户，家庭人口 2 人，有劳动能力 2 人，耕地面积 2.02 亩，主要靠传统种植农业，年人均收入低于 2200 元。由于缺乏基本的技术能力，两个劳动力主要依靠 2 亩农田种植粮食作物生活。在征求劳动力自己的意见的基础上，扶贫工作队邀请种植专家对他们进行技术培训，并帮助他们开展经济作物的种植，增加收入，实现脱贫。而针对另一户贫困户陈某旗，其家庭人口 4 人，有妻子和 1 个儿子、1 个女儿，有劳动能力 3 人，耕地面积 3.24 亩，主要靠传统种植农业，年人均收入低于 2500 元。经过走访，扶贫人员发现户主有驾驶的专长，就鼓励其考取驾驶证，介绍其在许河到兰考的公交车上做司机。一份稳定的工作对此贫困户的脱贫起到了非常积极的作用。而另一户吕某雷，低保贫困户，家庭人口 3 人，有妻子和 1 个儿子，有劳动能力 2 人，其中户主 1 人在乡内务工，耕地面积 3.03 亩，主要靠传统种植农业，年人均收入低于 2300 元。扶贫工作队根据户主曾经干过泥瓦匠，介绍户主在乡内建筑队工作，并帮助联系业务扩大其规模，使之从工人逐渐发展成为包工头。

6. 对于因懒惰致贫的贫困户，主要是从思想上将其动员起来，带动他们积极参加劳动和再就业，实现创收。

"由于农村经济发展落后，不仅限制了农村群众收入的增加，也阻碍了人们的资源获取，一定程度上造就了农村贫困群众安于现状、因循守旧、消极等待、恪守传统的保守心理倾向。"[1] 对这些惰性心理要充分重

---

[1] 费孝通：《乡土中国·乡土重建》，群言出版社，2016，第 103 页。

视，积极解决。如许河乡东垌怀村的一般贫困户陈某停，家庭人口 4 人，有妻子和 2 个儿子，有劳动能力 4 人，其中 1 人务工，耕地面积 4.2 亩，主要靠传统种植农业，年人均收入低于 1800 元。因为此贫困户具备充足的劳动力，致贫的原因是一家人好吃懒做，思想消极散漫。因此，扶贫工作队联系村"两委"依托种植专业合作社，帮助其调整产业结构。同时鼓励该家庭子女到省内外务工；激发户主内生动力，帮助申请到户增收资金，鼓励其通过养羊、养猪致富。

三　针对多原因致贫采取多维度脱贫措施

对于由两种或者两种以上原因导致贫困的贫困户，多维度地为其量身定制脱贫措施。如本村的陈某林为低保贫困户，其有妻子和两个女儿、一个儿子，家庭人口共 5 人。有劳动能力 3 人，其中 2 人务工，在校学生 2 名。全家共有耕地面积 4.8 亩，主要靠传统种植农业，年人均收入低于 2500 元。其致贫原因主要是因学和缺资金。对此，依托种植专业合作社，帮助其调整产业结构。同时，在平时的生活中，多关注这个家庭，做到勤观察、勤发现、勤纠正，引导其外出务工，改善家庭经济状况。并为其两名在校学生落实教育补贴等政策。再如低保贫困户陈某安，其有妻子和 1 个儿子，家庭人口共 3 人，有劳动能力 2 人。全家耕地面积 4.2 亩，主要靠传统种植农业，年人均收入低于 2500 元。主要致贫原因是户主患慢性病，妻子患有精神病。扶贫工作队联系村"两委"落实各项政策；联系医生定期上门义诊；帮助该户进行慢性病鉴定、办理残疾证，鼓励儿子外出务工。同时依托种植专业合作社，帮助其调整产业结构。

东垌怀村只是兰考县乃至全国贫困村的一个缩影。为实现精准脱贫，兰考县调配了相当大的人力和物力，投入精准扶贫工作中。从上到下深入基层，深入贫困户中，了解每家每户的基本状况。根据他们的需求和特点，为其规划最优最高效的扶贫措施，实现扶贫到户，人、财、技术、项目、政策在每户贫困户中落地。找到每一户贫困户脱贫"最优解"，尽快帮助他们摆脱贫困，并从长远有效防止其返贫。

第四节　兰考县精准到户经验启示

邓小平多次指出，解决中国的问题关键在党。兰考县坚持党委统筹领导，落实领导责任，统筹布局，切实把到户增收项目作为新时代瞄准贫困群体，落实帮扶措施，增加贫困人口收入，构建和谐新农村的一项重大举措，实行县负总责，乡、村抓落实，实行责任制，干部包户，责任到人，明确责任目标，强化组织领导，确保把有限的资金用到实处，使这部分贫困户尽快实现脱贫致富。

第一，深入宣传，广泛动员。

"在治理的社会系统论下，公民积极参与，政府与公民之间建立互相信任、互相依赖关系，治理过程的基础不是控制，而是协调与合作。"[①] 在扶贫开发中广泛动员群众的力量，通过宣传党和国家的扶贫政策，获得人民群众的支持和配合是打赢脱贫攻坚战的重要基础。兰考县采取多种形式，对补贴项目、补贴标准及相关政策进行宣传，让农民了解项目实施的目的、意义、用途等内容，提高群众参与的积极性、主动性。县里抽调4~6名专业水平高、敬业精神强的干部从事宣传试点工作，同时充分发挥大学生村官的作用，确保宣传工作的顺利开展。

第二，强化管理，严格审批。

加大对财政专项扶贫资金使用的监督检查力度，严格执纪问责，确保公开、公正、透明。由项目主管部门严格按照上级部门下达的项目资金计划，组织项目实施。对补贴项目严格考察，对补贴内容张榜公示，自觉接受社会和群众监督。资金报账严格实行县级报账。

加大公开力度，对项目示范户名单、项目内容、补贴标准及补贴受益人情况等内容及时进行公示，广泛接受群众监督。县扶贫办、财政局等监管部门定期、不定期督查项目实施情况，随时掌握项目进展，保证各项措施全面落实。对项目进展缓慢的试点村，对项目进行适时调整，保证发挥项目资金的最大效益。

---

① 俞可平主编《治理与善治》，社会科学文献出版社，2000，第235页。

第三，强调落实，重点做好"三个着力帮扶"。

首先，着力帮扶贫困村、贫困户发展产业。

（1）利用现有信息网格，帮助贫困户围绕特色农业主导产业，基本形成"一村一品"格局。

（2）引导贫困户将土（林）地承包经营权作价、产业帮扶资金入股，参与集体经济组织，形成利益联结机制。

（3）对于"到户增收"项目实施效果不够好的问题，兰考县督查局针对扶贫项目是否做到因户施策、科学合理，扶贫项目实施进度和工程质量是否达标，是否有急功近利现象；已脱贫户是否继续享受帮扶政策，帮扶措施是否合理①等问题进行跟踪督查，确保根据农户的意愿，精准施策，选准项目，做好跟踪服务，降低风险和损失，确保稳定增收。

其次，着力帮扶贫困户就业创业。

组织贫困户劳动力参与"雨露计划"等培训，积极提供就业服务，同时支持贫困户就地创业。但也有部门单位及工作队将帮扶当成短期行为，急于求成，缺乏实质性帮扶措施。针对帮扶中存在这些急功近利、形式主义现象，兰考县强调帮扶不能以送钱送物等短期救济形式为主，要求在拓宽农户稳定增收渠道上加大帮扶力度，引导群众自主发展或参与长期受益产业项目（如企业带动、乡村旅游、电商帮扶、设施农业等）②。

最后，着力帮扶贫困户改善生活条件，包括改善教育条件、居住条件、饮水条件、出行条件等。

针对扶贫过程中存在的部分村对家中无劳动能力的贫困户存在一兜了之的现象，人社局牵头教体局、住建局等对所有政策兜底户进行复核。要求帮扶单位通过产业发展、入股分红、资产收益等帮扶形式，拓宽贫困户稳定增收渠道，变"输血"为"造血"。

第四，检查验收，严格考核。

加强对扶贫到户增收试点项目的督导检查及考核，及时总结推广先进

---

① 资料来源：中共兰考县委办公室兰考县人民政府办公室《兰考县稳定脱贫整改提升大会战巡查工作实施方案》，2017 年 5 月 4 日。

② 资料来源：中共兰考县委办公室兰考县人民政府办公室《兰考县稳定脱贫整改提升实施方案》，2017 年 5 月 4 日。

经验，及时解决工作中出现的问题，强化资金使用检查审计，不断提高项目资金管理水平和效益。兰考县通过奖励先进、鞭策后进，调动基层干部干事创业的积极性。

一方面要看到在选择到户措施的过程中，贫困户动态管理还需要进一步加强。河南省脱贫攻坚领导小组资料显示，长胜村有一脱贫回退贫困户，户主儿子由于服刑期满回家，没有及时进入建档立卡。东坝怀村有 1 户 2015 年脱贫的贫困户，只有两位老人，均已七十多岁，男主人从事装卸搬运的高强度劳动，却无低保等帮扶措施，可能出现返贫①。实地核查入户问卷反映，群众对帮扶工作的满意度虽然较高，但有的帮扶责任人履行职责不到位，有的帮扶责任人一年只去贫困户家两三次，经常性帮扶落实不够好。有少数同志作风不实，在关键时刻经常"掉链子"，他们不把扶贫工作"当回事"，认为只要守好自己"一亩三分地"，脱贫攻坚那是扶贫部门的事情，把脱贫攻坚结对帮扶看成一种负担，把走访联系贫困户当成一种任务，只是按照文件要求完成"规定动作"，每次走访贫困户单纯地照个相、签个字。更有甚者，个别同志用电话联系代替走访，根本没有进过贫困户的门。

另一方面，必须牢记全心全意为人民服务的宗旨意识是扶贫工作的内在动力。以上种种脱离群众，一心只为完成任务的行为，从本质上看还是官僚主义在作祟，少数同志作风不实，缺乏的是初心使命和责任担当。为此，结对帮扶就要到实实在在地干事创业、履职尽责中去落实、去担当，要把帮扶与扶志、扶智有机结合，着力治懒治愚，通过"言传身教"，用自身的努力带动群众，引导贫困群众树立艰苦创业、勤劳致富、自立自强的良好风尚，消除"等靠要"依赖思想，同时，各级各部门要制定严格的督查检查和考核奖惩办法，更多关心和支持干部，让干部在脱贫攻坚战场上建功立业。

据兰考县扶贫办介绍，按照最新政策，兜底户除享受建档立卡户的普惠政策外，还享受最高标准的低保政策。

针对政策到户，2017 年兰考县推进就业体系建设，加大技能培训，帮

---

① 材料来源：兰考县扶贫办《兰考县 2016 年度脱贫工作成效考核情况》，2017 年 4 月 20 日。

助所有有劳动力的家庭找到致富门路或实现 1 人以上就业；引导富余劳动力在产业集聚区和乡镇产业园就近就业，龙头企业安置本县人员就业率达到 60% 以上。同时支持发展群创产业，扶持新型农业经营主体发展，通过"公司+农户"、农民专业合作社发展特色种养加，提高农民经营性收入。并不断增强城镇吸纳能力[1]，推进就业创业，新增城镇就业 5.1 万人、农村劳动力转移就业 4.3 万人[2]。实施全民健康保险，因病返贫、致贫现象得到有效遏制。2018 年提出，把培育新型职业农民、家庭农场、农民合作社、新型经营主体继续作为乡村振兴的有效载体，继续落实"12 项政策"和"3 保障 5 政策"。全面整改广播电视村村通、先诊疗后付费、残疾证办理、电费补贴等工作中的问题，限期解决农村危房改造、自然村通路、光伏扶贫等工作中的问题。2018 年农村能源革命全面铺开，累计完成风电并网 81 兆瓦，分布式光伏并网 36.66 兆瓦[3]。开展农村"三块地"改革，完成空心院整治 2300 亩[4]。2019 年新增农村劳动力转移就业 1.18 万人，农村劳动力就业达到 27.3 万人，占全县农村劳动力的 68.7%。发放创业担保贷款 1.2 亿元，新增创业人员 9978 人[5]。2019 年兰考县在基本民生方面，医保、养老、特困救助、低保政策覆盖率逐步提高，农村幸福照料中心建设完成既定目标[6]。2019 年努力稳定现有就业，积极增加新的就业，促进失业人员再就业，新增农村劳动力就业 1 万人，实现失业人员再就业 1400人。开展农民工返乡创业优秀园区、示范项目、创业之星评选表彰活动，发放创业担保贷款 1.2 亿元，新增创业 5000 人。2020 年，兰考县要确保贫困重度残疾人家庭无障碍改造全覆盖，残疾人托养中心投入使用，并完

---

[1] 资料来源：《政府工作报告——2018 年 9 月 18 日在兰考县第十五届人民代表大会第三次会议上》，李明俊。

[2] 资料来源：《政府工作报告——2018 年 9 月 18 日在兰考县第十五届人民代表大会第三次会议上》，李明俊。

[3] 资料来源：《政府工作报告——2019 年 5 月 22 日在兰考县第十五届人民代表大会第四次会议上》，李明俊。

[4] 资料来源：《政府工作报告——2019 年 5 月 22 日在兰考县第十五届人民代表大会第四次会议上》，李明俊。

[5] 资料来源：《政府工作报告——2020 年 5 月 26 日在兰考县第十五届人民代表大会第五次会议上》，李明俊。

[6] 资料来源：《政府工作报告——2020 年 5 月 26 日在兰考县第十五届人民代表大会第五次会议上》，李明俊。

善低保认定、审核、审批办法，确保实现动态管理下的"应保尽保"。

2020 年，作者再回东埔怀村调研，村里建档立卡贫困户 61 户 202 人，其中，2014 年度脱贫 16 户 50 人，2015 年度脱贫 37 户 127 人，2016 年度脱贫 6 户 22 人，2017 年度脱贫 2 户 4 人，截至目前东埔怀村建档立卡贫困户已全部脱贫。东埔怀村在脱贫攻坚以来，发生了很大的变化，首先干部群众的"精气神"得到了很大的提升。为建强村级班子和党员队伍，东埔怀村强化党员的日常管理，注重从党建知识、总书记关于脱贫攻坚的系列讲话等方面强化村级班子和党员队伍的理论武装，提高政治站位，增强致富带富意识，提升致富带富能力。其次是村内基础设施有了很大的改善，围绕村容整洁、庭院生态宜居的要求，充分激发群众的内生动力，大力开展美丽庭院打造，改善人居生活环境，按照方便群众、提升品位的理念，推进厕所革命，改造水冲式厕所 80 余户，村内 1 座标准化公厕正常运行，完善了村内公共基础设施，提升了村容村貌，在县乡的观摩评比中取得较好成绩，每次均一次通过验收。

另外，2017 年开始兰考县全面深化农村改革，深入推进农村承包地改革。培育新型农业经营主体，鼓励其适度规模流转土地。强化农民宅基地和闲置农房管理，严格执行一户一宅，探索建立宅基地"一流、两退、一平衡"工作机制，努力将资源宅基地向资产宅基地转变。积极推广实施"一宅变四园"[①]。2018 年按照第三批农村产权制度改革国家级试点县要求，完成清产核资工作，逐步完成村集体经济合作社股权量化等工作。通过"资源变资产，资金变股金，农民变股东"，实现村集体经济发展和农民稳步增收[②]。全县农村集体总资产达到 22.3 亿元。新增新型农业经营主体 306 个，村集体经济不断壮大[③]。2019 年深化农村集体产权制度改革和

---

① 资料来源：《政府工作报告——2018 年 9 月 18 日在兰考县第十五届人民代表大会第三次会议上》，李明俊。
② 资料来源：《政府工作报告——2018 年 9 月 18 日在兰考县第十五届人民代表大会第三次会议上》，李明俊。
③ 资料来源：《政府工作报告——2019 年 5 月 22 日在兰考县第十五届人民代表大会第四次会议上》，李明俊。

"三块地"改革，探索宅基地"三权分置"，进一步释放农村活力①，新发展农民专业合作社 150 家、家庭农场 103 家，引领农业适度规模经营发展②。

第六章　兰考县精准因村派人

习近平总书记多次强调，"要解决好'谁来扶'的问题，加快形成中央统筹、省（自治区、直辖市）负总责、市（地）县抓落实的扶贫开发工作机制，做到分工明确、责任清晰、任务到人、考核到位"①。因村精准派人，着力解决"谁来扶"的问题。扶贫队伍是承接贫困户与扶贫措施的中间环节。推进脱贫攻坚，责任落实到人是关键。在驻村干部的"选、派、配、管、用"等环节上下功夫，做实精准选派，能够为加快贫困村增收脱贫奠定组织基础。

精准扶贫的关键在于解决"谁来扶""扶持谁""怎么扶"的问题。2015 年 11 月 27 日至 28 日召开的中央扶贫开发工作会议上，习近平总书记详解这三个问题，实际上就是对"六个精准"的进一步解释与深化，其本质就是要求在精准施策上出实招、在精准推进上下实功、在精准落地上见实效。

为了解决"谁来扶"的问题，河南省出台了《河南省脱贫工作成效考核办法》。通过逐级考核，层层压实责任，最后把任务具体分解到每个人头上。考核对象是 18 个省辖市、10 个直管县（市）党委和政府。考核内容就包括精准帮扶，特别是驻村工作队的责任落实。

具体到兰考县，向贫困村派驻工作队，是传承弘扬焦裕禄精神，践行群众路线的具体体现；是密切党群干群关系、改进机关干部作风、锻炼培养干部的有益探索；是实现兰考县"如期脱贫、率先小康，争当全省县域经济排头兵"奋斗目标的重要举措；是加强基层组织建设，提升基层党建工作水平的有效手段。2014 年 1 月，兰考县成立了驻村扶贫工作领导小

---

① 《习近平扶贫论述摘编》，中央文献出版社，2018，第 49 页。

组，实行驻村帮扶机制，抽调 345 名后备干部充实到 115 个驻村扶贫工作队，2016 年又抽调 335 名干部驻村专职从事基层党建和扶贫工作①。从 2016 年 3 月底开始，兰考县督查局对有脱贫任务的所有行政村进行暗访抽查，对于脱贫成效没有达到要求的，驻村工作队员取消后备干部资格，包村干部年度考核定为不称职或不合格，两年内不予提拔重用。对脱贫攻坚主体责任落实不力的单位和个人追责，全县通报批评 1 个乡镇党委书记、乡镇长，免去 7 名村党支部书记，撤回 1 名驻村扶贫工作队队长②。

第一节　精准派人的必要性和重要性

习近平总书记说："人民是历史的创造者，是真正的英雄。"③ 包括扶贫队伍、贫困户在内的人民群众必然是实现精准脱贫的核心动力和力量源泉。扶贫工作是一个复杂的系统性工程，在这个系统中，扶贫队伍是连接贫困户与扶贫政策、扶贫措施的桥梁，也是推进扶贫政策和措施准确落地的助推手。精准派人，才能精准扶贫。

第一，"人"在精准扶贫中的特殊作用。

兰考县全面动员，真正将党中央的要求落实到实实在在的脱贫工作中。选拔和派出了一大批优秀的机关干部驻扎到脱贫攻坚的第一线。坚持县级领导、县直部门、乡村主体、驻村工作队员和全县机关党员分级负责、各负其责、严格追责。建立县级领导联系扶贫村（社区）制度。实现了从上至下覆盖各个级别层次的扶贫领导、工作队伍，这就为扶贫工作的落实提供了足够的队伍保障，体现了兰考县对扶贫工作的充分重视。

善于用人，将"人"的才能和作用发挥到最大，助力脱贫攻坚。制定完善、合理的奖惩机制，通过内外部因素的合力作用，充分调动工作队扶贫工作的积极性，在扶贫工作中投入真感情、注入实功夫，扶贫工作不仅

---

① 资料来源：兰考县扶贫办《兰考县扶贫开发工作总结》，2016 年 12 月 27 日。

② 资料来源：兰考县扶贫办《兰考县扶贫开发工作总结》，2016 年 12 月 27 日。

③ 习近平：《在庆祝中国共产党成立九十五周年大会上的讲话》（2016 年 7 月 1 日），《十八大以来重要文献选编（下）》，中央文献出版社，2018，第 344 页。

在手头上，更时刻在心里。扶贫工作队与村"两委"协同合作，充分发挥自己的专业优势和实际本领，共同带领人民群众实现脱贫，走上小康之路。

第二，村"两委"在带动脱贫方面能力有限。

村"两委"成员在完成环境卫生整治、日常维稳、化解邻里纠纷等日常工作中发挥着重要的作用，但是在带领群众脱贫致富尤其是在动员党员能人和能人大户带动脱贫方面显得力不从心。这就需要在脱贫攻坚工作中，给予外部的人力物力支持，带领群众脱贫。因此，建立具有较高文化素质和政治觉悟的扶贫工作队伍就显得至关重要。

村"两委"在带领群众脱贫过程中能力有限的因素有很多。一是部分村"两委"成员思想观念陈旧，不敢闯、不敢试，没底气带领群众脱贫致富；二是部分村"两委"成员科学文化素质不高，不能掌握实用的致富技术，没能力带领贫困户脱贫致富；三是部分村"两委"成员自己的家庭都不富裕，在带领贫困群众发展产业时也没有号召力；四是部分村"两委"成员平时服务意识差，服务不到位，在动员党员能人和能人大户"先富帮后富"时也没有号召力。

村"两委"是村民自治的核心组织形式，其带领群众脱贫能力有限，而且脱贫工作本身也是一项较为复杂，需要具备较高组织能力、扶贫专业能力的人员进行有力、有效的指导。因此，必须配备扶贫工作队，带领人民群众实现脱贫。

第三，专业化队伍能有效提高扶贫科学性。

习近平指出："只要高度重视，思路对头，措施得力，工作扎实，深度贫困是完全可以战胜的。"[1] 贫困地区的致贫原因既有共性的因素，又有着各自不同的特点。每个贫困地区致贫原因都是错综复杂的，脱贫的方法和渠道也是各不相同的。要想彻底让这些地区实现脱贫，不仅要关注投入人力物力的体量，更要注重投入的侧重点和靶向。也就是说，真正想带领这些地区脱贫，必须注重科学的工作方法，这就对脱贫攻坚队伍的文化素

---

① 习近平：《在深度贫困地区脱贫攻坚座谈会上的讲话》（2017年6月23日），人民出版社，2017，第12页。

养和工作能力提出了较高的要求。

为贫困地区适配扶贫工作队伍是提高脱贫实效性的重要保障。脱贫攻坚队伍是经过层层选拔，由各个单位的优秀骨干人才组成的，无论从学历水平，还是工作能力上都是出类拔萃的。他们不仅具备较高的政治觉悟，具备服务人民、踏实肯干的工作态度，还有着较高的文化素质和专业技术能力，并且具备较为高远的眼光和视野，这些素养在农村走向脱贫道路上尤为可贵。

专业化、科学性扶贫队伍的加入，使得贫困地区在脱贫过程中能够尽可能摆脱盲目性，提高脱贫的科学性。在扶贫工作队伍的带领下，贫困地区人民能够将自己对家乡自然环境和风土人情的了解与脱贫的举措联系起来，选择真正适合本地区、适合自己的脱贫道路。能够更大化地将本地区的资源优势发挥出来。能够更好地发挥地区和自身优势，补齐短板，找准脱贫攻坚的"七寸"，实现高效脱贫。因此，在贫攻坚的过程中充分发挥脱贫队伍的专业知识和工作能力优势，是提高脱贫工作实效性的重要保障。

第四，焦裕禄精神的时代要求。

兰考是焦裕禄精神发源地。1962 年 12 月，上级党组织派焦裕禄同志来兰考县担任县委书记。焦裕禄来到兰考以后，坚持实事求是，坚持群众路线，带领兰考人民治沙治贫。2019 年，习近平总书记把焦裕禄精神概括为"亲民爱民、艰苦奋斗、科学求实、迎难而上、无私奉献"。

扶贫攻坚中，也需要传承发展焦裕禄精神，有个大学派下去的干部讲，刚当村第一书记的时候，村里人都没当回事，也没谁搭理他，自己工作很难开展。但人家真正扑下身子，一家家去走访，最后在这地方干得很有成效，学校对他也很支持，给他一些工作经费和帮助支持①。在实际工作中，也确实涌现出一批人民满意的好干部。兰考县先后评出县委宣传部王富林等第一批"驻村扶贫工作标兵"20 名，县统计局刘银花等第二批"驻村扶贫工作标兵"50 名。焦裕禄在兰考县任县委书记的时候，曾经树

---

① 资料来源：兰考县扶贫办《谢伏瞻在兰考调研座谈时的讲话》，2016 年 4 月 20 日。

立了四面红旗①，兰考县扶贫开发工作中，2016 年也评出了惠安街道何寨村等"脱贫攻坚"红旗村 10 个、东坝头镇雷新庄村等"基层党建"红旗村 6 个、仪封乡刘岗村等产业发展红旗村 8 个、许河乡董里村等"美丽乡村"红旗村 5 个。

第五，全国精准因村派人的启发。

中央提出在扶贫攻坚中，要实施精准扶贫方略，找到"贫根"，对症下药，靶向治疗。全国各地从当地实际出发，落实精准派人。

在贵州省绥阳县，针对农村农业副业化、农民老龄化和农村空心化日益严重的现象，绥阳县结合实际，为 46 个贫困村制定了"1+1+N"扶贫攻坚结队包保方案，计划从 2015 年起，用 3 年时间帮助 46 个贫困村、2.7 万贫困人口实现脱贫。根据"1+1+N"包保方案②，县委组织部将 40 岁以下的科级后备干部精准选派驻村。县纪委牵头加大暗访督查力度，对在扶贫工作中履职不到位、不在状态的相关干部严厉问责。

黑龙江省绥化市北林区构建三级网络，确保全面覆盖。区级四个班子成员与 21 个乡镇结对，86 个区直部门与 139 个村结对③，党员干部与贫困户帮扶结对，聚集来自区级领导、区直部门、乡镇党委三个层次的力量，构筑立体全面的帮扶网络。组建四支队伍，确保帮扶到位。由区直帮扶部门、乡镇党委抽调 518 名党员干部，帮扶部门一把手兼任村党组织"第一书记"，与村干部一起驻村开展精准扶贫、精准脱贫工作。截至 2016 年，在乡镇建立扶贫站 21 个，村级建立扶贫工作队 139 个，村民组建扶贫工作组 822 个，党员干部与特困户结成帮扶对子 4970 个④，实现了包联工作全方位、走访干部全参与、特困群众全帮扶。

---

① "四面红旗"，即韩村的精神、秦寨的决心、赵垛楼的干劲、双杨树的道路。

② "1+1+N"包保方案，即每个贫困村由 1 位县领导和 1 家主要包保单位挂帮，"N"包括 1 家协助单位、1 家帮扶企业和多名驻村干部，做到精确登记造册、精确建档立卡，对贫困户实行一户一本台账、一个脱贫计划、一套帮扶措施。

③ 《绥化市北林区实行"三四五"立体帮扶模式》，《党的生活（黑龙江）》2016 年第 4 期，第 49 页。

④ 《绥化市北林区实行"三四五"立体帮扶模式》，《党的生活（黑龙江）》2016 年第 4 期，第 49 页。

湖南省 2015 年省市县乡四级共派出 6000 多支工作队①，进驻 51 个扶贫开发工作重点县的 184 个贫困村开展帮扶工作，实现了贫困村驻村帮扶全覆盖。

吉林省制定出台方案指出，坚持以"工作到村、扶贫到户、责任到人"为原则，在省、市（州）、县（市、区）、乡（镇）建立干部驻村工作队制度，对全省贫困村开展干部驻村帮扶工作，每个帮扶单位都要成立干部驻村帮扶工作队，并派干部驻村开展帮扶工作②，提高贫困人口自我发展能力，缩小发展差距，为实现到 2020 年基本消除绝对贫困现象发挥重要作用。

在全国实施精准扶贫方略的同时，兰考县也积极落实中央政策，把"扶贫队伍"作为承接贫困户与扶贫措施的中间环节，优化选人体制、精化工作内容、严格队伍管理，着力落实精准因村派人。

第二节　扶贫工作队的构成及管理

兰考县把脱贫攻坚工作作为培养干部的"练兵场"，发挥优秀驻村工作队员在脱贫攻坚中的工作标杆、示范引领作用。从兰考县委组织部了解到，2016 年以来，共从脱贫攻坚一线提拔重用 132 名业绩突出、群众公认的干部，两批 70 名"驻村扶贫工作标兵"全部得到提拔重用，树立了鲜明的正确用人导向，激发了党员干部在扶贫攻坚一线建功立业的热情。在脱贫攻坚一线培养锤炼干部，用焦裕禄精神教育引导干部，是打造政治坚定、能力过硬、作风优良、勇于担当的干部队伍的有效途径，是打赢脱贫攻坚战的根本和关键。

一　扶贫工作队的动态结构

在扶贫工作中，兰考县实施"队员当代表，单位是后盾，一把手负总责"的制度。根据本县的实际情况，由县委书记总负责，各单位一把手负

---

① 数据来源：《在全省扶贫办主任会议上的讲话》，王志群，2016 年 2 月 1 日。

② 资料来源：吉林省人民政府《吉林省 2014—2020 年干部驻村帮扶实施方案》，2014 年 7 月 25 日。

责，选拔出优秀骨干组成工作队，驻村扶贫。并根据各县各村的实际需要，进行工作队人员的及时调整和补充，不断完善工作队人员结构、提升改造人员的综合能力，服务并致力于脱贫工作的各种需要。

（一）扶贫工作队的组成结构

兰考县委明确县乡两级干部分包乡镇和贫困村，推动党员领导干部这个"关键少数"以身作则、以上率下，既当指挥员，又做战斗员。兰考要求县级干部定期带头在联系的贫困村每周至少住一天一夜，入户摸情况，座谈理思路，带动乡镇干部、驻村干部严格落实"五天四夜"工作制，在精准扶贫上想实招、下苦功、求实效，呈现出了"领导领着干、干部抢着干、群众跟着干"的生动局面。

工作队组建原则是城关乡、产业集聚区的驻村扶贫工作队由本乡镇两名同志和县直单位一名同志组成，队长由乡镇科级干部担任；其他乡镇的驻村扶贫工作队由县直单位两名同志和乡镇一名同志组成，队长由县直单位科级干部担任。工作队员原则上由后备干部和优秀年轻干部担任，科级后备干部较多的，从中择优选派；科级后备干部不足的，从优秀年轻干部中确定。

兰考县扶贫办和县委组织部的数据显示，2015 年，兰考县选派 345 名机关干部组成 115 个驻村工作队，选派 335 名乡镇（街道）干部进驻非贫困村；开展"三联三全"活动，54 名县级干部、567 名科级干部和 3000 多名在职党员与 150 个重点项目、115 个贫困村和 5729 户贫困户结对联系帮扶，实现了驻村扶贫和结对帮扶全覆盖。为了补上非贫困村贫困户的帮扶这一课，又从各乡镇（街道）抽调了 336 名优秀干部入驻非贫困村专职从事基层党建和扶贫工作，并按照对驻村工作队员的管理和考核办法，对非贫困村包村干部进行管理和考核。

组织 450 个机关企事业单位党支部与农村党支部结成对子，选派 1039 名优秀年轻干部组成稳定脱贫奔小康驻村工作队，通过组织共建、党员共管、人才共育，构建以城带乡、城乡共建、共同发展的基层党建工作新格局，为稳定脱贫奔小康提供坚强组织保证。

乡镇领导班子处在脱贫攻坚的最前沿。兰考县委以乡镇党委换届为契机，把长期工作在扶贫一线、作风过硬、实绩突出、群众认可的 39 名优秀干部选进乡镇党委班子。换届后的 141 名乡镇领导班子成员中，35 岁以下的年轻干部 56 名，占乡镇领导班子成员的 40%；40 岁以下的党政正职 8 名，占乡镇党政正职的 31%[①]。乡镇领导班子的结构进一步优化，执行力进一步增强，同时增强了乡镇班子在脱贫攻坚业务上的能力，更好地指导开展工作。真正达到唤出干劲、唤出活力的目的。

（二）扶贫工作队的组成和调整充实过程

兰考县加强对脱贫攻坚工作的领导，根据工作需要，及时充实调整驻村工作队员，确保"因村派人精准"。

1. 初步形成阶段

2014 年 1 月 15 日至 2014 年 6 月底，兰考县从县直有关单位抽调政治素质高、熟悉农村工作的同志组成 24 个工作组[②]，每组 3 名同志，组长由科级干部担任，分别派驻 24 个后进村。驻村期间，保证工作组成员的工资福利等待遇不变，同时，充分发挥部门优势，为工作组开展驻村工作提供支持。要求工作组脱离原单位工作，按时与所驻村完成对接并入村。入村后，按照后进村整顿工作主要任务，结合所住村实际，扎实开展工作。工作中要求严守工作纪律，自带行李，自起炉灶，吃住在村。自觉遵守廉洁自律的相关规定，做到不吃请、不扰民、不增加农民负担、不做违法乱纪的事情。建立学习、工作日志、工作台账等制度，严格请销假制度，不能出现脱岗、空岗现象。并要求相关乡镇党委积极配合，搞好服务，为每个后进村配备 1 名包村科级干部，负责协助开展整顿工作，确保后进村整顿工作取得实效。

2014 年 4 月 21 日，为完成三年脱贫计划，县委、县政府研究决定县直各部门要抽调人员，成立驻村帮扶工作队分包贫困村。每个驻村帮扶工作队由三人组成，由一名副科级干部任驻村帮扶工作队队长，两名干部任工作队员；一个单位分包两个贫困村的，要成立两个驻村帮扶工作队；两

---

① 资料来源：兰考县委组织部《聚焦"三力"强堡垒抓实党建促脱贫》，2016 年 4 月。
② 数据来源：《关于派驻后进村整顿工作组的通知》（兰组文〔2014〕1 号）。

个单位分包一个贫困村的，自觉结合，第一个单位抽调一名副科级干部任队长，再抽调一名工作人员，第二个单位抽调一名副科级干部任副队长。

2. 调整充实阶段

2015 年 1 月至 2016 年 12 月，为进一步加大扶贫攻坚力度，确保"三年脱贫"目标如期实现，县委、县政府决定，从县直单位和乡镇选派优秀干部，调整充实驻村扶贫工作队，选派对象为科级干部、科级后备干部及优秀年轻干部。

选派坚持公开、择优、自愿的原则，采取个人报名与组织选派相结合的方式确定选派人员。驻村工作队员应具备以下条件：政治素质高，事业心、责任感强；热爱农村工作，吃苦耐劳，甘于奉献，工作作风扎实；善于做群众工作，组织协调能力较强，具有处理复杂问题的能力；身体健康[1]。

驻村期间，驻村工作队长参加所在乡镇班子的有关会议。驻村工作期满，经考核合格，对县直干部认可两年乡镇工作经历；工作表现突出的，优先提拔重用；不是科级后备干部的，优先确定为后备干部。工作队员要与原工作岗位脱离，吃住在村，保留原待遇。县直单位驻村队员的伙食费和通信费补贴为每人每天 25 元，交通补贴为每人每月 100 元，由派出单位发放[2]。

二　扶贫工作队的工作要求

（一）落实扶贫的基础性工作内容

每名县级领导联系 2~3 个贫困村（社区）。定期到联系村（社区）走访贫困户、召开群众座谈会、研究脱贫政策，全面掌握所联系贫困村的情况；加强指导，根据联系贫困村的实际情况，帮助查找发展中存在的问题、理清工作思路、研究脱贫政策，及时帮助解决脱贫攻坚工作中遇到的

---

① 资料来源：《中共兰考县委组织部关于调整充实驻村扶贫工作队的通知》，2015 年 1 月 8 日。

② 资料来源：《中共兰考县委组织部关于调整充实驻村扶贫工作队的通知》，2015 年 1 月 8 日。

问题和困难；每周至少在所联系村（社区）内住 1 夜，并认真记好扶贫工作笔记、拍照入档。而且对科级干部联系软弱涣散村和联系政策兜底贫困户的具体任务进行了详细的规定和说明①。

驻村干部重点工作有六个方面：

1. 认真做好贫困户建档立卡和动态管理，协调落实干部包户结对帮扶工作，帮助解决生产生活中遇到的实际困难；

2. 通过远程教育网络平台、举办培训讲座、实地观摩等形式，组织开展实用技术技能培训，提高就业和致富能力，拓宽群众增收渠道；

3. 根据所驻村的贫困原因及发展需求，制定村级发展规划和年度实施计划，发展符合市场需求和本村资源条件的主导产业和集体经济项目；

4. 完善道路、饮水、用电等基础设施建设，提高教育、文化、社会保障、医疗等社会事业公共服务水平，组织群众积极参与环境卫生整治等村内重大事务活动；

5. 积极宣传有关农村工作特别是扶贫开发的重大方针政策，引导帮助群众掌握、用好各项农村改革政策，协助落实好各类到村到户扶贫项目，帮助落实好各项惠农富农政策；

6. 加强村"两委"班子建设，增强村级组织的凝聚力和战斗力，提高带领群众发展生产、脱贫致富的能力。派出单位主要负责同志对驻村扶贫工作负总责，要加大工作支持力度，协调解决驻村工作中遇到的困难和问题，切实当好驻村工作队的坚强后盾②。

（二）"三联三全"活动中的具体工作内容

2016 年 6 月至 2017 年 6 月兰考县开展了"三联三全"活动③。"三联三全"活动坚持领导带头，以上率下；坚持实事求是，因地制宜；坚持属地管理，就近安排；坚持相对稳定，接力帮扶。活动分三个阶段开展：摸

---

① 资料来源：中共兰考县委办公室、兰考县人民政府办公室《兰考县脱贫攻坚提升工程实施方案》，2016 年 4 月 14 日。

② 资料来源：兰考县扶贫办《兰考县脱贫攻坚提升工程实施方案》，2016 年 4 月 14 日。

③ "三联三全"活动，即县级干部联系所有重点项目和所有贫困村；科级干部联系所有软弱涣散村和贫困户中的政策兜底户；县直单位党员联系所有未脱贫户中的一般贫困户和困难党员，实现对重点项目、贫困村和软弱涣散村、贫困户和困难党员的全覆盖。

清联系帮扶对象底数阶段（2016 年 6 月 1 日—2016 年 6 月 20 日），由县委组织部牵头，县扶贫办、县委县政府督查局配合，确定联系帮扶的重点建设项目、软弱涣散村、贫困村、建档立卡贫困户和政策兜底户的底数；确定参加活动的县级领导、县直单位和乡镇（街道）副科级以上干部及县直单位党员名单；落实联系帮扶责任阶段（2016 年 6 月 20 日—6 月 30 日），对已确定的联系帮扶对象全面落实联系帮扶责任人，实现"一对一"或"一对多"联系帮扶。开展联系帮扶工作阶段（2016 年 6 月 30 日—2017 年 6 月 30 日），活动对象联系帮扶对象进行对接，明确帮扶责任，掌握联系帮扶需求，制定工作措施①。

1. 县级干部联系贫困村的主要任务

（1）定期走访，定期到联系村（社区）走访贫困户、召开群众座谈会，了解联系贫困村脱贫攻坚工作进展，听取乡、村干部和驻村扶贫队员、贫困群众的意见和建议，全面掌握所联系贫困村的情况。

（2）加强指导，根据联系贫困村的实际情况，帮助查找发展中存在的问题、理清工作思路、研究脱贫政策，及时帮助解决脱贫攻坚工作中遇到的问题和困难。

（3）强化督导，加强对驻村扶贫工作队帮扶工作的督促和指导，教育引导他们严格遵守工作纪律，认真完成各项扶贫工作任务。

2. 科级干部联系软弱涣散村的主要任务

（1）推动脱贫致富，指导和帮助"两委"班子认真分析本村自然条件、经济基础、发展优势、存在问题等，谋划发展思路，加快发展步伐，千方百计增加村集体收入，想方设法拓宽群众增收渠道。

（2）落实基础制度，推动落实基层民主科学决策制度，运用"四议两公开"工作法，提高基层治理民主化、法治化、规范化水平；指导所驻村规范管理和使用村级组织活动场所，提升服务党员群众水平。

（3）办好惠民实事，协调完善联系帮扶村的路、井、水、电、桥等基础设施；积极开展环境卫生清洁工程，着力改善所驻村村容村貌。科级干

① 资料来源：兰考县委组织部《兰考县开展"三联三全"活动实施方案》，2016 年 6 月 16 日。

部联系政策兜底贫困户的主要任务是经常登门入户走访，了解生产生活情况；及时送去温暖，解决实际困难；帮助增加收入，提高生活质量①。

3. 县直单位党员联系贫困户和农村困难党员主要任务

（1）制定帮扶措施，县直单位党员要经常进村入户调查研究，深入了解联系的贫困户和农村困难党员户所思所需所盼，详细掌握他们的生产生活状况及实际困难，帮助理清发展思路，制定精准帮扶计划，落实帮扶措施。

（2）贯彻落实各项惠农政策，帮助贫困户发展增收项目。

三　扶贫工作队的监督管理

（一）细化责任，守土有责，保障驻村扶贫工作职责明确

兰考县委明确县乡两级干部分包乡镇和贫困村，推动党员领导干部这个"关键少数"以身作则、以上率下，既当指挥员，又做战斗员。

1. 建立县级领导联系贫困村（社区）制度。县级领导带动乡镇干部、驻村干部严格落实"五天四夜"工作制，在精准扶贫上想实招、下苦功、求实效，呈现出了"领导领着干、干部抢着干、群众跟着干"的生动局面。

2. 完善县直单位分包贫困村制度。每周召开会议，听取本单位驻村工作队的工作汇报，研究驻村扶贫工作。县直各单位主要负责人要多入村入户，每个月至少到帮扶村走访调研1天，对所帮扶村的情况要了如指掌。同时，要充分发挥行业优势，该出钱的出钱，该提供项目的提供项目，既要做好分工协作又要做好一对一帮扶，确保帮扶工作取得实实在在的效果。

3. 驻村干部要严格遵守中央和省委、县委关于作风建设的规定及驻村工作的有关要求，以良好的形象赢得群众的信赖和支持。制定了以"三亮三比三查三评"为主要内容的《第一书记管理办法》《关于加强驻村扶贫工作队管理工作的意见》《兰考县驻村扶贫工作考核办法》等文件，切实

---

① 资料来源：兰考县委组织部《兰考县开展"三联三全"活动实施方案》，2016年6月16日。

加强对第一书记的日常管理考核，组织引导驻村第一书记在健全村级班子、改善党员队伍结构、完善村内公共设施、推动产业发展上谋思路、出实招、下真功，加快了所驻村脱贫攻坚步伐。

4. 驻村工作队员要坚持"五天四夜"工作制度。非贫困村包村干部每周驻村不少于一天，每月至少走访贫困户两遍，认真填写扶贫工作日记。确因村内事务需要外出的，要进行登记并写明原因。工作队要接受县驻村扶贫工作领导小组办公室和所在乡镇党委的双重领导；各乡镇要成立以党委书记为组长的驻村扶贫工作领导小组，加强对此项工作的领导；工作队成员要与原工作岗位脱离，吃住在村；实行队长负责制，队员必须服从队长的领导和管理；坚持"五天四夜"工作制，坚持记好工作日志；要单独起灶，不吃请、不扰民，不给群众增加负担；严格请销假制度，不准擅自脱岗离岗，队员请假三天之内由队长签字同意，三天以上报乡镇驻村扶贫工作领导小组办公室审批，队长请假必须报县驻村扶贫工作领导小组办公室审批①。

（二）强化督导，奖优罚劣，确保驻村扶贫工作扎实开展

1. 以督导保时效

兰考县为保障脱贫工作的顺利实施，强化督导制度，加强对各级各层次扶贫工作人员的督导。不仅包括上级领导的督导和指导，还成立了专门的督导组进行走访调查。

（1）上级领导强化督导，加强对驻村扶贫工作队帮扶工作的督促和指导，教育引导他们严格遵守工作纪律，认真完成各项扶贫工作任务。

（2）县驻村扶贫工作领导小组办公室抽调有关人员组成督导组，采取随机抽查、明察暗访、实地走访等形式，对工作队员在岗情况及工作开展情况进行督查。2016年，县里加派暗访组，对有脱贫任务的所有行政村进行暗访抽查，结合组织部考核评价机制，采取随机抽查、询问、验证、座谈等形式，重点检查115个驻村帮扶工作队履职帮扶情况，暗访县直单位行业扶贫工作情况和乡镇（街道）对脱贫攻坚政策措施组织实施情况，确

---

① 资料来源：兰考县扶贫办《兰考县脱贫攻坚提升工程实施方案》，2016年4月14日。

保做到"因村派人精准",解决好"谁来扶"的问题。对于工作不力、脱贫成效没有达到要求的,年底考核定为不称职或不合格,并取消后备干部资格,2 年内不予提拔重用①。

2. 量化考核,区分档次

(1)县委组织部、县发改委(扶贫办)联合有关部门研究制定《兰考县驻村扶贫工作考核办法》,细化考核内容,量化考核指标,采取组织考核和业务考核相结合的方式,每年对驻村工作队进行全面考核。考核结果分为"优秀"、"合格"、"不合格"三个等次;驻村工作年度考核等次视同在本单位的年度考核等次。对工作表现特别突出且符合条件的,优先提拔重用;对被评定为"不合格"的,是后备干部的,取消后备资格并记入档案。

(2)督导中发现驻村队员一次不在岗的,对其进行诚勉谈话;两次不在岗的,对其进行通报批评,并由派出单位主要负责人向领导小组办公室说明情况;三次不在岗的,撤换工作队员,由派出单位写出书面深刻检查。对违反规定和工作纪律、群众反映意见较大、造成恶劣影响的,取消驻村资格并给予党政纪处分。对借驻村名义脱离本单位管理且又没有驻村工作的,按照有关规定进行严肃处理。

第三节　驻村干部的具体工作

精准派人,既是自上而下选择和管理工作队伍的过程,也是扶贫队伍发挥自身积极性,踏实投身扶贫事业,为扶贫事业添砖加瓦的过程。作者结合兰考县委宣传部提供的先进扶贫干部材料,实地考察部分扶贫干部所驻贫困村,并与扶贫干部座谈或电话访谈,以期更深入了解驻村干部的具体工作情况。

一　调查研究了解实情

驻村干部刚开始也并不了解贫困村的情况,一般需要开展细致的调查

---

① 资料来源:兰考县委宣传部《蔡松涛在县委脱贫攻坚工作会议上的讲话》(根据录音整理),2016 年 1 月 16 日。

研究。比如兰考县委组织部驻红庙镇李庄村扶贫工作队队长冯辉，到李庄村后首先入户走访、调查了解和实地察看以及召开不同层次的座谈会。通过召开村"两委"会议，听取村干部对脱贫工作的想法建议和困难需求。相继召开群众代表、贫困户代表座谈会，与贫困户面对面交流，听取群众意见和建议，详细了解贫困群众对以后发展经济的想法。经过对全村148户贫困户逐户走访，实地了解了他们家庭的基本情况、致贫原因、有何打算，并认真细致地进行了梳理。注重完善措施，建立精准扶贫台账。在精准识别中，了解到贫困户李二建等因缺技术致贫，贫困户李付国、李庆安、李银安等因缺资金致贫，贫困户许报因脑梗病返贫，贫困户李金亮因家里有学生负担重而致贫。了解到具体的致贫原因后，冯辉带领工作队员按照致贫原因进行分类建档，制定具体的精准帮扶措施，确定了联系外出务工32户，开展家庭养殖26户，发展个体经营21户，实行政策兜底8户①。在此基础上，建立扶贫工作台账，明确具体的责任人和完成时限，实行动态管理，不脱贫不销号。

南彰镇宋庄村驻村第一书记、扶贫工作队队长张升奇，驻村伊始，也是通过摸底调查，了解到南彰镇宋庄村由宋庄、鲁寺、胡桥三个自然村组成，共10个村民小组、705户2750人、18名党员、2648亩耕地等基本情况，通过更深一步的了解和调查，明确了宋庄村农业以传统种植为主，加工业以板材加工和门业制造为主。2015年10月根据审计署反馈意见，清退贫困户2户9人。2016年4月通过精准再识别，新增贫困户10户19人，清退不合格贫困户37户89人，最终确定建档立卡贫困户184户525人②。

二 对症下药落实精准帮扶

宋庄村贫困户杜想家里只有2口人，老人年纪偏大，种地等体力活开始力不从心。驻村第一书记、扶贫工作队队长张升奇和他共同寻找摆脱贫困的办法。张升奇了解到邻村有人养鹅效益不错，鹅肉绒蛋等收益都很

① 资料来源：兰考县委宣传部《扶贫攻坚故事集锦书》，《党的温暖送到群众的心坎上——兰考县委组织部驻红庙镇李庄村扶贫工作队的扶贫故事》，2016年12月。
② 资料来源：兰考县委宣传部《扶贫攻坚故事集锦书》，《用我真情换你脱贫——南彰镇宋庄村驻村第一书记张升奇》，2016年12月。

高。张升奇便带杜想去实地考察，通过现场考察和学习，杜想又开始了创业。为解决资金方面的困境，张升奇为其争取补贴 2500 元，协调贷款 3 万元，先养 200 只，随后又扩大养鹅 300 只，每只 1 年净赚 70 元，年可增收 3 万元以上。宋庄村贫困户胡登云，为了医治母亲的疾病，欠了很多债。张升奇在入户走访中给他分析形势，引导他早日振作起来，摆脱贫困。基于胡登云有一定的养殖经验和经营头脑，张升奇就多次带他参观培训，为其争取养殖补贴 5000 元，协调贷款 16 万元，帮助囤积 120 亩地的秸秆，发展肉牛养殖 18 头。养殖肉牛，使胡登云年增收 6 万元以上[①]。

许河乡东埔怀村驻村第一书记、扶贫工作队队长张命月，本着解放东埔怀村劳动力的原则，紧紧抓住土地流转这个"牛鼻子"，招来企业，按每亩 1000 元的价格流转全村 1486 亩土地。引导村民转移就业。2015 年 2 月，张命月在所驻的东埔怀村，挨门逐户做村民的工作，动员 161 户 290 名劳动力（其中含贫困户 37 户 45 人）到省内外务工，联系安排 40 户贫困户到本村企业做工。土地流转、出外务工和在当地零星就业，给村民提供了多样化的选择，一定程度上实现了农民生产方式和生活方式的转变，为加快该村脱贫夯实了基础。同时鼓励引导贫困户参加农技种植管理培训。根据培训成效，确定有意愿搞特色农业种植的贫困户与企业对接[②]。

三 强化基层党组织建设

孟寨村位于仪封乡政府东南 2 公里处，全村共 260 户 988 人，主要经济收入来源为传统农业耕作和果树种植，村民闲暇时以外出务工为主要经济收入方式。兰考县纪委驻仪封乡孟寨村工作队队长谢凤等人驻村后，确立了"加强党建促发展"这一总的工作目标。通过入户走访、个别座谈、集体商议等形式，多次和乡管区领导、村"两委"班子成员、部分党员、群众代表、致富能手等交流，认真分析存在的问题，积极研究发展思路，

---

① 资料来源：兰考县委宣传部《扶贫攻坚故事集锦书》，《党的温暖送到群众的心坎上——兰考县委组织部驻红庙镇李庄村扶贫工作队的扶贫故事》，2016 年 12 月。

② 资料来源：兰考县委宣传部《扶贫攻坚故事集锦书》，《真切独白》，2016 年 12 月。

强力推进基层党建有序开展①。驻村工作队注重发挥党员干部的作用，注重发挥村里党员老干部的模范带头作用，让他们积极宣传党的扶贫政策，宣讲自力更生、艰苦奋斗的优良传统，教育引领广大群众正确认识驻村扶贫工作，增强"致富靠自己，脱贫不是梦"的坚定信念，逐步消除了扶贫对象的"等、靠、要"思想，为驻村扶贫工作顺利开展创造了有利条件。

刘岗村位于兰考县城东 22 公里处，是一个具有果品种植传统的专业村，苹果种植已经有 50 多年的历史。近年来，苹果品种老化成为村民致富的瓶颈。兰考县农林局驻仪封乡刘岗村的驻村工作队队长吴泽允、兰考县委组织部驻刘岗村的工作队员张百进等人到村后，以"科技兴农，产业富农"为发展思路，开始引进发展桃树新品种，对现有苹果品种进行更新和改良。工作队以党建促发展，着力抓好基层党建工作，建立了村党群服务中心，配备了必要的设备，完善了相关制度，形成了一个坚强的领导集体。

刘岗村"两委"班子成员年富力强，有闯劲和干劲，村支部书记魏建升 40 多岁，早年经常外出销售苹果，在果树种植管理、果品销售等方面具有丰富的经验。其他村干部个个都是种植能手，每个人种植的果树都在 20 亩以上，每年的收益都在 10 万以上。工作队员们和村"两委"班子齐心协力，在村"两委"的带动下，刘岗群众种植果树的热情进一步高涨。短短两年时间内，原来以苹果种植为主，现在已经发展成为以桃树种植为主导。2015 年全村果品平均亩产量 2600 公斤，总产量 650 万公斤，每公斤按 1.2 元计算，实现收入 780 万元。刘岗村建档立卡贫困户 100 户 351 人，2014 年、2015 年两年脱贫 65 户 246 人，2019 年底，刘岗村建档立卡贫困户实现了全部脱贫②。

四　脚踏实地为民服务

（一）移风易俗，俭办红白喜事

驻村过程中宋庄村第一书记、扶贫工作队队长张升奇还了解到当地娶

---

① 资料来源：兰考县委宣传部《扶贫攻坚故事集锦书》，《扶上马送一程产业扶贫阔步行——兰考县纪委驻仪封乡孟寨村工作队的扶贫故事》，2016 年 12 月。

② 资料来源：兰考县委宣传部《扶贫攻坚故事集锦书》，《改良果品产业兴——兰考县农林局驻仪封乡刘岗村工作队的扶贫故事》，2016 年 12 月。

媳妇彩礼高，办丧事也是攀比成风。老百姓苦不堪言。为此，张升奇和驻村工作队员们开展了教育村民俭办红白喜事的工作，坚持围绕"省"字做文章，引导群众制定俭办标准，签订承诺书，大大降低和减少烟酒菜的标准和数量，压缩待客范围，取消舞台响器。采取事前宣讲、现场督查、事后公告、全程监督等"解围"方式，挽回办事户的面子，从节支的角度促进脱贫，避免返贫。张升奇还组织人向宋庄村捐赠了俭办器具。通过教育和制定统一的标准，老百姓不再担心因为攀比而丢面子，两年中办理的 36 起红白喜事，平均每起节支 1 万元以上，俭办红白喜事的倡议受到群众的普遍赞誉①。

（二）建设美丽乡村

2016 年 11 月，东埔怀村美丽乡村建设工作开始启动，工作队走访群众倾听民声，多次协调召开由村干部、党员代表及村民代表参加的座谈会，及时调整制定美丽乡村建设实施方案，最终形成了高标准规划。拆辽过程中面对是不是扒围墙的矛盾，张命月逐户向他们讲解并展望以后的幸福生活，做好沟通疏导工作，直至群众全部同意。对部分无劳动能力的农户，乡班子成员、村干部、驻村工作队亲自动手，清理庭院。用了不到一年时间，东埔怀村东西街巷扩宽至 18 米、南北扩宽至 12 米，道路硬化 1 万平方米，清理垃圾 6000 立方米、残垣断壁 100 处，栽植花木 5 万余株，铺设污水管网 2000 余米。环境的改善，给村民出行、生产生活带来了极大方便，村内无积水、无杂物、无乱堆乱放现象②。2017 年 2 月 27 日，经国务院专项评估检查并经省政府批准，兰考县正式退出贫困县序列。埔怀村被县委县政府评为脱贫攻坚红旗村和美丽乡村红旗村，张命月个人也被评为优秀驻村工作标兵，提拔为副科级干部。

兰考扶贫过程中还有很多像冯辉、张升奇、张命月这样的扶贫干部和普通党员，他们用实际行动践行初心使命，他们将自己的所学、所懂倾注到扶贫工作中，让扶贫资源"活"起来，帮助贫困户找到脱贫最优解。

---

① 资料来源：兰考县委宣传部《扶贫攻坚故事集锦书》，《用我真情换你脱贫——南彰镇宋庄村任驻村第一书记张升奇》，2016 年 12 月。

② 资料来源：兰考县委宣传部《扶贫攻坚故事集锦书》，《真切独白》，2016 年 12 月。

第四节　兰考县精准派人的经验总结

"贫困治理结构的本质是如何协调包括政府组织、市场组织、社会组织和贫困人口在内的多元主体之间的关系。"[1] 在扶贫过程"人"发挥了至关重要的作用。兰考县牢牢把握"扶贫队伍"这一承接贫困户与扶贫措施的中间环节，优化选人体制、精化工作内容、严格队伍管理，基本做到"选对了人"、"人才最优利用"、"人尽其力"，真正将人的优势在精准扶贫过程中充分发挥出来。兰考县在精准派人方面的诸多经验值得总结思考，从而为其他地区发展和本县未来的发展提供更多借鉴。

第一，注重一线实绩，规范用人机制。

全心全意为人民服务是党的根本宗旨，"检验我们一切工作的成效，最终都要看人民是否真正得到了实惠，人民生活是否真正得到了改善，人民权益是否真正得到了保障"[2]。"人"用得对不对，用得好不好，最终也要看有没有真正服务人民，有没有为人民群众办实事。因此，扶贫工作队必须注重一线实绩，坚决抵制形式主义、官僚主义等，将扶贫实效作为考核扶贫工作队队员的最重要标准。

榜样的力量是无穷的。决胜脱贫攻坚，必须激发党组织和党员干部舍我其谁的担当意识。兰考县委健全完善创先争优机制，选树不同层面的先进典型，让身边人引导、用平常事教育，有效激发和调动了广大党员干部干事创业、奋勇争先的积极性和主动性。兰考县先后评选出两批70名"驻村扶贫工作标兵"，有效激发了党员干部投身脱贫攻坚的热情干劲；县委提拔重用脱贫攻坚一线干部132名，占提拔重用干部总数的60%以上，树立了"重基层、重一线、重实绩"的鲜明用人导向。

第二，激励基层争优，实施奖励机制。

一是树立典型，示范带动。采取多种形式深入挖掘、努力培树、大力宣传一批"三联三全"活动中的先进典型，充分发挥典型个人的示范、引

---

[1] 郑志龙等：《基于马克思主义的中国贫困治理制度分析》，人民出版社，2015。
[2] 《十八大以来重要文献选编（上）》，中央文献出版社，2014，第698页。

导作用，带动和引导党员干部学习、赶超，以高度的责任感、强烈的事业心完成联系帮扶工作任务。

二是加强督导，严格奖惩。县委县政府督查局采取定期检查、随机抽查和走村入户暗访等方式进行督导检查，确保"三联三全"活动取得实实在在的效果。对工作突出、帮扶成效突出的给予表彰，并作为评先评优、选拔任用的重要依据；对工作不力、联系帮扶不紧密、工作效果不明显的进行通报问责。

三是表彰先进，营造氛围。通过学习借鉴焦裕禄的做法，在脱贫攻坚工作中围绕脱贫攻坚、基层党建、产业发展以及美丽村庄四项重点工作，每半年在全县范围内开展一次"红旗村"评选表彰活动。至 2017 年，兰考县累计评选出 149 个"红旗村"，占全县行政村总数的 1/3。通过评比"红旗村"，在兰考全县村级组织中营造了比学赶超的浓厚氛围。

第三，提升能力素质，制定培训机制。

利用焦裕禄干部学院和党校、"兰考讲堂"、"红色 e 家"、焦裕禄精神体验基地四大阵地，并选派部分党员干部到东部发达地区、省直机关挂职锻炼，大规模高强度开展能力培训，目的就是消除干部的"本领恐慌"。

首先，"统一思想，提高认识"是做好驻村工作的根本。要充分认识驻村工作的重大意义，自觉把思想和行动统一到党中央国务院、省委省政府和县委县政府的决策部署上来，切实增强自身的政治责任感和历史使命感。

其次，"转换角色，融入基层"是做好驻村工作的前提。既然是驻村干部，就要找准位置，不摆架子，俯下身子，扎实工作，认真做宣传员、调研员与服务员，要真正融入村干部中，真正融入群众中，真正融入基层中。

再次，"明确职责，主动工作"是做好驻村工作的途径。驻村工作队员要明确自己驻村的工作职责，带着责任去工作，带着感情去工作，坚持在学中干、在干中学，用心谋事，主动作为。

另外，"深入调研，掌握实情"是做好驻村工作的关键。如果不调研，就不可能了解和掌握到事情的真实情况。作为驻村工作队，是去办实事的，必须开展调查研究，调查研究必须深入，才能掌握真实的情况，才能对症下药，有的放矢。

最后，"真抓实干，强基惠民"是驻村工作的目标。工作中要坚持深入到群众中去，把群众当亲人，倾听群众的心声，了解社情民意，摸清问题，提出对策，做到"想群众之所想、忧群众之所忧"，同时，在充分调研的基础上，帮助群众理清发展思路，解决群众的实际问题，以求真务实、真抓实干的工作作风，有序推进活动的开展，真正体现强基础惠民生。

第四，强化督促检查，落实督查机制。

兰考县在扶贫工作中高度重视对扶贫工作人员的监督检查，不仅完善上下级监督、专门的监督、部门的监督，还不断丰富群众监督的途径，真正使权力在监督下运行。

充分发挥县委县政府督查局"利剑"作用，对脱贫攻坚开展全方位常态化专项督查①，推动驻村干部以高标准、严要求投身工作。同时，通过严格的公示和宣传制度，确保人民群众的知情权，调动人民群众监督扶贫工作人员的积极性。定时定期通过走访调查、问卷评分等形式让人民群众充分参与到对扶贫人员工作的监督中来。同时，设立专门的信访举报信箱，鼓励群众对扶贫过程中的一切违法违纪、不作为的行为进行监督举报。

极少数干部有畏难情绪。有农户反映，有的扶贫干部消极对待相关要求，工作流于形式。有的片面地认为虽然扶贫搞了几十年，有些贫困村都没有变化，如期实现脱贫攻坚目标难度大，扶贫开发缺钱、缺项目、缺资金、缺人才，总是认为限制性条件多，把困难和压力过度放大，信心不足。这就需要通过严格的监督机制，确保扶贫工作队伍的纯洁性，提高工作队员工作的积极性和责任担当意识。

第五，及时总结不足，积极进行改进。

2016 年 1 月，时任兰考县委书记蔡松涛在县委脱贫攻坚工作会议上的讲话中提到，精准扶贫不是搞捐助、送温暖，精准扶贫重在"扶"。要求

---

① 资料来源：兰考县委宣传部《脱贫攻坚的兰考实践》，2019 年 3 月 19 日蔡松涛在中央党校讲稿。

县直单位全力支持扶贫工作队的工作，做好后勤保障，真正让工作队员"脱岗"，一门心思地做好扶贫工作，确保工作队员无后顾之忧。同时，县直各单位"一把手"要多入村入户，每个月至少到帮扶村走访调研一次，对所帮扶村的情况要了如指掌，充分发挥自身的行业优势，该出钱的出钱，该提供项目的提供项目，既要做好分工协作又要做好一对一帮扶，确保帮扶工作取得实实在在的成效。

要看到扶贫工作中的形式主义问题。具体扶贫实践过程中，因为没有"因村派人精准"或力度不够，六个精准中其他五个精准效力打了折扣，造成了扶贫工作中还较为普遍地存在形式主义问题：

表演式扶贫。口号震天响，各种宣传单色彩艳丽，喇叭村村响，宣传横幅旧了就换，各级扶贫人员往来如潮走马观花，村干部疲于接待应付，实际上老百姓最厌烦的是"纸上谈兵"者来"画大饼"。

走读式扶贫。喜欢发钱发物，认为扶贫就是到贫困人家送钱送物，也按照精准到户搞救济做慈善，无论是上级还是地方政府督查考核，结果有成绩；还让贫困户拿钱拿物说好话，时间长了，一分钱兑换一句"好话"，造成的危害是农村出现"等、靠、要"思想和养懒汉。

挂名式+填表型扶贫。中部某县旅游局新派了驻村第一书记，县里要检查扶贫档卡，为完成任务，第一书记向本单位求援。县旅游局只留一个值班人员，全单位下村突击填表格，一切业务暂停。有人诉苦，单位按政府统一包片要求下乡扶贫，到后才知道扶贫的首要任务是填写自己也搞不懂的表①。在扶贫实践中，表格化地了解贫困户情况，仅适应于扶贫前期摸底阶段，要真正推动脱贫，绝不能局限于表格上的一系列数据。何况现在是"互联网+"时代，用大数据时时抓取更准确。

滥竽充数型扶贫。不能说扶贫人员有选择性，而是政府决策者没有"勇于挑最重的担子，敢于啃最硬的骨头，善于接最烫的山芋"，思想作风不实、工作作风漂浮，坐在办公室，以行政命令强硬划分各单位、各部门及所属人员定点帮扶村和人，全然不考虑各单位或个人的能力，指点江山

---

① 资料来源：《干部状态新观察·关注驻村干部：扶贫攻坚不能搞花拳绣腿》，《人民日报》2017年12月8日。

全员上，管他真脱贫假脱贫。人员到位，材料齐全，措施也有，成效也可能有，主观上不存在"不作为"，到期能不能完成任务，存在侥幸心理。可现实是，党中央有"火眼金睛"，特别是群众的眼睛是雪亮的。

也要看到，高强度工作下的巨大压力引发的心理健康问题。作为脱贫攻坚的主力军，奋战在脱贫攻坚一线的干部不仅要熟练掌握各部门扶贫政策，而且要直面群众深入群众，带领广大贫困户脱贫致富，面对当前问责力度增大、工作难度增加的情况，脱贫攻坚一线干部必须有健康的心理素质和强大的抗压能力，才能顺利落实脱贫攻坚各项任务。然而，在实际工作中，由于工作强度大和工作环境差等问题，部分一线干部在心理上出现了一些问题，这些问题不仅影响了干部的生活，一定程度上也影响了脱贫攻坚工作，必须引起重视。

作者2017年在对兰考县扶贫干部心理健康调查中发现，77%的受访者认为加强基层扶贫领导干部心理素质建设很重要，77%的受访者认为领导干部压力大甚至出现心理问题的主要原因是工作压力，认为主要原因是生活压力和社会环境压力的分别占到43%和19%，有8%的受访者归因于体制机制因素。针对当时的扶贫工作，认为扶贫工作压力很大和较大的占受访者的72%，78%的受访者预计以后的工作压力会大幅增加或有所增加，52%的受访者认为发展机会一般，更有20%的受访者认为发展机会较差或很差。在领导干部出现心理问题的体制机制归因上缺乏组织关爱、缺少心理健康教育机制、缺少心理疏通渠道、考核评价体系不合理都是比例较高的选项。当遇到心理压力或心理困扰时，67%的受访者选择自我调节，找心理医生疏导的只占5%。对心理健康和心理调适方面知识了解和基本了解的合计只占24%，15%的受访者表示对此一无所知。

针对调研发现的心理健康等问题，建议地方党组织从以下几方面关心关爱脱贫攻坚一线干部：

一是加强部门联动，减少工作负担。各级各部门在扶贫政策上要加强联动，共享扶贫信息，尽量减少一线不必要的数据统计和报告；在各级开展对扶贫工作的检查验收时，禁止层层加码，减少不必要的程序和表格填写，实际开展成效验收；一线干部要学会创新工作方式方法，提高工作效率。

二是保障干部基本需求。基层工作条件、环境相对较差，要切实保障解决脱贫攻坚一线基层干部最基本的生活需求，让他们出行有安全、吃住有着落、病累可休息；要脱贫攻坚一线干部获得和其他干部相应对等的精神、物质慰藉；合情合理合规有效地奖励一线干部，激励他们积极向前完成脱贫攻坚的任务；合理安排脱贫攻坚一线干部的工作时间，减少不必要的加班，保障一线干部和家人孩子的相处时间。

三是加强教育培训，提升脱贫攻坚一线干部工作能力和抗压能力。加强业务能力培训，提高干部工作水平，合理安排工作，提升干部干事信心；加强心理健康培训，通过开展心理健康讲堂和心理健康谈心谈话活动，和一线干部交流生活和工作心得体会，进一步拓宽其倾诉心声和心理求助的渠道，提升他们的心理抗压能力。

四是建立容错机制，提升干事信心。要进一步健全一线干部干事容错机制，鼓励他们勇于创新，积极进取，减少不必要的问责，提升他们干事的信心。

五是开展文化体育活动，释放负面情绪。在一线干部工作的地方适当添加一些文化体育活动设施如羽毛球、篮球等，同时定期开展篮球比赛等体育活动，激励一线干部锻炼身体，释放负面情绪，让他们充满阳光心态。

六是开展心理咨询服务，重视干部心理问题。可以邀请心理专家定期为一线干部开展心理咨询服务，倾听他们在生活和工作中的心理诉求和压力，及时疏导他们的心理问题，同时积极引导一线干部保持积极向上的阳光心态。

2017年3月宣布退出贫困县序列后，兰考努力做到"摘帽"不懈怠，发展无穷尽。兰考县因村派人的工作没有停止，继续强化驻村工作队和基层党组织建设。从兰考县组织部了解到，兰考县最近三年一直在选派干部驻村，并且驻村力量得到了进一步加强，由原来的115个贫困村有驻村工作队，加强为全县所有的454个行政村都派驻了工作队。而且这一批驻村工作队不是一般的联系帮扶，而是平等互助、互促双赢关系，主要工作有以下内容：一是推动稳定脱贫奔小康步伐全面加快，着力培育发展壮大特色产业，加强基础设施建设，扎实开展结对帮扶，持续落实保障政策；二是推动基层党组织建设全面过硬，设置结构优化的基层党组织，组建互促双赢的共建对子，建立共同开放的组织生活制度，建设功能齐全的党群服务阵地。

仅 2018 年，兰考县就新建党群服务中心 58 座，新评出第六批"四面红旗"村 40 个，全县红旗达到 177 面。"七个一批"有序推进，全县 116 个村开展"三捐"活动①。2018 年继续实施人事制度改革，选调选派自筹自支、差额差供人员 5 批 2139 人充实到一线和乡镇岗位②。

习近平总书记 2020 年 9 月 16 日在湖南省郴州市农村考察时提出，"在接续推进乡村振兴中，要继续选派驻村第一书记，加强基层党组织建设，提高基层党组织的政治素质和战斗力"。"脱贫摘帽不是终点，而是新生活、新奋斗的起点。"脱贫后，要开启全面建设社会主义现代化国家新征程，农村要接续推进乡村振兴，实现"产业兴旺、生态宜居、乡风文明、治理有效、生活富裕"的目标，仍然需要第一书记这样的优秀人才。

---

① 资料来源：《政府工作报告——2019 年 5 月 22 日在兰考县第十五届人民代表大会第四次会议上》，李明俊。
② 资料来源：《政府工作报告——2019 年 5 月 22 日在兰考县第十五届人民代表大会第四次会议上》，李明俊。

第七章　兰考县精准脱贫

　　党的十八届五中全会强调，农村贫困人口脱贫是全面建成小康社会最艰巨的任务，要坚决打赢脱贫攻坚战。2015年12月，中央召开扶贫开发工作会议，对"十三五"时期的脱贫攻坚工作作出全面部署，吹响了脱贫攻坚战的冲锋号。"精准扶贫是为了精准脱贫。要设定时间表，实现有序退出，既要防止拖延病，又要防止急躁症。要留出缓冲期，在一定时间内实行摘帽不摘政策。要实行严格评估，按照摘帽标准验收。要实行逐户销号，做到脱贫到人，脱没脱贫要同群众一起算账，要群众认账。"①

　　为实现贫困户有序退出，河南省制定了《河南省贫困退出实施办法》。目的是解决"如何退"的问题。贫困退出标准是核心内容，可以记为"474"②。要把握好贫困退出程序，可以简单记为"437"③。兰考县建立和完善"一二三"精准脱贫验证机制④，暗访结合组织部考核评价机制，采

---

① 《习近平在中央扶贫开发工作会议上强调　脱贫攻坚战冲锋号已经吹响　全党全国咬定目标苦干实干》，《人民日报》2015年11月29日。

② "474"即贫困户退出4项指标，包括人均纯收入、义务教育、基本医疗、住房安全等；贫困村退出7项指标，包括贫困发生率、交通、饮水安全、电力保障、文化建设、卫生医疗、通宽带等；贫困县退出4项指标，包括贫困发生率、贫困村脱贫率、农民人均可支配收入增幅、基本公共服务等。

③ "437"即贫困户退出4步，包括民主评议、核实认可、公告公示、脱贫销号；贫困村退出3步，包括调查核实、公示公告、批准退出等；贫困县退出7步，包括县级申请、市级初审、省级核查、公告公示、上报审批、接受检查、批准退出等。

④ "一二三"精准脱贫验证机制：坚持"一暗访"。加派暗访组，对有脱贫任务的所有行政村进行暗访抽查，结合组织部考核评价机制，采取随机抽查、询问、验证、座谈等形式，重点检查115个驻村帮扶工作队履职帮扶情况，暗访县直单位行业扶贫工作情况和乡镇（街道）对脱贫攻坚政策措施组织实施情况，确保做到"因村派人精准"，解决好"谁来扶"的问题。完善"二公示"。一方面，要对扶贫对象认定情况在村内再次　（转下页注）

取随机抽查、询问、验证、座谈等形式，确保做到"因村派人精准"，解决好"谁来扶"的问题。公示工作由乡镇（街道）牵头，村级落实。要增加公示频率，在村内显著地点，每季度公示一次，每次公示 7 天以上，并留存公示照片。扶贫不仅要算账，更要让群众认账，切实做到"扶持对象精准"、"脱贫成效精准"，回答"扶持谁"的问题。落实对照工作，从而做到"项目安排精准"、"资金使用精准"、"措施到户精准"，用实实在在的成果诠释"怎么扶"的问题。精准脱贫验证迅速在全县全面推开，逐渐形成兰考经验。

第一节　脱贫标准和退出程序

"贫困群体的完整发展是指人的需要、活动、能力、社会交往关系和个性都能得到充分发展。"[1]在脱贫标准上，兰考县重视贫困人口发展的经济条件、能力发展、交往等多方面考察，保证真正脱贫。通过开展贫困县扶贫开发考核评价，建立贫困线约束、退出机制。引导贫困县党政领导班子和领导干部树立正确的政绩观，促进贫困县转变发展方式，加快贫困群众脱贫致富、贫困地区全面建成小康社会的步伐，确保如期实现扶贫开发战略目标。

一　贫困户、贫困村、贫困县脱贫标准

贫困人口退出以户为单位。贫困户的脱贫标准是由国家统一制定的，

（接上页注④）张榜公示，防止贫困人员遗漏；另一方面，要对扶贫对象的收入情况进行公示。此项工作由乡镇（街道）牵头，村级落实。要增加公示频率，在村内显著地点，每季度公示一次，每次公示 7 天以上，并留存公示照片。扶贫不仅要算账，更要让群众认账，切实做到"扶持对象精准"、"脱贫成效精准"，回答"扶持谁"的问题。落实"三对照"。第一，确保县、乡、村、驻村工作队四级工作台账与扶贫措施相对照；第二，确保行业扶贫、社会扶贫效果与贫困村贫困户脱贫成效相对照；第三，确保暗访情况、公示内容、扶贫工作台账与信息化公开评估结果相对照。

① 袁贵仁、韩庆祥：《论人的全面发展》，广西人民出版社，2003，第 108 页。

即"1+2+3"的贫困户退出标准①，兰考县按照国家标准落实贫困户的脱贫工作。在实际操作中，兰考县除了执行国家标准，还不断回顾贫困户信息动态管理。

在《中国农村扶贫纲要（2011—2020年）》总体目标的指引下，兰考县立足于本地区的具体实际制定了详细的贫困村脱贫的标准。以这一标准作为扶持贫困村发展的基本方向，并严格根据这一标准考核、评估贫困村的脱贫状况，对达到脱贫标准的贫困村及时宣告脱贫。兰考县在省定贫困村退出"1+7+2"标准的基础上，结合实际，自我加压，又增加了脱贫发展规划、帮扶规划等5项内容，形成了"1+7+2+5"退出标准体系。

（一）贫困发生率标准

"1+7+2+5"的贫困村退出标准体系中的"1"即贫困发生率降至2%以下。这是贫困村退出的基础性标准。贫困村只有当贫困人口降至全村人口的2%以下，在同时满足其他退出条件下，才能够按照程序退出。

（二）基础设施建设和基本公共服务指标

"1+7+2+5"的贫困村退出标准体系中的"7"即达以下7项基础设施建设和基本公共服务指标：实现一条通村公路硬化，实现通客运班车；饮水安全；基本满足生产生活用电需求；广播电视户户通；有综合性文化服务中心；有标准化卫生室，有合格乡村医生或执业（助理）医师；实现通宽带。

1. 基础设施建设情况。基础设施是保障人民群众生产生活的重要基

---

① "1+2+3"退出标准："1"即贫困人口退出主要衡量该户年人均纯收入稳定超过国家扶贫标准。具体经济指标标准：中国现行脱贫标准是农民年人均纯收入按2010年不变价计算为2300元，2014年现价脱贫标准为2800元。综合考虑物价水平和其他因素，逐年更新按现价计算的标准。按每年6%的增长率调整预算，2020年全国脱贫标准约为人均纯收入4000元。折算成人均可支配收入为10000元。"2"即不愁吃、不愁穿。"3"即义务教育、基本医疗、住房安全有保障。《扶贫纲要》规定：2020年实现"两不愁、三保障"，即农村贫困人口不愁吃、不愁穿，农村贫困人口义务教育、基本医疗、住房安全有保障。（贫困户"八有"：一是有安全住房；二是有安全饮水；三是有基本农田；四是有增收产业；五是至少一人有技能资质证书；六是有基本社会保障；七是实现家里有余粮；八是实现手头有余钱。）

础。完善的基础设施不仅能够满足人们更加优质的生活需要，而且是本地区发展经济的重要基础保障。因此，必须把基础设施的建设情况作为贫困村脱贫的一个重要的标准去考核。

2. 公共服务水平。公共服务是人民群众在教育、科技、文化、卫生等方面享受国家提供的服务的一项重要权利，是国家保障人民生存和发展的一个重要方式。因此，村集体的公共服务水平发展如何也是贫困村是否达到脱贫标准的重要考核内容。

（三）产业发展和集体经济情况

"1+7+2+5"的贫困村退出标准体系中的"2"即统筹考虑产业发展和集体经济。

只有不断解放和发展生产力，才能完全解决贫困问题。社会主义中国进行的脱贫工作是从根本上、长远解放生产力、发展生产力，为人民群众的生存和发展奠定基础。因此，衡量脱贫不仅要看现有的发展水平，还必须将长远的发展能力作为重要的考核标准。

村集体的自我发展能力主要聚焦在产业发展状况、村民的就业情况以及收入情况，保障贫困村脱贫后的经济发展动力，还应当包括村集体的组织建设情况，从而为村庄的长远发展奠定组织基础保障。具体包括，产业方面，科学考察本地区、本村的主导产业发展符合当地实际和村民的传统习惯，而且要有村民总数的70%以上的村民参与产业生产①。还包括就业、村民收入、组织建设等方面。

（四）长期发展保障措施指标

"1+7+2+5"的贫困村退出标准体系中的"5"，主要包括以下五方面：

第一，贫困村的脱贫规划、产业发展规划、集体经济发展规划齐全；

第二，贫困村退出后有持续的帮扶计划；

第三，相关档案资料齐全，无缺项、漏项，无逻辑关系错误；

第四，兜底户精神面貌明显改善（"春风行动"、"五净一规范"等行

---

① 资料来源：兰考县扶贫开发领导小组《兰考贫困村退出工作规范》，2016年10月31日。

动落实到户）；

第五，各项政策得到落实。

贫困县的退出按照贫困县退出"1+3+2"标准进行。"1"即：全县贫困发生率降至2%以下。"3"即：90%以上的贫困村退出贫困序列；农民人均可支配收入增长幅度高于全省平均水平；教育、文化、卫生医疗等基本公共服务主要领域指标达到或接近全省平均水平。"2"即：基础设施方面，全县基础设施建设达到省定标准；发展能力方面，构建产业发展体系，基层组织建设实现"六个一"等。

二　贫困户、贫困村、贫困县退出程序

贫困县的退出不仅有严格的退出标准，而且退出的程序必须符合基本的步骤。这是实现精准脱贫、科学脱贫的基本保障。而贫困县的退出是建立在贫困户和贫困村逐步退出的基础之上的。

为了让扶贫政策更加精准、有效、有力，确保脱贫成效更加客观、真实、公正，2016年10月25日，兰考县聘请了中国科学院地理科学与资源研究所作为第三方，对兰考县贫困退出工作进行初验，通过对全县7个乡镇27个贫困村开展实地调研。综合评估得出：兰考县贫困发生率为0.7%，基础设施保障率为97.8%，政策惠及率为93.85%，发展贡献率为76.99%，兰考县的退出可行度为95.68%，可以稳定退出[1]。

2016年12月16日，在贫困村退出的基础上，兰考县开展贫困县退出自查工作。县直部门对照贫困县退出标准，开展本部门自查工作，并形成本部门自查报告，交由扶贫办汇总整理成兰考县贫困退出自查报告。2016年12月25日，兰考县向河南省扶贫开发领导小组提出兰考县脱贫退出申请。12月28日，河南省扶贫开发领导小组对兰考县贫困退出进行了省级核查，并将退出情况向社会公示。2017年1月9日至21日，国务院扶贫办委托中国科学院地理科学与资源研究所对兰考县各项代表性指标和抽查对象进行更为详细而全面的第三方评估，进一步确保兰考县脱贫真实可靠。

---

[1]　数据来源：中国科学院地理科学与资源研究所《兰考县脱贫退出第三方评估报告》，2016年12月20日。

（一）贫困户的退出程序

1. 贫困户的退出要按照"两公示一公告"的标准进行

首先，召开乡镇（街道）、村委、驻村工作队专项培训会，传达贫困户退出工作规范、标准及要求，按照要求，入户采集贫困户信息，提出贫困户退出名单；

其次，村"两委"和驻村工作队对提出的名单进行民主评议，确定该村贫困户退出名单，进行第一次公示，无异议后报乡镇人民政府；

再次，乡镇人民政府对各村上报名单进行审核，并在各村进行第二次公示，无异议后，报县扶贫办，由县扶贫办进行公告；

最后，录入系统；开展贫困户信息维护工作，在建档立卡系统中标识脱贫。

2. 调研中得知，兰考县把贫困户的退出工作分成两个阶段

第一阶段是 2016 年 10 月 29 日至 11 月 6 日，主要工作内容是组织培训。召开乡镇（街道）、村委、驻村工作队专项培训会，传达贫困户退出工作规范、标准及要求。做好贫困户信息采集的培训工作，详细解释贫困户退出中的各项指标；信息采集。乡镇（街道）组织村委班子成员、驻村工作队、包村干部、帮扶责任人等，按照《贫困户信息采集表》要求，入户采集贫困户信息；提出贫困户退出名单。公布采集信息，村民小组组织民主评议，提出贫困户退出名单，上报村"两委"。

第二阶段是 2016 年 11 月 6 日至 11 月 30 日，工作是"两公示一公告"，最后录入系统。

（二）贫困村的退出程序

对于满足"1+7+2+5"退出标准的贫困村的退出程序，首先由所属乡镇提出书面申请；县调查核实组对预退出贫困村进行入村调查、摸底核实；对于符合退出标准的贫困村，在乡镇政府所在地和所在村内显著位置进行公示；公示无异议后，由县扶贫开发领导小组进行审核公告退出（退出步骤如图 7-1）。

图 7-1　贫困村退出步骤

2016 年 12 月 3 日，兰考县召开脱贫攻坚推进大会，要求各乡镇（街道）、各行业部门一项一项排查，坚持"缺什么补什么"①，确保 12 月 12 日前完全达标。同时县扶贫开发领导小组抽调 28 个单位 64 名业务骨干，组成 8 个调查核实组对全县 115 个贫困村退出进行核查；县委县政府督查局组成 3 个督查巡查组对退出贫困村中的贫困户进行抽查，全面排查脱贫措施落实情况和工作成效；县纪委监委组成 3 个专项调研组对退出后的贫困村进行抽样调研，确保贫困村退出工作经得起检验。12 月 23 日，对贫困村退出进行了公告。

（三）贫困县的退出程序

符合"1+3+2"退出标准的贫困县，由县扶贫开发领导小组向省扶贫开发领导小组提出贫困县退出申请，接受省扶贫开发领导小组专项评估核查（步骤如图 7-2）。

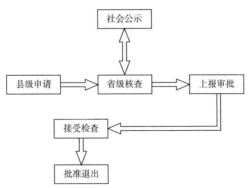

图 7-2　贫困县退出步骤

---

① 资料来源：兰考县扶贫办《严格标准程序认真解决"如何退"的问题》，2016 年 12 月。

另外，贫困县的退出必须满足全县贫困发生率降至 2% 以下以及 90% 以上的贫困村退出贫困序列这一基本条件。

第二节　兰考县脱贫考核过程

在贫困户退出的过程中，有的从扶贫政策中尝到了甜头，不想退；有的摆贫装困，把"肉埋在碗底吃"，不愿退；有的认为签字以后，享受的优惠政策就会被取消，害怕退。针对这些问题，兰考县制定了《兰考县贫困退出工作方案》，明确退出标准，严格退出程序，实现贫困户、贫困村、贫困县的有序退出。

一　兰考县各部门自查确保退出机制科学合理

贫困县按照贫困县退出"1+3+2"标准进行退出工作。"1+3+2"标准除了贫困发生率和贫困村退出的比例，主要囊括了全县的基础设施情况、公共服务水平和经济发展能力等方面。而且，在贫困村的退出标准里面这些方面也是重要的指标。因此研究贫困县的退出，一个很重要的内容就是要研究具体负责基础设施情况、公共服务水平和经济发展能力的相关部门在脱贫工作中的考核和脱贫推进工作。贫困县退出的第一步是县内进行自查，县内自查的重要环节是各主要负责部门的自查[①]。

2016 年 12 月 16 日，在贫困村退出的基础上，兰考县开展贫困县退出自查工作。县直部门对照贫困县退出标准，开展本部门自查工作，并形成本部门自查报告，交由扶贫办汇总整理成兰考县贫困退出自查报告。现以交通运输局为例考察部门自查工作。

1. 运输水平提高

到 2016 年底，全县建成"广覆盖，深通达，提品质"的交通运输网络，实现"外通内联、通村畅乡、客车到村、安全便捷"，所有行政村通硬化路、通客车、通邮政，交通运输服务水平显著提高[②]。

---

① 资料来源：兰考县扶贫办《严格标准程序认真解决"如何退"的问题》，2016 年 12 月。

② 资料来源：兰考县交通运输局《兰考交通运输行业扶贫脱贫退出自查报告》，2016 年 12 月。

通村公路实现硬化的标准。行政村与外部连接的一条出口道路实现硬化，路线通至行政村村委（或学校），或穿越行政村村委所在的居民集聚区域，或通至行政村村委所在的（或某个人口较多的）居民集聚区域边缘并与其内部的一条道路连接。路面类型为水泥路面或沥青路面、其他硬化路面。路面宽度原则上不低于 3.5 米，对于工程艰巨、地质复杂、对环境影响大、交通量小、占用耕地较多或通至人口较少行政村的路线，路面宽度应不低于 3.0 米。

具备条件行政村通客运班车标准。依据经济发展水平和客流情况，可采用开行隔日班、周班、节日或赶集班、学生班、电话预约班、网络预约车、按需灵活发班等固定或者非固定的模式。

2. 完成情况

扎实实施了农村公路"三年行动计划"乡村通畅工程，三年来，投入农村公路建设资金 4365 亿元，修建农村公路 742.7 公里，改造（建）农村公路危桥 847 米，全县所有行政村通硬化路，路面宽度不低于 3.5 米，通畅率达 100%，且 115 个贫困村村内主干道实现硬化①。

对区域内现有城乡客运 22 条班线进行调整，新增 4 条线路达到 26 条，延伸线路班线 5 条，新增 1 条城市公交线路达到 10 条②。按照城乡道路客运一体化发展要求，对每条农村客运线路均实行道路客运服务"五统一"，即统一调度、统一班次，统一站点，统一票价、统一服务标准，为城乡居民提供良好乘车条件和环境。同时为了方便特别偏僻的村庄群众乘车，在村内开通班车预约热线，实现全部行政村通班车、通邮政的目标。

与此同时，加快推进"四横六纵"产业廊道建设，打造全县半小时交通经济圈，助推稳定脱贫。

3. 主要做法

一是县委、县政府高度重视。县委、县政府切实把交通放在扶贫攻坚工作优先发展的位置，几次召开县委常委会议和政府常务会议，专题研究

---

① 数据来源：兰考县交通运输局《兰考县交通运输行业扶贫脱贫退出自查报告》，2016 年 12 月。

② 数据来源：兰考县交通运输局《兰考县交通运输行业扶贫脱贫退出自查报告》，2016 年 12 月。

事关全县扶贫攻坚的交通问题，提出"甩掉兰考'穷帽子'交通必须要先行，争当全省县域发展'排头兵'交通必须要先行，打造兰考'示范点'交通必须要先行"的"三个先行"总要求，理出"高起点规划交通、高标准建设公路"总思路①，出台了《兰考县人民政府关于实施农村公路三年行动计划乡村通畅工程加快农村公路发展的意见》《兰考县交通运输行业扶贫规划（2014~2016年）》，明确交通运输扶贫目标任务、保障措施。将交通扶贫列为精准扶贫、精准脱贫的重点事项，纳入政府目标管理，建立工作台账，县督查局跟踪督查，涉及影响形象进度的，专项督办解决，为交通运输发展提供了有力的支持和保障。

二是突出发展重点，加快交通基础设施建设。围绕脱贫攻坚总体部署，精心谋划，组织实施了交通脱贫率先行动，集中力量修好"四条路"：集中力量建设"脱贫小康路"。整合扶贫、交通等相关涉农资金和县本级财力，集中投向115个贫困村及所在乡镇，新建改建农村公路743公里，实现所有乡镇通二级以上公路，所有行政村连通柏油（水泥）路，自然村通达率达80%。突出重点建设"康庄大道"。完成了9.59公里G106过县城段改线工程、12.235公里G310线县城段改线工程、12.2公里G240线县城段改线工程和5.23公里县城西北环新建工程，拉大了城区等县乡道升级改造工程②，沿路形成家具制造、木制品加工和禾丰肉鸭等农村致富产业。着力推动"对外开放路"。完成了国道220兰考西关至王兰高速兰考西出口段改建工程、连霍高速兰考站出口拓宽综合改造工程，综合交通运输公路网络进一步完善，辐射带动作用明显显现。

三是强化监督管理，发挥交通扶贫项目的最大收益。对每个规划项目实施前都进行再次研究论证，看是否是当前急需建设的项目，确定后组织人员对项目开展前期工作，前期工作不落后。把"项目跟着规划走、资金跟着项目走、服务跟着资金走"作为交通扶贫项目实施的重点，确保了扶贫项目资金发挥其最大效益。在工程质量管理方面，严格落实基本建设程序，按照四级质量管理体系和"三个关键阶段"进行管理和监督。工程基

---

① 即：围绕"四横六纵"产业廊道，"十三五"规划项目集中三年实施，县道路面宽度不低于11米、乡道不低于7.5米、村道不低于4.5米的建设标准。

② 数据来源：兰考县交通运输局《兰考县交通运输扶贫脱贫工作总结》，2016年12月。

层完工后，开展质量验收，合格的予以拨付 30% 工程款。对于完工的项目，由交通、发改、财政、审计及业主、监理等部门开展联合验收，验收合格后方可拨付除质保金外的工程款项。在严格监管当年建设项目的同时，积极开展对上年度农村公路建设项目质量回头看活动，对出现问题的坚决整改，整改不到位的扣除质量保证金，并将建设单位列为重点监控对象，有效堵塞了质量管理漏洞。

四是转变发展理念，开展路城环境综合整治。首先，扎实做好日常养护管理。仅农村公路日常养护投资 1300 多万元，处理网裂、热油洒铺 27306 平方米，标线 78 公里，补栽百米桩 890 根、公里标牌 74 个、警示桩 640 根，修补泄水槽 1035 个，保障了公路安全畅通①。其次，开展路域环境综合整治。利用"冬闲"季节，在全县大力开展了以国省道、县乡道为重点的路域环境集中综合整治，共拆除沿路违规占地、违法建筑近 200 万平方米，涉及 1656 户②。在拆除违章建筑后的过乡镇政府所在地路段两侧修建排水设施、硬化铺设走道，村镇外路段开展路、林、沟（渠）综合整治。即国、省、县道两侧各划定 40 米控制区，路肩宽度 5 米（路肩上交错栽植两行绿化树），路肩外 5 米边沟，边沟外沿 1 米外为 4.5 米宽的水泥路，水泥路外为 24.5 米的绿化带；乡道两侧各 20 米，5 米路肩、5 米边沟、10 米绿化带；主要村道路肩宽度 5 米并栽植两行绿化树③。2016 年入冬以来，仅县乡道整修路肩 126 公里，培土 223 万立方米，栽种行道树 10 万株。同时，购买 2 辆洒水车④，对县道洒水防尘、保洁。道路宽了、环境好了，群众通行方便了，赢得了群众对交通运输工作的支持和称赞。

五是提升服务水平，推进城乡道路客运一体化。坚持统筹联动、整体推进，把道路运输扶贫放在综合交通运输体系的大框架中，积极推进城乡

---

① 数据来源：兰考县交通运输局《兰考县交通运输脱贫及持续扶贫专项方案》，2016 年 7 月。

② 数据来源：兰考县交通运输局《兰考县交通运输扶贫脱贫工作总结》，2016 年 12 月。

③ 数据来源：兰考县交通运输局《兰考县交通运输扶贫脱贫工作总结》，2016 年 12 月。

④ 数据来源：兰考县交通运输局《兰考县交通运输行业扶贫脱贫退出自查报告》，2016 年 12 月。

道路客运一体化。投资 3000 多万元的郑徐高铁兰考客运枢纽站已开工建设①；投资 500 多万元改建新建港湾式候车厅 3 个、非港湾候车厅 115 个、简易站 40 个；对现有的 22 条城乡班线和 8 条城市公交线路进行优化整合和线路延伸；更新老旧车辆 90 辆，新增城市公交线路 2 条、调整线路 6 条，城乡公交与城市公交进一步互补融合，行政村通车率达 100%② （达到贫困县退出考核交通运输指标标准），有效改善了偏远贫困村群众基本出行条件。同时，组织引导更新油气、油电混合动力或纯电动力公交，大力推进绿色交通建设；积极探索邮政快递物流与交通运输物流的深度融合；积极引资筹建兰考物流园区，以大物流带动发展。

二　第三方评估保障退出真实公正

兰考县脱贫过程中主要包括两次全县的第三方评估。第一次是兰考县为确保脱贫成效更加客观、真实、公正，于 2016 年 10 月 25 日主动聘请中国科学院地理科学与资源研究所作为第三方，对兰考县贫困退出工作进行初验。通过对全县 7 个乡镇 27 个贫困村开展实地调研，综合评估得出：兰考县贫困发生率为 0.7%，基础设施保障率为 97.8%，政策惠及率为 93.85%，发展贡献率为 76.99%，退出可行度为 95.68%③，可以稳定退出。

第二次是，兰考县向河南省扶贫开发领导小组申请对兰考县贫困退出进行了省级核查，并将退出情况向社会公示。国务院扶贫办委托中国科学院地理科学与资源研究所对兰考县贫困退出进行第三方评估。这次第三方评估主要由四部分组成：一是省际互查，二是对 2016 年的脱贫户进行普查，三是对 2014 年、2015 年的脱贫户进行抽查，四是抽选 5 个自然村的脱贫户、未脱贫户和非贫困户进行普查。此次评估共入村 348 个，调查

---

① 数据来源：兰考县交通运输局《兰考县交通运输脱贫及持续扶贫专项方案》，2016 年 7 月。

② 数据来源：兰考县交通运输局《兰考县交通运输行业扶贫脱贫退出自查报告》，2016 年 12 月。

③ 数据来源：中国科学院地理科学与资源研究所《兰考县脱贫退出第三方评估报告》，2016 年 12 月 20 日。

3704 户。评估指标主要是"三率一度"，即贫困发生率（低于 2%）、漏评率（低于 1%）、错退率（低于 2%）、群众认可度（高于 90%）。

（一）第三方评估机构的评估对象

中国科学院地理科学与资源研究所作为评估主持单位，联合河南大学，共组织 45 名专家学者参与评估调研。2016 年 10 月下旬评估组完成了兰考县脱贫退出第三方评估指标体系、抽样调查方案、入户调查问卷、调研工作手册、评估工作方案等相关材料的编制，开展了评估调查人员业务培训，并开展了实地调研工作。

评估调查组共完成兰考县 7 个乡镇、27 个贫困村、27 份村干部、1219 户脱贫户的调查与核查，完成脱贫户有效调查问卷 1219 份、27 份村干部问卷，抽样比为 6.58%，建立了兰考县脱贫退出第三方评估调查数据库①，对农户调查数据进行了全面分析与评估，完成了《兰考县脱贫退出第三方评估报告》。

评估对象是河南省兰考县，具体内容包括兰考县的扶贫开发工作、经济发展状况、贫困村基础设施建设、贫困人口退出等情况，评估确定以建档立卡脱贫户、贫困村和贫困县为调查对象，通过实地调查建档立卡脱贫户的贫困误退率，贫困村设施保障率，贫困县政策惠及率和发展贡献率，综合衡定贫困县能否达到退出标准。

调查对象是 2014~2016 年兰考县建档立卡系统中的脱贫户，他们构成评估调查的总体样本。本次评估从总体样本中按照空间分层抽样方法随机抽取实地调研村庄，在控制 95% 置信区间、3% 可接受抽样误差的条件下，确定最小样本量、随机抽取调查脱贫户，通过对调查对象详细的问卷调查获取第一手数据，进而测算贫困人口退出的误退率，贫困村设施保障率，贫困县政策惠及率和发展贡献率等四个指标，作为评估贫困县退出摘帽的主要依据。

---

① 数据来源：中国科学院地理科学与资源研究所《兰考县脱贫退出第三方评估报告》，2016 年 12 月 20 日。

（二）第三方评估的结论总结

1. 兰考县脱贫退出可行度较高，贫困发生率较低，但也存在贫困人口退出不精准的现象

测算结果表明，兰考县贫困发生率为 0.70%，抽样脱贫户误退率为 0.73%，均达到了脱贫标准；贫困县退出可行度综合得分为 95.68%，其中贫困村设施保障率为 97.8%，贫困县政策惠及率为 93.85%、经济发展贡献率为 76.99%，90% 的贫困村贫困发生率小于 2%[1]，达到了稳定退出的条件。兰考县村域尺度设施保障率、县域尺度扶贫政策惠及率和经济发展贡献率较高，一定程度上确保了其脱贫摘帽的稳定性和可持续性。尽管如此，脱贫户抽样调查中仍识别出误退现象，说明贫困人口退出的精准度有待提高。

2. 因帮扶而脱贫的农户比例较高，帮扶措施多样化，输血式和造血式扶贫措施相结合，为贫困户脱贫解困提供了原动力

抽样调查结果显示，劳动技能培训、发展特色产业、医疗救助、子女助学补贴、最低生活保障是贫困户得到帮扶而脱贫的主要措施，其中 60.87% 的受访脱贫户参与过劳动技能培训，31.17% 的脱贫户得到过发展特色产业扶持，超过 20% 的脱贫户得到过医疗救助和子女助学补贴，超过 10% 的脱贫户得到了最低生活保障帮扶[2]。表明兰考县帮扶措施多样化，造血式和输血式帮扶相结合助力贫困人口脱贫解困。

3. 多数农户已实现了吃穿不愁，教育、医疗、住房安全得以保障，收入来源较稳定，给兰考县稳定脱贫奠定了良好的基础

受访脱贫户中，58.82% 的农户家庭成员健康，几乎所有受访户都反映不愁吃不愁穿，99.56% 的受访农户参与了新型农村合作医疗，98.28% 的农户表示其家庭经济条件能够供养子女完成九年义务教育，98.03% 的受访农户住房安全有保障。可见，受访户基本达到了不愁吃不愁穿，教育、医

---

[1]　数据来源：中国科学院地理科学与资源研究所《兰考县脱贫退出第三方评估报告》，2016 年 12 月 20 日。

[2]　数据来源：中国科学院地理科学与资源研究所《兰考县脱贫退出第三方评估报告》，2016 年 12 月 20 日。

疗和住房安全基本可以得到保障。同时,兰考县针对脱贫户、未脱贫户制定并实施了具体的帮扶政策,确保了贫困人口退出的持续性和稳定性。

国务院扶贫开发领导小组反馈结果显示,兰考县抽样错退率 0.72%,漏评率 0.75%,群众认可度 98.96%,综合测算贫困发生率 1.27%,符合贫困县退出标准。

据作者后期与兰考县扶贫办工作人员交流了解,评估中也发现了兰考县精准脱贫过程中存在的一些问题,一是贫困人口识别和退出认定欠精准,部分脱贫户建档立卡之初并不贫困,存在少数贫困户误退现象;二是部分脱贫户的收入位于贫困标准边缘,存在一定的返贫风险;三是部分扶贫产业项目的可持续欠佳,龙头企业数量少,支柱产业规模小,带动脱贫作用不明显;四是非贫困村仍有部分贫困人口,贫困老年化特征突出,将成为兰考县全面脱贫和全面小康建设的主要制约因素。

针对评估中发现的上述问题,兰考县积极揭示成因机制、坚持以评促改,消除贫困地区体制机制障碍,为科学转变扶贫工作方式,增强内生动力与发展活力开辟有效途径。

三 国务院扶贫开发领导小组综合考核批准

国务院扶贫开发领导小组考核审阅了兰考县提交的 2016 年脱贫攻坚工作情况报告;组织实施了年度工作实地核查和第三方评估,随机抽样调查 10 个村,40 户建档立卡贫困户和 86 户脱贫户;组织开展了 2016 年度财政专项扶贫资金绩效评价。统筹考虑扶贫部门建档立卡、统计部门贫困监测数据,纪检机关、审计部门和社会监督发现的违纪违规问题,省脱贫攻坚工作督查巡查等情况,对兰考县 2016 年脱贫工作成效进行了综合评价。2016 年,兰考县脱贫工作成效考核结果:综合评价为较好。

综合实地核查、第三方评估和资金绩效考评情况,国务院扶贫开发领导小组总体认定,兰考县脱贫成效明显。一是人均收入增速高于全省平均水平。2016 年,兰考县农村居民人均可支配收入为 9942.8 元,同比增长 9.6%,脱贫群众每户人均收入均达到 3026 元以上,群众收入水平得到稳步提升。二是教育"四率"均达到或超过省定标准。2016 年底,兰考县学前教育毛入园率为 85.8%,小学净入学率为 100%,初中净入学率为

99.98%，高中阶段毛入学率为 86.1%。三是医疗保障水平全面提升。全县新农合参合率均稳定在 99% 以上，门诊统筹已实现全覆盖。实现了县乡两级医疗机构资源共享和信息互通。提高报销比例，缓解了看病难。四是社会保障能力不断加强。实现了城乡居民基本养老保险全覆盖[①]；完善了农村低保制度，落实了应保尽保，实现了农村低保保障线标准和扶贫标准的统一；全县危房改造实现了全覆盖。五是农村交通达标。所有行政村之间实现了通硬化路，通畅率达 100%，115 个贫困村实现了村内主干道硬化；行政村客车通达率为 100%[②]。六是饮水安全达标。完成 115 个贫困村安全饮水工程建设，达到"农村饮用水符合安全卫生评价指标体系要求"标准[③]。七是基本满足生产生活用电需求。用电入户率达到 100%，并全面落实低保户、五保户每月 10 千瓦小时电量减免政策。八是实现广播电视户户通和通宽带。全县 664 个自然村与学校实现了 50 兆及以上宽带接入，行政村通宽带比例为 100%，广播电视实现了户户通[④]。九是有综合性文化服务中心。115 个贫困村均建成了 300 平方米以上的文化广场，并按照"七个一"标准安装了相关设施设备。十是有标准化卫生室。每个村卫生室建筑面积均在 60 平方米以上，每个卫生室至少有 1 名拥有《乡村医生执业证书》或《执业（助理）医师资格证》的村医。十一是有产业带动。统筹考虑产业发展和集体经济，打造"一村一品"示范村，实现全县每个贫困村至少有 1 个扶贫创业园或示范园。全年扶持集体经济发展投入近 5000 万元，为每个贫困村提供 20 万~30 万元的集体经济发展资金，免费安装光伏200 平方米。

兰考县 2016 年脱贫工作成效综合评价考核结果为较好。2017 年 2 月 27 日，经国务院扶贫开发领导小组评估并经河南省政府批准，兰考县正式退出贫困县序列。

---

① 数据来源：兰考县人力资源和社会保障局《兰考县人力资源和社会保障局关于我县贫困退出指标完成情况工作的自评自查报告》，2016 年 12 月。

② 数据来源：兰考县交通运输局《兰考县交通运输行业扶贫脱贫退出自查报告》，2016 年 12 月。

③ 数据来源：兰考县水利局《退出贫困自查报告》，2016 年 12 月。

④ 数据来源：兰考县广播电视总台《兰考县广播电视总台贫困退出工作自评自查报告》，2016 年 12 月 18 日。

第三节　兰考县精准脱贫的经验启示

2017 年 1 月国务院扶贫开发领导小组反馈第三方评估结果显示，兰考县抽样错退率 0.72%，漏评率 0.75%，群众认可度 98.96%，综合测算贫困发生率 1.27%，符合贫困县退出标准。兰考县脱贫工作中明确标准，规范程序，在退出过程中坚持就宽不就严，就高不就低，能不退的就不退，能不脱的就不脱，让这类人群留在未脱贫序列中。在脱贫工作中始终坚持心中装着群众，追求群众的满意，争取群众的理解和信任。

第一，脱贫标准明确，程序规范。

兰考县严格按照国家制定的有关贫困户、贫困村、贫困县退出标准，并且根据兰考县自身情况将标准细化、具体化，保障脱贫方向和目标明确、精准。

贫困县的退出不仅有严格的退出标准，而且退出的程序必须符合基本的步骤。这是实现精准脱贫、科学脱贫的基本保障。而贫困县的退出是建立在贫困户和贫困村逐步退出的基础之上的。

兰考县在党中央和河南省关于贫困户、贫困村、贫困县退出程序基本要求的基础上制定了详细的退出步骤、公示要求等。严格防止脱贫随意化、主观化和弄虚作假。特别是在贫困县的退出中纳入了两次第三方评估，确保退出真实有效。

为了让扶贫政策更加精准、有效、有力，确保脱贫成效更加客观、真实、公正，2016 年 10 月 25 日，兰考县聘请了中国科学院地理科学与资源研究所作为第三方，对兰考县贫困退出工作进行初验，对全县 7 个乡镇 27 个贫困村开展实地调研。

2016 年 12 月 16 日，在贫困村退出的基础上，兰考县开展贫困县退出自查工作。县直部门对照贫困县退出标准，开展本部门自查工作，并形成本部门自查报告，交由扶贫办汇总整理成兰考县贫困退出自查报告。2016 年 12 月 25 日，兰考县向河南省扶贫开发领导小组提出兰考县脱贫退出申请。12 月 28 日，河南省扶贫开发领导小组对兰考县贫困退出进行了省级核查，并将退出情况向社会公示。2017 年 1 月 9 日至 21 日，国务院扶贫办委托中国科学院地理科学与资源研究所对兰考县贫困退出进行第三方评估，进一步确保兰考县脱贫真实可靠。

第二，脱贫充分体现以人为本思想。

兰考县在精准扶贫方面坚决落实以人为本的思想，充分重视人民生活水平的切实改善。在全国推行扶贫政策与建立农村最低生活保障制度，并使二者有效衔接是解决农村贫困人口温饱问题的重要举措，也是建立覆盖城乡的社会保障体系的重要内容。做好这一工作，对于促进农村经济社会发展，逐步缩小城乡差距，维护社会公平具有重要意义。

从扶贫开发政策与农村最低生活保障制度有效衔接调查问卷中发现：70%的人比较了解本地区的农村低保政策和落实的扶贫政策；80%的贫困户接受过技术指导，享受过帮助其发展农副业生产的政策，并且70%的人也比较认同政府现有的积极扶贫的相关政策和农村低保政策（见图7-3）。

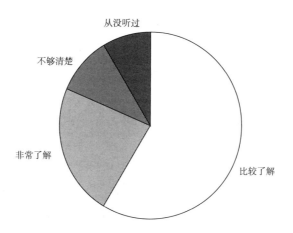

图 7-3　本地区农村低保政策了解情况

通过对四个乡镇136户调研发现，大部分的村民参与了国家相关的扶贫项目，为了提高生存能力，80%的村民接受过农业生产或外出打工的技能培训，80%的村民知道从2019起中国扶贫标准是人均年收入3700元，也清楚这个标准能够保障农村基本生活。政府在确定低保或贫困对象时也公开征求过群众意见，保证当地扶贫政策的公平性。60%的村民认为政府的扶贫和农村低保政策给农村困难群体带来了很大帮助并且不会存在摆脱贫困后又返贫的现象。70%的村民认为政府现有的积极扶贫政策和农村低保政策比较实在，可以改变当前的贫困现状，并且通过政府的政策支持、资金支持、技能培训和所创造的就业机会等可以实现脱贫。

随着中国农村扶贫战略的推行，农村的扶贫开发政策与农村的最低生活保障制度充分衔接，具有维护农民应当享有的生存权利的作用，同时也在实现社会稳定，构建农村生活保障防线，完善市场经济中发挥着不可替代的作用。

第三，脱贫后持续跟踪，同步整改。

为巩固脱贫成果，真正保障人民生活水平的持续稳定提高，帮助贫困地区、贫困群众摆脱贫困面貌，兰考县在脱贫摘帽后，建立了系统科学的脱贫跟踪制度，并有效进行监管、监督，在监督、跟踪过程中发现问题及时整改，保证脱贫成果持续有效。

一方面，加强监督监管，对脱贫中脱贫后产业项目、资金使用、脱贫扶贫的相关程序进行严格的监督。特别是对资金使用和项目的持续发展情况进行重点监督，检查各部门执行整合项目总体规划和实施计划情况、项目建设完成情况、项目资金使用管理情况等。对试点工作中出现的新情况和新问题，及时督促相关负责主体整改。严肃工作纪律，在资金使用、脱贫扶贫程序方面，对不按规定程序履行报批手续，擅自确定项目或擅自调整变更项目实施计划的单位，给予通报批评，并依法依规追究单位领导和相关人员的责任。

另一方面，坚持长效跟踪、同步整改。兰考县坚持边排查边整改，对问题一村一村查找，对档卡一户一户校准，对帮扶一项一项抓实，对资金一笔一笔审核，政策一条一条落地，责任一级一级到人。通过集中整改，实现贫困户识别零差错、贫困户退出零差错、扶贫资金使用零差错，精准度明显提高，认同度明显提高，满意度明显提高，为稳定脱贫奔小康奠定坚实基础。结合国家第三方评估、扶贫资金绩效考评、审计署反馈河南省的违规违纪问题以及中央监督调研指出的问题中兰考县存在的问题，各乡镇（街道）、县直有关单位、相关行业扶贫部门对号入座，逐项整改。

兰考县制定整改方案，建立整改明细台账①，召开全县稳定脱贫整改提升动员大会，全面安排整改工作，确保整改工作有序推进。实行边查边改，全面排查脱贫攻坚工作中存在的贫困识别退出不精准、帮扶工作不扎实、扶贫资金使用管理不规范等共性问题和个性问题，研究制定可行的整改措施，切实抓好整改落实。针对个性问题整改情况进行重点核查，针对共性问题整改情况进行全面核查。要求负责稳定脱贫任务的县直单位，对照精准扶贫、精准帮扶、精准脱贫的要求，认真排查本系统在落实中央和省委、省政府以及兰考县委、县政府脱贫攻坚决策部署中存在的问题，坚持一事双责，条块结合，逐一列出清单，分析问题根源，制定整改方案，实行对账销号，全面抓好整改。

第四，脱贫中存在的问题和不足。

一方面，脱贫的前期统计基础存在偏差。由于前期下达的贫困人口指标较多，建档立卡贫困户中往往既有真正的贫困户，也有条件相对较好的农户。以至近年脱贫的部分农户原本就不贫困，脱贫是"回头看"、"挤水分"的结果。脱贫户问卷数据分析表明，51.78%的脱贫户人均纯收入高于10000元，16.8%的脱贫户人均纯收入高于20000元，5%的脱贫户人均纯收入高于30000元，2.8%的脱贫户人均纯收入高于40000元，1.7%的脱贫户人均收入高于50000元。根据河南省委农村工作办公室报道，通过精准识别"回头看"，清退3798户11864人，新增3460户7723人，信息纠错6539户21076人②。一方面体现了兰考县精准扶贫工作的动态管理，另一方面也反映了前期脱贫人口识别的精准性不足。同时，结合实地调研看，部分脱贫户住房大多建于2014年以前，房屋系砖混结构、设施条件较好，可见原本并不贫困。

另一方面，精准脱贫政策亟待进一步精准。尽管兰考县脱贫退出的可行度为95.68%，但存在贫困人口误退现象，且误退以收入未达到脱贫标准为主。这可能是由于当前中国缺乏城乡居民家庭收入资产核对评估信息

---

① 资料来源：中共兰考县委办公室兰考县人民政府办公室《兰考县稳定脱贫整改提升实施方案》，2017年5月4日。

② 数据来源：中国科学院地理科学与资源研究所《兰考县脱贫退出第三方评估报告》，2016年12月20日。

平台，低收入居民家庭经济状况核对机制不健全，单靠入户调查难以获取贫困户家庭的真实经济状况，客观上影响到贫困人口退出的精准度。因此，贫困人口退出的精准性有待进一步提高。

此外，脱贫退出把关不够严格。一是存在贫困户当年进入、当年退出现象。第三方评估数据显示，在核查的76户中，当年进入、当年退出的有22户，占总调查户的28.95%。二是从地理区位而言，脱贫户在第三方抽样调查识别出的9户误退户中，经济条件和区位条件较好的近郊区、交通便利区各占4户，而相对较为偏远的地区有1户，意味着区位条件较好或经济发展水平较高的地区应强化贫困人口退出工作，提高贫困人口退出的精准性。

2017年宣布脱贫后，兰考县完善专项扶贫、行业扶贫、社会扶贫，扎实开展驻村帮扶，努力探索金融扶贫、产业带贫新模式，积极贡献脱贫攻坚"兰考智慧"，全国构树扶贫工程现场会、全国羊业发展大会、全国扶贫办主任座谈会、大别山片区区域发展与脱贫攻坚推进会、改革开放与中国扶贫国际论坛、全省产业扶贫现场会等先后在兰考县成功召开[1]。2019年，突出产业、就业带贫致富，全年转移贫困劳动力28311人，产业带动36112人。开展"志智双扶"，激发贫困户内生动力。成功探索出"12345"工作模式[2]。兰考县2020年建立稳定脱贫"151"工作模式[3]，实现贫困家庭产业全覆盖和就业动态清零。开展消费扶贫，支持扶贫产业发展壮大。建立光彩慈善公益基金，深入开展扶贫扶志。创建星级文明户1.2万户。建立解决相对贫困的长效机制，推动脱贫攻坚与乡村振兴有效衔接[4]。

[1] 资料来源：《政府工作报告——2019年5月22日在兰考县第十五届人民代表大会第四次会议上》，李明俊。
[2] 资料来源：《政府工作报告——2020年5月26日在兰考县第十五届人民代表大会第五次会议上》，李明俊。
[3] "151"工作模式，即"1个系统"抓好贫困监测，"5项工作"巩固脱贫成效——夯实基础、政策落实、产业发展、就业帮扶、扶贫扶志，"1支队伍"全面督查验收。
[4] 资料来源：《政府工作报告——2020年5月26日在兰考县第十五届人民代表大会第五次会议上》，李明俊。

　　凡是过往，皆为序章。2020 年及今后一个时期兰考县将工作要求定为确保决胜脱贫攻坚、全面建成小康社会，高标准编制"十四五"规划，争当县域治理"三起来"① 示范县、乡村振兴示范县，把总书记的联系点建成县域践行习近平新时代中国特色社会主义思想的示范点②。

---

　① 习近平总书记 2014 年在兰考视察时，作出了把强县和富民统一起来、把改革和发展结合起来、把城镇和乡村贯通起来的县域治理"三起来"重要指示。
　② 资料来源：《政府工作报告——2020 年 5 月 26 日在兰考县第十五届人民代表大会第五次会议上》，李明俊。

第八章 精准扶贫的意义和启示

兰考县是焦裕禄精神的发源地，2014年，第二批党的群众路线教育实践活动中，习近平将兰考作为联系点，一年之中，两次到兰考指导工作。兰考县委、县政府郑重许下了"三年脱贫、七年小康"的承诺。作为焦裕禄精神发源地，新中国历史上很少有一个县像兰考这样，得到全国乃至全世界的关注。2017年3月27日，河南省召开新闻发布会正式宣布：经国务院扶贫开发领导小组评估并经河南省政府批准，兰考县成为河南省贫困退出机制建立后首个脱贫的贫困县。兰考精准扶贫、精准脱贫过程是中国精准扶贫事业的缩影。

党的十八大以来，以习近平同志为核心的党中央高度重视扶贫开发工作，将其摆在治国理政的突出位置，并作为全面建成小康社会的底线任务纳入"五位一体"总体布局和"四个全面"战略布局，全面实施精准扶贫精准脱贫方略。习近平亲自谋划、亲自推动、亲自督战，首提精准扶贫、系统阐述精准扶贫精准脱贫思想及基本方略，就脱贫攻坚各个方面指明方向、作出部署、提出要求，成为打赢脱贫攻坚战的科学指南和根本遵循。

在党中央的高度重视下，全党全国全社会广泛动员，五级书记抓扶贫，改革创新完善脱贫攻坚体系，有力有序推进建档立卡、驻村帮扶、扶贫资金管理、考核评估等重点工作，深入推进各项扶贫政策措施精准落实，脱贫攻坚取得决定性进展，为中国特色社会主义进入新时代做出了积极贡献。

第一节 精准扶贫的重要意义

实践是理论之源。马克思主义认为，每一历史时期的观念和思想可以极其简单地由这一时期的生活的经济条件以及由这些条件决定的社会关系和政治关系来说明。精准扶贫政策能够有效解决我国新时期贫困问题，与习近平理想信念铸自贫困农村有关，与他始终作为人民一员的创造性思考有关。从实践层面看，源于习近平在长期对贫困演变规律、扶贫开发经验教训的深刻思考的基础上，对我国脱贫攻坚的地位、目标、思路、路径、政策、机制、主体、保障体系等重点难点问题做出了重大判断，进行了系统深入阐述，形成了逻辑严密、内涵丰富的思想体系。

第一，精准扶贫是中国共产党执政的性质和宗旨以及全面建成小康社会的根本要求。

全心全意为人民服务是我们党的宗旨，党团结带领人民矢志不渝地加快社会主义建设和改革，就是要让人民群众过上好日子。习近平"消除贫困、改善民生、逐步实现共同富裕，是社会主义的本质要求，是我们党的重要使命"[1] 的重要论述把扶贫开发、消除贫困提高到了新的高度。扶贫开发工作，体现着社会主义的根本价值追求和奋斗理想。2020 年全面建成小康社会、实现第一个百年奋斗目标，兑现我们党对人民的庄严承诺，最艰巨的任务和最关键的环节是脱贫攻坚。

习近平特别强调群众路线是党的根本路线，这是由我们党的全心全意为人民服务的宗旨所决定的。全心全意为人民服务，密切联系群众，是我们党区别于其他任何政党的一个显著标志。对各类困难群众，我们要格外关注、格外关爱、格外关心，时刻把他们的安危冷暖放在心上，关心他们的疾苦，千方百计为他们排忧解难。郑板桥有首诗写道："衙斋卧听萧萧竹，疑是民间疾苦声。些小吾曹州县吏，一枝一叶总关情。"我们共产党人对人民群众的疾苦更要有这样的情怀，要有仁爱之心、关爱之心，更多关注困难群众，不断提高全体人民生活水平。[2]

习近平强调，扶贫开发贵在精准，重在精准，成败之举在于精准。必须实施精准扶贫、精准脱贫，因人因地施策，提高扶贫实效。实施精准扶

---

① 《习近平论扶贫工作——十八大以来重要论述摘编》，中国共产党新闻网，2015 年 12 月 1 日，http://theory.people.com.cn/n/2015/1201/c83855-27877446.html。

② 习近平：《在河北省阜平县考察扶贫开发工作时的讲话》（2012 年 12 月 29 日、30 日），《做焦裕禄式的县委书记》，中央文献出版社，2015，第 15~16 页。

贫、精准脱贫，有利于集中各类资源，聚焦扶贫对象，提高扶贫工作的精准度和有效性，确保帮到点上、扶到根上，支持贫困地区根据本地自然资源、生产条件和产业基础情况，充分发挥比较优势，实现资金、技术、生产、加工、销售等集中发力，让贫困群众更好地参与产业发展、更多地受益于产业发展。让贫困地区和贫困群众真正脱贫致富奔小康。精准扶贫理论，是对我们党的共同富裕理论的发展和延伸，开创了新时期扶贫开发工作的新思路新境界。

第二，精准扶贫源于我国扶贫开发的实践以及贫困特征及环境发生了变化。

整个社会主义建设发展史，从本质上说就是消除贫困、改善民生、实现共同富裕的历史。1949 年新中国建立，剥削和压迫现象逐步被消灭，社会主义制度确立，为消除贫困奠定了制度基础。

作为世界上最大的发展中国家，"缩小城乡和区域发展差距依然是我们面临的重大挑战"[①]。特别是贫困人口的结构和分布特征发生显著变化，绝对贫困大幅减少，支出性贫困、插花贫困和深度贫困问题凸显。全面建成小康社会、如期实现第一个百年奋斗目标，贫困问题是最大的短板。这一时期，我国综合实力的稳步提升，国家治理能力和治理体系的现代化水平明显提高，经济总量稳居世界第二，科技及其应用的日新月异发展变化，已经完全具备全面脱贫攻坚的整体实力，人、财、物等方面的积累为开展脱贫攻坚奠定了扎实的物质基础，也创造了物质条件。

贫穷不是社会主义。如果贫困地区长期贫困，面貌长期得不到改变，群众生活长期得不到明显提高，那就没有体现我国社会主义制度的优越性，那也不是社会主义。[②] 习近平总书记延续长期以来共产党人消除和缓解贫困的经验，基于当前中国发展的历史条件，将贫困问题摆到了治国理政的首要位置，提出精准扶贫，最后消除贫困、改善民生、逐步实现共同富裕，推动扶贫开发工作由粗放式、分散式、单一式向集约化、精准化、整体化转变，由"输血式"向"造血式"转变，提高扶贫开发的成效。

---

① 习近平：《携手消除贫困　促进共同发展——在 2015 减贫与发展高层论坛的主旨演讲》（2015 年 10 月 16 日），人民出版社，2015，第 5 页。

② 习近平：《在党的十八届二中全会第二次全体会议上的讲话》（2013 年 2 月 28 日）。

第三，精准扶贫是我国走向世界舞台的要求。

中国是世界上最大的发展中国家，改革开放以来对于解决贫困问题的探索，为世界减贫事业作出了重大贡献。2020 年脱贫攻坚任务完成后，我国将有 1 亿左右贫困人口实现脱贫，提前 10 年实现联合国 "2030 年可持续发展议程" 的减贫目标，世界上没有哪一个国家能在这么短的时间内帮助这么多人脱贫，这对中国和世界都具有重大意义。

联合国秘书长古特雷斯表示，精准扶贫方略是帮助贫困人口、实现 "2030 年可持续发展议程" 设定的宏伟目标的唯一途径，中国的经验可以为其他发展中国家提供有益借鉴。精准扶贫方略不仅对中国减贫具有很强的针对性，而且对于国际贫困治理理论的创新，对于推动广大发展中国家加快摆脱贫困，都有重要的参考价值。在共建 "一带一路" 国际合作中，许多发展中国家希望分享中国减贫经验[①]。

2020 年脱贫攻坚任务的完成，将继续保持我国扶贫开发的领先地位，充分体现了我国全球最大发展中国家履行大国责任的决心和承诺，为落实联合国可持续发展议程作出示范[②]。党的十八大以来，我们党把贫困人口脱贫作为全面建成小康社会的底线任务和标志性指标，作出一系列重大部署，以前所未有的力度推进，扶贫开发进入脱贫攻坚新阶段，取得了举世瞩目的成就。从减贫速度上看，中国明显快于全球。到 2020 年 8 月，脱贫攻坚目标任务接近完成，贫困人口从 2012 年底的 9899 万人减到 2019 年年底的 551 万人，贫困发生率由 10.2% 降至 0.6%。从减贫数量上看，中国是世界上减贫人口最多的国家。改革开放 40 年间，中国共减少贫困人口 8.5 亿多人，对全球减贫贡献率超 70%，创造了世界减贫史上的 "中国奇迹"。中国在减贫领域所取得的巨大成就直接有力地推动了全球减贫事业的进程，坚定了全世界消除贫困的信心。

第四，基于精准扶贫的必要性，要深刻领悟其内涵。

消除贫困、改善民生、实现共同富裕，是社会主义的本质要求，是我们党的重要使命。贫穷不是社会主义。如果贫困地区长期贫困，面貌长期

---

① 杨其广：《金融扶贫重在 "精准"》，《中国金融家》2019 年第 8 期。
② 黄承伟：《习近平扶贫思想论纲》，《福建论坛》2018 年第 1 期。

得不到改变，群众生活长期得不到明显提高，那就没有体现我国社会主义制度的优越性，那也不是社会主义。① 理解精准扶贫要从政党性质、执政责任、巩固制度的高度深刻认识。

精准扶贫中最艰巨的任务是农村贫困人口脱贫。小康不小康，关键看老乡，关键在贫困的老乡能不能脱贫。农村贫困人口如期脱贫、贫困县全部摘帽、解决区域性整体贫困，是全面建成小康社会的底线任务，是我们党对人民作出的庄严承诺。全面建成小康社会，不仅要从总体上、总量上实现小康，更重要的是让农村和贫困地区尽快赶上来，逐步缩小这些地区同发达地区的差距，让小康惠及全体人民。这是实现全面建成小康社会目标的现实需要，更是社会主义共同富裕目标的基础和前提。

贵在精准，重在精准，成败之举在于精准。要找准"穷根"、明确靶向，量身定做、对症下药，真正扶到点上、扶到根上。要坚持精准扶贫、精准脱贫。要打牢精准扶贫基础，通过建档立卡，摸清贫困人口底数，做实做细，实现动态调整。要提高扶贫措施有效性，核心是因地制宜、因人因户因村施策，突出产业扶贫，提高组织化程度，培育带动贫困人口脱贫的经济实体。扶贫小额信贷、扶贫再贷款等政策要突出精准。以习近平同志为核心的党中央对扶贫开发工作要精准的新要求，是对过去"大水漫灌"等不精准扶贫工作方式方法的根本性改革，目的就是进一步提高脱贫攻坚的精准度有效性。精准扶贫精准脱贫，是打赢脱贫攻坚战的基本方略，是开展扶贫脱贫工作总的工作原则。实施精准扶贫精准脱贫，就是要真正把精准理念落到实处，变"大水漫灌"为"精准滴灌"，切实解决扶持谁、谁来扶、怎么扶、如何退的问题。

精准扶贫贵在立志。只要有志气、有信心，就没有迈不过去的坎。贫困地区发展要靠内生动力，如果凭空救济出一个新村，简单改变村容村貌，内在活力不行，劳动力不能回流，没有经济上的持续来源，这个地方下一步发展还是有问题。干部群众是脱贫攻坚的重要力量，贫困群众既是脱贫攻坚的对象，更是脱贫致富的主体。要注重扶贫同扶志、扶智相结合，把贫困群众积极性和主动性充分调动起来，靠自己的努力改变命运。

---

① 习近平：《在党的十八届二中全会第二次全体会议上的讲话》（2013年2月28日）。

摆脱贫困首要意义并不仅仅是物质上的脱贫，还在于摆脱意识和思路的贫困。扶贫开发最为重要的是，要充分调动群众的积极性和主动性，增强群众战胜困难的信心，激发内生动力，提高自我发展能力，变"输血"为"造血"。人民群众是历史的创造者，贫困地区发展、扶贫开发工作必须尊重贫困群众的主体地位和首创精神，把激发扶贫对象的内生动力摆在突出位置。扶贫与扶志、扶智结合，就是要加强对贫困群众的思想发动，把教育作为扶贫开发的治本之策。把加强贫困村基层组织建设、发展村级集体经济、推进扶贫对象的组织化作为扶贫开发的重要内容。充分发挥第一书记、驻村工作队的作用，把贫困群众的积极性调动起来，把他们自力更生的精神激发出来，不断提高他们共享发展成果的能力。

精准扶贫需要全社会参与。扶贫开发是全党全社会的共同责任，要动员和凝聚全社会力量广泛参与。最广泛地动员社会参与脱贫攻坚，要进一步发挥我们党的政治制度优势、加大社会扶贫工作力度、凝聚更大扶贫合力。发动各种社会力量参与扶贫工作，要大力弘扬中华民族扶贫济困的优良传统，培育和践行社会主义核心价值观，动员社会各方面力量共同向贫困宣战。必须不断动员和凝聚各方面力量，构建大扶贫格局，形成脱贫攻坚的强大合力。

精准扶贫要坚持发挥政治优势和制度优势。始终坚持党对脱贫攻坚的领导，充分发挥社会主义集中力量办大事的制度优势，这是我们最大的政治优势和制度优势，也是改革开放以来扶贫开发取得伟大成就的根本经验，是打赢脱贫攻坚战的根本保障。要充分发挥各级党委总揽全局、协调各方的领导核心作用，严格执行脱贫攻坚一把手负责制，省市县乡村五级书记一起抓。健全中央统筹、省负总责、市县抓落实的工作机制，层层签订脱贫攻坚责任书，逐级压实落实脱贫责任。严格考核，建立年度脱贫攻坚督查巡查制度，开展第三方评估，确保脱贫质量。

第二节　落实精准扶贫的经验启示

精准扶贫是实事求是思想路线、党的群众路线的生动体现。准确把握精准扶贫的精神和价值依托，强调精准扶贫工作中的人民获得感、人民主体性、人民共享，从完善国家治理体系的高度凝聚脱贫攻坚合力，在实现脱贫攻坚目标的同时，按照完善国家治理体系的总体布局，建立健全贫困治理体系。

尽管兰考县处于黄泛区，历史上长期经济社会发展落后，但"三害"治理后，特别是改革开放后，区域贫困的现实原因是产业结构不合理、产业升级中落伍，引起连锁反应，地方财政不足，农民就业渠道不畅等等问题。具体到每户每人，致贫原因各不相同，但普遍存在的是思想保守，存在等靠要的思想，通过落实精准扶贫，率先脱贫，积累的经验值得环境、条件相似度较高的中西部地区学习。落实精准扶贫政策过程中体现的创造性执行等理念也值得西北、西南等深度贫困区借鉴。

一 兰考县在精准扶贫中的经验积累

2017 年 3 月 27 日，经国务院扶贫开发领导小组评估并经河南省人民政府批准，兰考县成为河南省贫困退出机制建立后首个脱贫的贫困县。"为什么守着焦裕禄精神这笔财富，50 多年了经济仍比较落后，10 万人没脱贫？"的"兰考之问"终于成功破解。兰考的脱贫道路并不神奇，它是习近平反复指出的共产党人应该走的路，是中国精准扶贫政策在兰考的落地落实。

1. 督查贯彻始终，确保脱贫实效

2015 年，兰考组建了县委、县政府督查局，负责对扶贫全过程进行督查，尝试了"陪伴式"督查新模式。在精准识别"回头看"的工作中，县督查局、扶贫办边识别、边督查、边反馈、边整改，确保贫困对象精准、扶贫工作有效。另外，兰考县脱贫攻坚领导小组不定期开展明察暗访，重点检查驻村队员考勤、脱贫规划制定、工作台账推进等情况，确保每名驻村干部在农村住得下、干得好、有发展。同时，建立驻村帮扶系统和督查系统相互印证机制，确保工作开展。

2. 建立"一户一档"，实现贫困档案标准化

为了确保扶贫攻坚的精准化和有效性，兰考县以"六个精准"为导向，推动村级档案标准化建设。为每个贫困户建立了标准化的档案，一户一个编号、一户一个档案，档案内有扶贫手册、贫困户信息及帮扶情况等

11 项内容，细化了贫困户各项信息指标，记录了对贫困户的帮扶措施、成效及脱贫过程，实现了"一户一档"。

通过档案系统化、标准化，有效地解决了 2014 年建档立卡时对象识别不准、贫困户信息不全、帮扶措施不精等问题，确保了因户施策、精准脱贫"不落一户，不少一人"。

3. 健全体制机制，强化驻村力量

为使驻村工作扎实有序开展，确保帮扶工作人员真蹲实住、真帮实扶，县里对驻村帮扶工作实施严格管理，注重加强对帮扶人员的业务技能培训，提升帮扶干部开展扶贫工作的能力和素质。

工作队在乡镇（街道）党委的领导下配合村"两委"开展工作，队员是代表，单位是后盾，一把手负总责。从各乡镇（街道）明确多名优秀干部入驻，专职从事基层党建和扶贫工作，按照对驻村工作队员的要求对其进行管理和考核，实现所有行政村驻村帮扶工作全覆盖，确保每个贫困村都有帮扶工作队、每个贫困户都有帮扶责任人，村村有脱贫规划、户户有脱贫措施。

4. 针对"穷根"开"药方"，精准施策助脱贫

脱贫攻坚重在精准施策。只有针对农户致贫的原因开出脱贫的"药方"，才能治愈"穷病"奔向小康。兰考县针对贫困户致贫的不同原因，因地制宜制定了 12 项精准帮扶政策，大大提高了扶贫成效。

对已脱贫户、未脱贫户中的一般贫困户、兜底的贫困户，分别实施保险、产业扶贫、外出务工补助、大学生补贴、危房改造、雨露计划 6 项政策，医疗救助、中小学教育救助、光伏扶贫 3 项新政策，确保其收入稳定不返贫。

5. 探索多种扶贫模式，提升贫困户生活品质

兰考县双管齐下，既探索多种扶贫新方式，增加贫困户的收入，又实施精神文明工程，改变贫困户的精神风貌。通过金融扶贫、产业扶贫这两种主要扶贫方式开展有效工作。

构建县域支柱产业，推进产业扶贫。引进了格林美、晓鸣禽业等上市公司，构建县域支柱产业，创造就业岗位、增大县级财力、带动农户发展经济。探索建立市场化扶贫机制，拟设立市场化运作的扶贫产业投资基

金，重点投向县域扶贫产业，促进县域经济转型升级。

6. 树立正确导向，激发扶贫动力，建立鼓励党员干部献身扶贫工作的激励机制

一是大张旗鼓地表彰和提拔在扶贫攻坚中进行开创性工作的好干部，不但鼓舞了士气，更激发了一线干部的工作动力。二是建立干部绩酬考评机制。将村干部报酬从每人每月 300、400、500 元分别提高到 900、1200、1500 元；对离任村党支部书记生活补贴标准提高 50%。

建立基层组织的表彰机制。学习焦裕禄同志当年树立"四面红旗"的做法，在全县农村党组织中开展以争创"脱贫攻坚红旗村""基层党建红旗村""产业发展红旗村""美丽村庄红旗村"为主要内容的重树"四面红旗"、全面加强基层党组织建设活动，充分调动了基层党组织当先进、立标杆的积极性和主动性。

建立"脱贫光荣"的导向机制。随着政策扶持力度的不断加大，有些贫困户不愿意脱贫、不认账。兰考县尝试采用利用"晚间会"的时间召开宣讲会、编唱"扶贫政策七字歌"等多种形式，破解难题，让脱贫户由原来的"被动认账"慢慢转向"主动算账"。

贫困问题可以归因于人类社会发展的不充分不平衡。贫困在不同历史阶段和不同国家，表现形式不同。兰考县精准扶贫是中国新时代扶贫工作的缩影。习近平把焦裕禄精神概括为"亲民爱民、艰苦奋斗、科学求实、迎难而上、无私奉献"，兰考的脱贫之路，正是对焦裕禄精神的生动践行。通过对兰考县精准识别扶贫对象、精准安排扶贫项目、精准使用扶贫资金、精准选择到户措施、精准因村派人、精准考核脱贫成效等方面系统研究，可以从县域层面清晰理解中国的精准扶贫政策。兰考县在实践中有效保障了精准扶贫工作的如期完成，并在此基础上形成了兰考经验。

第一条，全县工作紧扣民生根本，围绕"六个精准"试验示范。

2014 年 1 月中共中央办公厅、国务院办公厅印发了《关于创新机制扎实推进农村扶贫开发工作的意见》，明确"改进贫困县考核机制"①。河南

---

① 《关于创新机制扎实推进农村扶贫开发工作的意见》，中共兰考县委办公室，2014 年 9 月 12 日。

省制定针对贫困县的改革措施，落实"由主要考核地区生产总值向主要考核扶贫开发工作成效转变"①，"把提高贫困人口生活水平和减少贫困人口数量作为主要指标"②，引导贫困地区党政领导班子和领导干部把工作重点放在扶贫开发上。打破了原来贫困县帽子听起来不好听，戴起来真的很"温暖"，一些地方便千方百计争戴贫困帽的怪现象③，兰考县提出发人深省的"兰考之问"④，全县工作围绕落实精准扶贫展开。

第二条，指挥部前移，决策权下沉到基层。

兰考县在扶贫工作中尝试"班长战术"，扶贫工作从县里包办转变为让听得见炮声的人来呼唤炮火，让切身感到贫穷的人来呼唤扶贫。村一级组织是"班长"，驻村扶贫工作队做"参谋"。村里自主决定扶贫项目与资金使用，有责有权，县里赋能监管。

第三条，确定"四快"原则⑤，探索创新扶贫资金分配运行机制。

将过去由县审批的扶贫资金项目进一步下放，由乡（镇）统筹安排。按照"村决策、乡审批、县监管"程序组织实施，民主科学决策。村决策原则是"先议后动、全程透明、群众监督"，方法是"四议两公开"⑥。乡审批是各村将到户增收扶贫项目上报乡（镇），由乡（镇）扶贫开发领导小组集体研究、把关。乡（镇）对村里上报的到户增收项目审核把关，主要体现在确定扶贫项目是否合适上⑦。县扶贫办等部门对到村、到户扶贫

---

① 《关于创新机制扎实推进农村扶贫开发工作的意见》，中共兰考县委办公室，2014年9月12日。
② 《关于创新机制扎实推进农村扶贫开发工作的意见》，中共兰考县委办公室，2014年9月12日。
③ 在阜平考察扶贫开发工作时，习近平说自己看到材料，2012年某县被确定为国家级贫困县，居然在政府网站上发布"特大喜讯"，祝贺成为国家集中连片特困地区。甚至有的地方，戴着国家级贫困县的帽子进入全国百强县之列。还有一些扶贫款项被各级截留，移作他用。对此习近平直言自己非常"愤怒"。
④ 兰考之问是2014年5月8日，河南兰考县委常委班子召开专题民主生活会时，时任县委书记王新军提出的。内容是守着焦裕禄精神，为什么兰考至今还戴着贫困县的帽子；为什么一些党员干部群众观点丢掉了，群众路线走偏了。
⑤ "四快"即项目快确定、资金快拨付、效益快发挥、群众快受益。
⑥ 四议两公开，即党支部提议、村"两委"会商议、党员大会审议、村民代表大会决议；决议结果公开、实施结果公开。
⑦ 资料来源：河南省扶贫办《走向精准最为深刻的变革——兰考扶贫资金项目管理改革的调查与思考》，《决策参考》2015年6月9日。

资金项目进行监管，重点是扶贫项目的立项和实施是否经过民主决策，扶贫资金是否用于精准识别的贫困村、贫困户，扶贫项目是否产生明显效益。

第四条，传承弘扬焦裕禄精神，强化干部队伍和基层党组织建设。

焦裕禄同志有句名言，"干部不领，水牛掉井"。尽管群众有无穷的创造力，但是没有好的领导，力量有时就不能发挥，像水牛掉到井里，有力无处使。"给钱给物不如给个好支部"，也反映了干部和基层党组织的重要性。兰考县围绕扶贫工作盘活人力资源，择优转岗录用 157 名自筹事业编制人员，充实到扶贫一线。先后表彰 70 名"驻村工作标兵"，提拔使用驻村工作队员和一线扶贫干部 95 人（次），充实到乡镇班子[1]。重树"四面红旗"、全面加强基层组织建设[2]，评选表彰两批 69 个"红旗村"[3]，对"红旗村"给荣誉、给待遇，充分调动了基层党组织当先进、立标杆的积极性和主动性。

第五条，探索实施金融扶贫模式，创新融资方式。

兰考县探索建立政府主导、金融支持、企业发展、风险保障金融扶贫模式，2014 年到 2017 年县财政先后拿出 3000 万元风险补偿金，为贫困户发放贷款 3.23 亿元，培育壮大小微企业和新型农业经营主体 1093 家，带动 6000 户贫困家庭增收脱贫[4]。同时创新融资方式，吸引社会资本，提高融资能力，成功组建了农商银行，建立资产运营中心，成立融资平台，包装了一批乡村道路建设项目。获批为国家普惠金融改革试验区，持续为"三农"、实体经济、县域发展提供有力金融支持。

第六条，创新社会扶贫，最大限度整合扶贫资源。

针对"供"、"需"帮扶不对称问题，兰考县整合各类社会救济、救助资源，在 16 个乡镇（街道）设立 30 家"爱心美德公益超市"，探索形成"爱心美德公益超市"搭平台，"巧媳妇"工程、人居环境扶贫、助学扶贫

---

[1] 资料来源：兰考县扶贫办《深入推进改革创新 助推精准扶贫稳固开展》，2017 年 12 月。

[2] 资料来源：中共兰考县委《中共兰考县委关于重树"四面红旗"全面加强基层组织建设的意见》，2016 年 6 月 28 日。

[3] 资料来源：兰考县扶贫办《深入推进改革创新 助推精准扶贫稳固开展》，2017 年 12 月。

[4] 资料来源：兰考县扶贫办《深入推进改革创新 助推精准扶贫稳固开展》，2017 年 12 月。

为支撑的社会扶贫 "1+3" 模式，并通过积分换物，引导贫困户参与产业发展、人居环境整治等活动，激发贫困群众内生动力。

第七条，加大统筹，合理配置资源。

扶贫工作中，兰考县除了在人员方面做到全县一盘棋，从各局抽调精锐充实扶贫一线，还创新服务企业机制，成立企业服务中心，实行 "局长+1" 管理模式，全程代理入驻企业手续办理。深化行政审批制度改革，在相关部门设置行政审批科，精简审批流程，提升行政审批服务效能，成立 26 个重点项目服务组，在扶贫工作中全程跟踪服务。

第八条，突出宣传动员，全县营造扶贫氛围。

兰考县为营造扶贫氛围，在各乡镇（街道）利用宣传牌及村内广播等方式宣传扶贫政策，在行政村（社区）显著位置制作墙体标语。作者 2014 年到兰考，印象最深的就是铺天盖地的扶贫标语，2017 年兰考宣布脱贫后再去兰考，见到最多的标语仍然是宣传扶贫的，只是内容换成了 "脱贫不脱政策"。兰考县还要求驻村工作队（包村干部）通过 "一对一"、"面对面" 等形式，对所有建档立卡的贫困户进行入户宣传扶贫政策和脱贫标准，通过宣讲教育达到户户知晓贫困标准、扶贫政策措施、脱贫标准，户户会算脱贫账、了解退出程序。

第九条，发挥统战优势，争取最广泛的支持。

吸引在外兰考人反哺家乡，是兰考县的一个传统，特别是在招商引资等方面效果尤为突出。脱贫攻坚阶段，兰考县统战系统通过老乡会等组织积极感召在外地的兰考人为家乡脱贫做贡献。2020 年 7 月进一步整合各地资源成立异地兰考乡贤联谊会[1]，把乡音、乡愁、乡情凝聚为推动兰考发展的强大动力。

二　中国其他典型区域在精准扶贫中的经验积累

根据国务院扶贫开发领导小组办公室网站公布的贫困县名单，中国 2014 年贫困县的总数是 592 个，到 2020 年 3 月 6 日全国还有 52 个贫困县未摘帽，像兰考一样，在此期间全国各地也积累了很多经验。

---

[1]　资料来源：《关于推进异地兰考乡贤联谊会建设的实施意见》（兰统组办〔2020〕4 号）。

广西百色市把发展村级集体经济作为基层党建的重要任务，用足用好脱贫攻坚政策，促进村级集体经济多元化发展。全市"空壳村"占比由原来的80%下降到52%①。首先成立逐级专责机构，然后逐村组建经营实体，探索建立村级便民服务公司、村民合作社等村集体经济组织，专门承担发展村级集体经济的职能。委托广西大学区域发展研究院开展"百色市发展和壮大村级集体经济课题研究"，探索多种融合发展模式，推行产业带动模式，以有偿服务方式增加集体经济收入，推行盘活资源经营模式，把村集体所有的林地和贫困群众自有耕地承包经营权等，通过集体开发或租赁发包等方式，让"死资源"变成"活资产"。推行股份合作发展模式，把投入农村的财政资金、扶贫资金量化为村集体或贫困群众持有的股金，开展股份合作，通过股权收益分配，帮助贫困群众增收。

广东河源市创新工作方法，为激发驻村第一书记扎根一线、建功基层的热情，为营造基层干部创先争优、爱岗敬业的浓厚氛围，2017年在全市开展2017年十大"最美人物"评选活动，发掘了一批建强基层组织、推动精准扶贫、为民办事服务的优秀第一书记典型。

广西贵港市在脱贫攻坚中强化考核监督管理，制定《贵港市抓党建促脱贫攻坚工作考核实施办法》，构建系统考核体系②，把"软任务"变成"硬指标"，把"被动抓"变为"主动抓"。"一张清单"明确考核内容。"双向考评"中，特别关注贫困户的反馈，组织各层级干部包括贫困户户主在内的群众代表填写《评议表》进行评议，另外由第三方考核组逐项打分进行履职考评，尤其关注扶贫纪律，对出现年度脱贫任务完不成、扶贫领域出现严重腐败问题、脱贫数据失真失实并造成严重影响、年内有一次考评为不合格等四方面问题，实行一票否决，年度绩效考评不能评为优秀等次。

兰考县和其他省市县积累的经验是中国共产党领导下的中国特色社会主义建设的成功经验。坚持了中国共产党领导，包括中国共产党坚持党管

---

① 数据来源：广西壮族自治区扶贫开发办公室《百色市坚持党建引领合力攻坚 推动村级集体经济多元化发展》，2017年12月。

② 资料来源：广西壮族自治区扶贫开发办公室《贵港市强化考核监督管理决胜脱贫攻坚战》，2017年12月。

干部原则，并不断加强自身建设，提高领导能力和执政本领。坚持了社会主义制度，充分发挥了能集中全国的力量办大事的制度优势。坚持了马克思主义的基本原则，实事求是，因地制宜解决突出问题。坚持了以人民为中心的发展思想，努力满足人民美好生活需要。

第三节 精准脱贫的历史贡献和未来展望

精准脱贫理论内涵实质丰富，理论特征鲜明，推动我国扶贫开发取得新成就新突破，开创了中国特色扶贫开发道路新局面。它既是重大的理论发展成果，也是中国特色社会主义道路的又一重大实践，是我党兑现在建党时就提出来的带领全中国人民走社会主义共同道路的庄严承诺，进一步强化了我们马克思主义理论自信和社会主义道路自信。全面完成脱贫任务后，我们还要保障脱贫成果，把强县和富民统一起来，把改革和发展结合起来，把城镇和乡村贯通起来，做好脱贫攻坚与乡村振兴的衔接，通过实施乡村振兴战略巩固发展成果，接续推动经济社会发展和群众生活改善。

第一，精准脱贫理论是马克思主义反贫困理论中国化最新成果。

习近平提出的精准脱贫理论与马克思主义反贫困理论一脉相承，是马克思主义反贫困理论中国化的最新理论成果，是运用马克思主义基本立场观点方法解决中国具体问题的成功典范。受客观条件限制，马克思主义反贫困理论主要关注资本主义制度下城市工人阶级的贫困问题。习近平在继承发展马克思主义反贫困理论的基础上，坚持运用马克思主义基本立场观点方法来分析我国贫困问题，对社会主义初级阶段农村贫困问题特征、反贫困深层次矛盾问题以及系统治理贫困进行了深入思考，深化了对社会主义制度下农村贫困问题的认识，得出了符合辩证唯物主义和历史唯物主义的反贫困客观规律，体现了人类发展规律的新要求，形成了反贫困的马克思主义世界观和方法论，开创了社会主义制度下反贫困理论新境界，是马克思主义同中国特色社会主义制度下反贫困最新实践相结合的产物。

第二，精准脱贫理论是习近平新时代中国特色社会主义思想的重要组成部分。

党的十八大以来，国内外形势变化和各项事业发展要求中国共产党必须从理论和实践结合上系统回答新时代坚持和发展什么样的中国特色社会主义、怎样坚持和发展中国特色社会主义，包括新时代坚持和发展中国特色社会主义的总目标、总任务、总体布局、战略布局和发展方向、发展方式、发展动力、战略步骤、外部条件、政治保证等基本问题。围绕这个重大时代课题，中国共产党坚持以马克思列宁主义、毛泽东思想、邓小平理论、"三个代表"重要思想、科学发展观为指导，坚持解放思想、实事求是、与时俱进、求真务实，坚持辩证唯物主义和历史唯物主义，紧密结合新的时代条件和实践要求，以全新的视野深化对共产党执政规律、社会主义建设规律、人类社会发展规律的认识，进行艰辛理论探索，取得重大理论创新成果，形成了习近平新时代中国特色社会主义思想。

以习近平同志为核心的党中央把脱贫攻坚纳入"五位一体"总体布局和"四个全面"战略布局，将脱贫攻坚摆在治国理政的重要位置，将扶贫开发上升到国家战略的重要高度。我国脱贫攻坚是新时代中国特色社会主义思想在扶贫领域的伟大实践，取得的显著成效也充分表明了这一思想的重要理论和实践价值。同时，精准扶贫在实践中取得的成功也推动精准思维在治国理政中广泛运用。

第三，精准脱贫理论是中国特色扶贫开发理论最新发展。

中国特色扶贫开发事业是中国特色社会主义事业的重要组成部分，中国特色扶贫开发理论是中国特色社会主义理论体系的有机构成。

习近平继承毛泽东、邓小平、江泽民、胡锦涛等党和国家领导人的扶贫开发思想，立足我国社会主义初级阶段的新变化，以回应"贫困不是社会主义，更不是共产主义"这一中国特色社会主义理论的核心命题为出发点，深刻揭示了当前我国贫困问题的新特征和反贫困存在的深层次矛盾和问题，创新了对我国贫困问题的认知，创造性提出了精准扶贫精准脱贫基本方略，重塑了我国反贫困的价值理念、工作模式、组织方式。彰显了中国特色社会主义的政治优势和制度优势，有很强的思想性、战略性、前瞻性、指导性，极大丰富了中国特色扶贫开发理论。

精准脱贫理论具有很强的系统性、完备性，为解决我国复杂多元贫困问题提供了一整套科学理论方法。深刻理解这一思想的基本内涵和精神实质，才能确保精准扶贫精准脱贫基本方略在实践中发挥最大作用。

作为大国领袖，习近平以天下为己任，心系人类发展，"共建一个没有贫困、共同发展的人类命运共同体"① 这一重要论述体现了习近平对反贫困重大战略意义认识的深化，彰显了大国领袖对于全球减贫事业的责任担当。尽管精准脱贫理论是关于社会主义制度下反贫困的科学理论，但其中蕴含的对贫困问题的深刻认知、对贫困治理规律的准确把握、对精准扶贫精准脱贫的巨大创新，对全球贫困治理具有重要的借鉴意义。

就当前而言，精准扶贫工作已经到了扫尾阶段。但对于兰考县以及像兰考这样一些社会经济基础较差的地区而言，推动社会经济高质量发展，促进乡村振兴的相关工作任务依然十分繁重。因此，对于后扶贫时代的高质量发展和乡村振兴而言，应该在以下几个方面做好后续工作。

一是继续贯彻好党的领导方略是经济高质量发展和乡村振兴的关键。精准扶贫的成功应归因于党的领导，经济高质量发展和乡村振兴同样离不开党的领导。坚持中国共产党领导，充分发挥了能集中全国的力量办大事的制度优势。坚持了以人民为中心的发展思想，努力满足人民美好生活需要。唯其如此，才能在经济高质量发展和乡村振兴事业上取得更大成功。

二是高质量发展和乡村振兴仍需关注农村弱势群体的需要。针对困难群众的客观需要，充分运用市场和政府的力量，想方设法帮助其解决现实困难，帮助他们缩小与其他群体的差距，这对于新时代社会主义建设十分重要。

三是安排好相关项目可以有序促进高质量发展和乡村振兴。对于兰考县以及类似于兰考县这样的地区而言，仍需要结合资源禀赋条件，去谋划一批符合地方条件，经济效益好的项目，争取相关项目落地早点见到效益，形成既具有可持续性，又具有较强竞争优势的产业集群，这对于实现高质量发展，实现乡村振兴，尤其是乡村产业振兴意义重大。

四是乡村振兴战略和高质量发展需要将公共资源使用好配置好。经济学相关研究表明，市场失灵决定了政府干预的必要性，但政府失灵更表明公共资金的使用要讲究科学性。我国仍处于社会主义初级阶段，高质量发

① 习近平：《携手消除贫困，促进共同发展》（2015年10月16日），《十八大以来重要文献选编（中）》，中央文献出版社，2016，第723页。

展和乡村振兴的任务仍然艰巨，就兰考县以及类似于兰考县这样的地区而言，提升公共管理的科学性，提高公共资源的配置效率，仍需要不断探索。

五是乡村振兴战略和高质量发展仍需要精准到户。应该承认，在高质量发展和乡村振兴战略实施过程中仍需要解决"为谁发展"的问题。但在社会主义市场经济的基础性框架下，如何综合运用市场这只"无形之手"和政府这只"有形之手"，帮助弱势群体在高质量发展和乡村振兴战略实施过程中不被边缘化，这是一个需要解决的重大现实问题。

六是培养选拔一批事业心强、能力强的党员干部对于社会经济高质量发展和乡村振兴战略的实施尤为重要。高质量发展和乡村振兴战略的实施均需要解决"谁来发展"、"怎样发展"的问题，这同样离不开一批思想境界高、事业心强、能力强的优秀干部。如何把高质量发展和乡村振兴战略相关工作做好，干部仍然是关键。要培养好、用好这样一批干部，并关心他们的问题，帮助他们解决困难，这关系到我们事业的成败。

七是在高质量发展和乡村振兴过程中，要通过精细化工作切实现人的全面综合发展。发展说到底是人的发展，尤其应注意要通过精细化的工作，精准帮助那些刚刚摆脱贫困的群体，让他们在高质量发展和乡村振兴过程中逐渐缩小与其他群体的差距。

结束语

　　精准扶贫理论以马克思主义反贫困理论为指导，从中国的时代背景和贫困实际出发，不断在精准扶贫实践中丰富发展。本研究通过深度考察兰考县这一典型区域精准扶贫的历史背景、推进过程、扶贫成效和脱贫后持续发展进行的探索，重现了兰考县推进精准扶贫的历史过程，丰富了扶贫相关课题的研究，为全国扶贫工作提供经验借鉴和启示。

　　兰考县由于自然地理原因和历史原因在历史发展中长期处于落后状态，党和国家也一直高度重视扶贫问题，兰考县的脱贫工作取得了一些成效、积累了一定的经验。十八大以来，特别是精准扶贫战略的提出，为兰考县在新的时代条件下加快推进脱贫工作提供了战略指导。在精准扶贫战略指导下，兰考县以精准识别扶贫对象作为前提和起点，以精准发展项目、精准使用扶贫资金和精准选择到户措施作为工作核心，以精准因村派人作为保障，并把好脱贫最后一道关，保障脱贫科学有效。在这个过程中，兰考县积累了一系列的经验，同时也有一些值得关注的教训。本研究一方面通过史料的搜集，较为全面客观地呈现了兰考县精准扶贫的全过程；另一方面，从党史研究的理论层面对兰考县精准扶贫的经验教训进行了总结。力图将兰考县精准扶贫的生动实践系统地呈现和记录下来，为其他地区推进精准扶贫提供参考，也尽可能引发更多对扶贫特别是脱贫后地区如何持续发展的思考。

　　本书始终贯彻精准扶贫这条主线，将兰考县精准扶贫、精准脱贫过程视作中国精准扶贫事业的一个典型和缩影，通过兰考看全国。兰考县成功脱贫的经验上升到国家层面就是中国精准扶贫取得一系列成就的经验，这些经验是中国共产党领导下的社会主义建设的成功经验。坚持了中国共产党领导，包括中国共产党坚持党管干部原则，并不断加强自身建设，提高领导能力和执政本领。坚持了社会主义制度，充分发挥了能集中全国的力量办大事的制度优势。坚持了马克思主义的基本原则，实事求是，因地制宜解决突出问题。坚持了以人民为中心的发展思想，努力满足人民美好生活需要。

由于研究主要材料基于社会调研，特别是扶贫问题主要基于实践，本书重在阐述事实，理论总结仍需进一步提炼。而研究的时间范围截取在2013年以后，作为党史专业研究，历史感稍弱。扶贫工作庞杂，所以难免有照顾不到的地方，包括资料也做不到囊括所有，有些细节没有照顾到。但研究扶贫这一主题具有很强的现实意义，作者努力以问题意识为导向，以逻辑分析为原则，在分析材料的基础上通过理性思考提出问题，总结经验，力图做一点学术贡献。

党的十八大以来中国扶贫工作大事记

2012 年 12 月 29~30 日，习近平在河北省阜平县看望慰问困难群众

2013 年 1 月，国资委和国务院扶贫办召开央企扶贫开发工作会议

2013 年 2 月，国务院扶贫办在京召开扶贫改革试验区工作座谈会，传达学习《国务院小组关于设立扶贫改革试验区的意见》（国开发〔2013〕1 号），此次会议召开标志着扶贫改革试验区工作正式启动

2013 年 2 月，习近平在甘肃考察强调高度重视扶贫开发工作

2013 年 3 月，扶贫改革试验区工作座谈会纪要（国开办司发〔2013〕23 号）

2013 年 3 月，国务院扶贫办青年干部驻村调研活动正式启动

2013 年 6 月，国家发改委将加大对贵州扶贫生态移民支持力度

2013 年 7 月，国务院办公厅转发教育部等部门关于实施教育扶贫工程意见的通知

2013 年 11 月，习近平赴湘西调研扶贫攻坚

2013 年 12 月，国务院扶贫办高度重视 19 县扶贫资金审计公告

2013 年 12 月，国家卫生计生委召开部际联席会议推进吕梁山片区区域发展与扶贫攻坚工作

2013 年 12 月，在第十二届全国人民代表大会常务委员会第六次会议上，国务院关于农村扶贫开发工作情况的报告

2014 年 1 月，国家扶贫开发重点县经三次调整数量逐步减少

2014 年 4 月，国务院扶贫办机关党委传达学习习近平总书记兰考重要讲话精神

2014 年 5 月，国务院扶贫办印发《建立精准扶贫工作机制实施方案》（国开办发〔2014〕30 号）

2014 年 6 月，国务院扶贫办印发《扶贫开发建档立卡指标体系》（国开办发〔2014〕36 号）

2014 年 7 月，国务院扶贫办关于印发《全国扶贫开发信息化建设规划》的通知（国开办发〔2014〕42 号）

2014 年 6 月，中国人民银行在湖北省大悟县召开大别山区扶贫开发金融服务工作现场会

2014 年 8 月，国务院扶贫开发领导小组关于改革财政专项扶贫资金管理机制的意见（国开发〔2014〕9 号）

2014 年 9 月，国务院扶贫办：培育精准扶贫三大品牌

2014 年 10 月，习近平在首个"扶贫日"之际作出重要批示强调全党全社会继续共同努力形成扶贫开发工作强大合力，李克强作出批示

2014 年 10 月，为贯彻落实《国家能源局 国务院扶贫办关于"光伏扶贫"工作的会议纪要》（国能新能〔2014〕420 号）精神，加快组织实施光伏扶贫工程，国家能源局与国务院扶贫办联合印发实施光伏扶贫工程工作方案的通知

2014 年 10 月，国务院扶贫办召开座谈会，就"十三五"时期扶贫规划编制工作听取意见

2014 年 11 月，国务院办公厅关于进一步动员社会各方面力量参与扶贫开发的意见（国办发〔2014〕58 号）

2014 年 12 月，国务院扶贫办党组传达学习中央经济工作会议精神

2014 年 12 月，国务院办公厅印发《关于进一步动员社会各方面力量参与扶贫开发的意见》（国办发〔2014〕58 号）

2015 年 1 月，国务院扶贫办行政人事司关于做好 12317 扶贫监督举报电话有关工作的通知（国开办司发〔2015〕12 号）

2015 年 1 月，国务院关于加快推进残疾人小康进程的意见（国发〔2015〕7 号）

2015 年 3 月，国务院扶贫办召开部分省区扶贫小额信贷座谈会

2015 年 5 月，习近平总书记在浙江召开华东 7 省市党委主要负责同志座谈会，强调抓住机遇立足优势积极作为系统谋划"十三五"经济社会发展

2015 年 6 月，国土资源部就依托行业优势，加快贫困地区脱贫致富作出解释

2015 年 6 月，"十三五"扶贫规划专题研讨会在京召开

2015 年 10 月，习近平出席 2015 减贫与发展高层论坛并发表主旨演讲

2015 年 11 月，中共中央政治局召开会议审议《关于打赢脱贫攻坚战的决定》《关于加强和改进新形势下党校工作的意见》，听取关于巡视 55 家国有重要骨干企业有关情况的专题报告，中共中央总书记习近平主持会议

2015 年 11 月，中共中央国务院关于打赢脱贫攻坚战的决定

2015 年 12 月，全国妇联关于在脱贫攻坚战中开展"巾帼脱贫行动"意见（2015 年 11 月 29 日）

2015 年 12 月，国家能源局关于印发加快贫困地区能源开发建设推进脱贫攻坚实施意见的通知

2015 年 12 月，国家民委提出关于支持黔西南"星火计划、科技扶贫"试验区建设的意见

2015 年 12 月，习近平总书记在浙江省乌镇视察"世界互联网大会·互联网之光"博览会，满意"精准扶贫"数据平台

2016 年 1 月，共青团中央关于印发《关于共青团助力脱贫攻坚战的实施意见》的通知

2016 年 4 月，中共中央组织部、人力资源社会保障部等九部门关于实施第三轮高校毕业生"三支一扶"计划的通知

2016 年 4 月，习近平总书记在网络安全和信息化工作座谈会上强调拓宽扶贫路"互联网+"对焦贫穷软肋

2016 年 4 月，国家科技支撑计划项目"扶贫空间信息系统关键技术及其应用"项目验收会在京召开

2016 年 4 月，习近平总书记对开展"两学一做"学习教育作出重要指示，强调突出问题导向确保取得实际成效，把全面从严治党落实到每个支部、每名党员。

2016 年 4 月，国务院办公厅关于支持贫困县开展统筹整合使用财政涉农资金试点的意见（国办发〔2016〕22 号）

2016 年 5 月，审计署办公厅关于进一步加强扶贫审计促进精准扶贫精准脱贫政策落实的意见（审办农发〔2016〕68 号）

2016 年 5 月，互联网+精准扶贫高峰论坛在京举行

2016 年 6 月，中国残联、财政部、中国人民银行、国务院扶贫办关于加强康复扶贫贷款、扶贫小额信贷和财政贴息工作的通知

2016 年 6 月，国务院扶贫办召开扶贫历史资料搜集整理工作会议，部署 2001~2006 年扶贫历史资料编纂工作

2016 年 8 月，习近平总书记在青海海东市互助土族自治县五十镇班彦村，考察易地扶贫搬迁新村建设情况

2016 年 9 月，中国证监会关于发挥资本市场作用服务国家脱贫攻坚战略的意见

2016 年 9 月，国务院办公厅关于印发贫困地区水电矿产资源开发资产收益扶贫改革试点方案的通知（国办发〔2016〕73 号）

2016 年 9 月，国务院办公厅转发民政部等部门关于做好农村最低生活保障制度与扶贫开发政策有效衔接指导意见的通知

2016 年 10 月，国务院扶贫办解释脱贫攻坚责任制实施办法

2016 年 10 月，中央网信办、国家发展改革委、国务院扶贫办联合发文加快实施网络扶贫行动

2016 年 11 月，关于促进电商精准扶贫的指导意见（国开办发〔2016〕40 号）

2016 年 12 月，关于印发《贫困残疾人脱贫攻坚行动计划（2016~2020 年）》的通知

2017 年 1 月，民政部、财政部、人力资源社会保障部、国家卫生计生委、保监会、扶贫办等部门印发关于进一步加强医疗救助与城乡居民大病保险有效衔接的通知（民发〔2017〕12 号）

2017 年 2 月，关于做好 2017 年贫困县涉农资金整合试点工作的通知（财农〔2016〕4 号）

2017 年 2 月，国务院扶贫办召开 2016 年度工作总结会议

2017 年 2 月，习近平总书记在中共中央政治局第三十九次集体学习时强调更好推进精准扶贫精准脱贫，确保如期实现脱贫攻坚目标

2017 年 3 月，关于印发《中央财政专项扶贫资金管理办法》的通知

2017 年 5 月，关于做好财政支农资金支持资产收益扶贫工作的通知

2017 年 5 月，国资委召开中央企业扶贫开发工作会议

2017 年 6 月，习近平总书记深入吕梁山区看望深度贫困群众并主持召开专题座谈会，在深度贫困地区脱贫攻坚座谈会上发表重要讲话，研究如何做好深度贫困地区脱贫攻坚工作。在深度贫困地区脱贫攻坚座谈会上强调强化支撑体系加大政策倾斜聚焦精准发力攻克坚中之坚。

2017 年 7 月，习近平总书记在省部级专题研讨班上的重要讲话在基层干部群众中引起强烈反响

2017 年 8 月，民政部、财政部、国务院扶贫办关于支持社会工作专业力量参与脱贫攻坚的指导意见

2017 年 8 月，人力资源社会保障部、财政部、国务院扶贫办关于切实做好社会保险扶贫工作的意见

2017 年 8 月，住房城乡建设部、财政部、国务院扶贫办关于加强和完善建档立卡贫困户等重点对象农村危房改造若干问题的通知

2017 年 9 月，关于印发《财政专项扶贫资金绩效评价办法》的通知（财农〔2017〕115 号）

2017 年 10 月，财政部关于提前下达 2018 年中央财政专项扶贫资金预算指标的通知（财农〔2017〕143 号）

2017 年 10 月，习近平对脱贫攻坚工作作出重要指示，强调再接再厉、扎实工作、坚决打赢脱贫攻坚战

2017 年 11 月，国务院扶贫开发领导小组关于广泛引导和动员社会组织参与脱贫攻坚的通知

2017 年 12 月，中共中央办公厅、国务院办公厅印发《关于加强贫困村驻村工作队选派管理工作的指导意见》

2018 年 1 月，关于印发《生态扶贫工作方案》的通知（发改农经〔2018〕124 号）

2018 年 1 月，国家旅游局、国务院扶贫办印发《关于支持深度贫困地区旅游扶贫行动方案》

2018 年 1 月，教育部、国务院扶贫办关于印发《深度贫困地区教育脱

贫攻坚实施方案（2018～2020年）》的通知（教发〔2018〕1号）

2018年2月，国务院办公厅关于推进社会公益事业建设领域政府信息公开的意见（国办发〔2018〕10号）

2018年2月，习近平总书记在四川成都市主持召开打好精准脱贫攻坚战座谈会，听取脱贫攻坚进展情况汇报，集中研究打好今后3年脱贫攻坚战之策。习近平向奋战在脱贫攻坚第一线的广大干部和贫困地区各族群众致以新春祝福

2018年3月，国家旅游局办公室、国务院扶贫办综合司、中国农业发展银行办公室关于组织推荐金融支持旅游扶贫重点项目的通知（旅办发〔2018〕66号）

2018年3月，国务院扶贫办召开全体干部大会，传达学习全国两会精神，安排部署贯彻落实工作

2018年3月，中共中央政治局召开会议听取2017年省级党委和政府脱贫攻坚工作成效考核情况汇报，中共中央总书记习近平主持会议

2018年3月，国务院扶贫办印发《关于完善县级脱贫攻坚项目库建设的指导意见》的通知

2018年4月，习近平主持召开中央财经委员会第一次会议，强调加强党中央对经济工作的集中统一领导，打好决胜全面建成小康社会三大攻坚战

2018年4月，国务院办公厅关于对2017年落实有关重大政策措施真抓实干成效明显地方予以督查激励的通报（国办发〔2018〕28号）

2018年5月，国务院办公厅关于转发财政部、国务院扶贫办、国家发展改革委扶贫项目资金绩效管理办法的通知（国办发〔2018〕35号）

2018年5月，中共中央政治局召开会议审议《乡村振兴战略规划（2018—2022年）》和《关于打赢脱贫攻坚战三年行动的指导意见》，中共中央总书记习近平主持会议

2018年5月，国务院扶贫办在内蒙古自治区林西县举办全国产业扶贫带贫减贫机制培训班

2018年5月，工业和信息化部印发《关于推进网络扶贫的实施方案（2018～2020年）》的通知（工信部通信〔2018〕83号）

2018 年 6 月，中央网信办、国家发展改革委、国务院扶贫办、工业和信息化部联合印发《2018 年网络扶贫工作要点》

2018 年 6 月，中共中央、国务院印发《关于打赢脱贫攻坚战三年行动的指导意见》

2018 年 7 月，国务院扶贫办关于扩大构树扶贫试点工作的指导意见

2018 年 7 月，习近平对毕节试验区工作作出重要指示，强调确保按时打赢脱贫攻坚战，努力建设贯彻新发展理念示范区，汪洋出席统一战线参与毕节试验区建设座谈会

2018 年 7 月，习近平总书记对浙江安吉黄杜村农民党员向贫困地区捐赠白茶苗作出重要指示强调增强饮水思源不忘党恩意识，弘扬为党分忧先富帮后富精神

2018 年 10 月，关于开展扶贫扶志行动的意见

2018 年 10 月，习近平总书记在广东省英德市连江口镇连樟村考察

2018 年 12 月，国务院办公厅关于深入开展消费扶贫助力打赢脱贫攻坚战的指导意见

2018 年 12 月，国务院扶贫办召开部分地区扶贫领域作风问题专项治理工作座谈会

2019 年 2 月，关于进一步支持和促进重点群体创业就业有关税收政策的通知（财税〔2019〕22 号）

2019 年 2 月，国务院扶贫办 2018 年度工作总结会议在京召开

2019 年 3 月，最高人民检察院、国务院扶贫开发领导小组办公室关于检察机关国家司法救助工作支持脱贫攻坚的实施意见

2019 年 3 月，国务院扶贫办就攻坚克难——坚决打赢脱贫攻坚战答记者问

2019 年 4 月，中央网信办、国家发展改革委、国务院扶贫办、工业和信息化部联合印发实施《2019 年网络扶贫工作要点》

2019 年 4 月，习近平在重庆考察并主持召开解决"两不愁三保障"突出问题座谈会并发表重要讲话，在会上强调统一思想一鼓作气顽强作战越战越勇，着力解决"两不愁三保障"突出问题

2019 年 4 月，中共中央政治局召开会议 分析研究当前经济形势和经济

工作 听取 2018 年脱贫攻坚成效考核等情况汇报 审议《中国共产党宣传工作条例》，中共中央总书记习近平主持会议

2019 年 4 月，国务院扶贫办举办全国完善县级脱贫攻坚项目库建设暨扶贫项目资金绩效管理培训班

2019 年 4 月，习近平对民政工作作出重要指示，强调聚焦脱贫攻坚聚焦特殊群体聚焦群众关切 更好履行基本民生保障基层社会治理基本社会服务等职责

2019 年 5 月，国务院扶贫办关于进一步做好县级脱贫攻坚项目库建设的通知

2019 年 5 月，中国银保监会、财政部、中国人民银行、国务院扶贫办关于进一步规范和完善扶贫小额信贷管理的通知（银保监发〔2019〕24 号）

2019 年 5 月，国务院办公厅印发《关于对 2018 年落实有关重大政策措施真抓实干成效明显地方予以督查激励的通报》（国办发〔2019〕20 号）

2019 年 7 月，国务院扶贫办举办"2018 年脱贫摘帽县抽查"新闻发布会

2019 年 8 月，关于印发《政府采购贫困地区农副产品实施方案》的通知

2019 年 8 月，习近平总书记在甘肃就经济社会发展和"不忘初心、牢记使命"主题教育情况进行考察调研，并强调坚定信心开拓创新真抓实干，团结一心开创富民兴陇新局面

2019 年 9 月，国家卫生健康委举行新闻发布会，介绍健康扶贫和贫困地区健康促进工作情况

2019 年 9 月，习近平总书记考察新县田铺乡田铺大塆，了解这里依托红色旅游资源，打造创客小镇、发展乡村旅游业、推动乡村振兴等情况

2019 年 10 月，中央宣传部、国务院扶贫办在北京共同召开习近平总书记关于扶贫工作的重要论述理论研讨会

2019 年 11 月，中央财政下达 2020 年 1100 多亿元资金助力决战脱贫攻坚

党的十八大以来兰考县扶贫工作大事记

2012 年 12 月 7 日，扶贫办总结《兰考县 2012 年度扶贫开发绩效考评相关指标》

2012 年 8 月 1 日，国土资源部印发《国土资源部关于印发支持集中连片特殊困难地区区域发展与扶贫攻坚若干意见的通知》，10 月 25 日河南省转发

2013 年 2 月 5 日，河南省扶贫办 河南省财政厅关于印发《河南省扶贫开发到户增收试点项目管理办法（试行）》

2013 年 4 月 11 日，县扶贫开发领导小组作《关于解决 2013 年扶贫开发整村推进村县级配套资金的请示》

2013 年 5 月 6 日，召开县扶贫开发领导小组 2013 年第一次全体会议

2013 年 7 月 18 日，召开县政府常务会议，专题研究全县扶贫开发工作

2013 年 11 月 3 日，兰考县呈报《2013 年度县配资金结余和往年审减结余资金使用计划的请示》

2013 年 11 月 14 日，兰考县扶贫开发领导小组向河南省扶贫开发领导小组作《兰考县 2013 年扶贫开发工作情况汇报》

2014 年 1 月 10 日，组织部下发《关于派驻后进村整顿工作组的通知》，驻村时间 1 月 15 日至 6 月底

2014 年 1 月 15 日，教体局制定《兰考县教育体育局兰考县教育扶贫工作三年规划（2014～2016 年）》

2014 年 1 月 26 日，制定《兰考县 2013 年度省级新增财政专项扶贫资金项目实施方案》

2014 年 2 月 20 日，兰考县财政局制定《2014 年度扶贫工作实施方

案》

2014 年 2 月 26 日，兰考县提交《关于推荐省整村推进示范村的报告》，推荐爪营乡猪场村和堌阳镇端庄村

2014 年 3 月 10 日，制定《关于 2014 年扶贫开发整村推进促进新农村建设的实施意见》

2014 年 3 月 23 日，兰考县第十四届人民代表大会第三次会议

2014 年 4 月，县政府下发《关于做好精准识别农村贫困人口工作的通知》

2014 年 4 月 22 日，下发《关于县直单位抽调驻村帮扶工作队员分包贫困村的通知》

2014 年 4 月 30 日，发出《中共兰考县委兰考县人民政府关于强力推进三年扶贫攻坚工作的意见》

2014 年 5 月 4 日，县扶贫开发领导小组作《兰考县 2013 年度扶贫开发工作考核自评报告》

2014 年 5 月 5 日，印发《兰考县 2014 年"雨露计划"培训工作实施方案》

2014 年 5 月 5 日，呈报 2014 年第二批产业扶贫贷款贴息项目的报告

2014 年 5 月 14 日，兰考县呈报《2014 年度扶贫开发整村推进财政扶贫项目工程预算请审报告》

2014 年 5 月 24 日，出台《兰考县 2014 年产业扶贫贷款贴息项目评审办法》

2014 年 5 月 28 日，兰考县呈报《2014 年产业扶贫贷款贴息项目的报告》

2014 年 5 月，兰考县供电公司制定《2014 年扶贫工作计划》

2014 年 6 月 18 日，农行在内的十多家金融机构到兰考县堌阳镇与 20 多名乡镇企业家展开银企对接

2014 年 6 月 18 日，河南省委书记郭庚茂率领的多个厅局一把手到兰考调研

2014 年 6 月 19 日，郭庚茂组织召开兰考座谈会

2014 年 6 月 30 日，兰考县财政局制定《2014～2016 年扶贫工作规划》

2014 年 7 月 1 日，作兰考县扶贫开发工作情况汇报

2014 年 7 月 29 日，县招投标中心发布《关于对林州市永盛建筑有限公司弄虚作假骗取中标问题的处理决定》

2014 年 8 月 3 日，兰考召开肉鸭产业化集群建设工作会议

2014 年 8 月 18 日，县扶贫开发领导小组向县政府并财政局作《关于2014 年度扶贫攻坚县财政投入专项扶贫资金使用的请示》

2014 年 9 月 12 日，县委县政府印发《关于创新机制扎实推进农村扶贫开发工作的实施意见》

2014 年 9 月，兰考县供电公司制定《兰考县电网脱贫专项规划》

2014 年 10 月，制定《兰考县 2014 年度第二批扶贫开发整村推进项目实施方案》

2014 年 10 月，制定《兰考县特色产业发展规划》

2014 年 11 月 15 日，兰考县广播电视总台制定《兰考县广播电视台脱贫攻坚工作整体规划》

2014 年 11 月 18 日，住建局制定《兰考县住房和城乡规划建设局脱贫攻坚工作整体规划》

2014 年 11 月 20 日，中国联通兰考县分公司制定《兰考联通乡镇区域宽带建设规划》

2014 年 11 月 24 日，印发《兰考县 2014 年度第二批"雨露计划"培训工作实施方案》

2014 年 11 月，兰考县供电公司制定《兰考县电网脱贫整体规划》

2014 年 11 月，交通局制定《兰考县交通运输脱贫攻坚规划（2014~2016）》

2014 年 11 月，农林局制定《兰考县农林局脱贫攻坚工作整体规划》

2014 年 11 月，人社局制定《兰考县人力资源和社会保障局关于推进三年（2014~2016 年）扶贫攻坚工作规划》

2014 年 11 月，水利局制定《兰考县水利局脱贫攻坚整体规划》

2014 年 11 月，统计局制定《兰考县统计局脱贫攻坚工作整体规划（2014~2016 年）》

2014 年 11 月，卫计委制定《兰考县卫生计生委行业扶贫三年攻坚工作规划》

2014 年 11 月，文广新局制定《兰考县文广新局行业扶贫三年攻坚工作整体规划》

2014 年 12 月 9 日，住建局制定《关于小宋乡贾寨村脱贫攻坚帮扶计划》

2014 年 12 月 11 日，住建局制定《关于小宋乡龙庄村脱贫攻坚帮扶计划》

2014 年 12 月 12 日，畜牧局出台《兰考县畜牧业脱贫攻坚整体规划》

2014 年 12 月 15 日，农林局制定《兰考县农林局脱贫攻坚工作帮扶计划》

2014 年 12 月 16 日，兰考县广播电视总台制定《脱贫攻坚工作总体帮扶计划》

2014 年 12 月 21 日，畜牧局制定《畜牧业脱贫攻坚总体帮扶计划》

2014 年 12 月，人社局制定《兰考县人力资源和社会保障局脱贫攻坚总体帮扶计划》

2014 年 12 月，水利局制定《兰考县水利脱贫攻坚工作总体帮扶计划》

2014 年 12 月，统计局制定《兰考县统计局脱贫攻坚工作总体帮扶计划》

2014 年 12 月，卫计委制定《兰考县卫生和计划生育委员会关于卫生和计划生育扶贫总体帮扶工作计划》

2014 年 12 月，文广新局制定《兰考县文广新局扶贫攻坚工作总体帮扶计划》

2015 年 1 月 8 日，县委组织部下发《关于调整充实驻村扶贫工作队的通知》，调整充实驻村扶贫工作队，选派 345 名干部驻村扶贫，时间从 2015 年 1 月至 2016 年 12 月

2015 年 1 月 15 日，科工信委制定《2015 年科工信委精准扶贫工作实施方案》

2015 年 1 月 20 日，县委组织部制定《关于加强驻村扶贫工作队管理工作的意见》

2015 年 2 月，兰考县供电公司制定《2015 年扶贫工作计划》

2015 年 3 月 2 日，兰考县财政局制定《扶贫 2015 年度工作计划》

2015 年 3 月 3 日，扶贫开发领导小组制定《兰考县深化改革扶贫项目资金使用管理办法（试行）》

2015 年 3 月 4 日，扶贫开发领导小组下发《关于 2015 年财政专项扶贫（发展）资金计划的通知》

2015 年 3 月 22 日，下发《关于下达支持肉鸭产业化发展财政专项扶贫资金计划的通知》

2015 年 3 月 22 日，中原农业保险公司与兰考县政府合作的"脱贫路上零风险"保险扶贫项目承保仪式在兰考举行

2015 年 3 月，采取"四议两公开"的方法，对贫困人口再识别

2015 年 3 月 31 日，下达《2015 年度财政专项扶贫整村推进建设资金的通知》

2015 年 4 月 1 日，扶贫开发领导小组下发《关于 2015 年度减贫目标的通知》

2015 年 4 月，扶贫办制定《兰考县重点村旅游扶贫建设项目实施方案》

2015 年 4 月 27 日，扶贫办制定《兰考县 2015～2020 年扶贫小额信贷发展规划》

2015 年 5 月 6 日，扶贫领导小组下发《关于下达财政专项扶贫资金的通知》

2015 年 5 月 8 日，县扶贫开发领导小组作《兰考县扶贫办关于 2013～2014 年财政专项扶贫资金的复查报告》

2015 年 5 月 20 日，扶贫开发领导小组印发《兰考县肉羊产业化扶贫试验示范点实施方案》

2015 年 6 月，再次开展入户调查，重点排查 2015 年预脱贫贫困户

2015 年 6 月 9 日，《决策参考》发文《走向精准最为深刻的变革——兰考扶贫资金项目管理改革的调查与思考》

2015 年 6 月 11 日，制定《兰考县 2015 年度扶贫开发整村推进项目实施方案》

2015 年 6 月 25 日，发布《兰考县"三位一体"带动贫困户脱贫实施办法》

2015 年 6 月 25 日，下发《关于"三位一体"带动贫困户脱贫项目贷款规模分配的通知》

2015 年 7 月，组建县委县政府督查局

2015 年 7 月 21 日，河南省印发《河南省财政专项扶贫项目管理办法（试行）》

2015 年 8 月 13 日，兰考县扶贫开发领导小组关于下发学习贯彻落实省委扶贫攻坚座谈会精神的通知

2015 年 9 月 2 日，提出《关于全面实施临时救助制度的意见》

2015 年 9 月 14 日，河南省扶贫办印发《河南省扶贫开发建档立卡贫困人口复核工作实施方案》

2015 年 9 月 15 日，报送《兰考县中央专项彩票公益金支持贫困革命老区小型公益设施建设项目申报书》

2015 年 9 月 15 日，组织部印发《兰考县驻村党组织第一书记管理办法》

2015 年 9 月 15~16 日，河南省扶贫攻坚暨黄河滩区居民迁建试点观摩推进会在濮阳市举行

2015 年 10 月，对所有行政村排查，将最新因病、因灾致贫贫困户纳入范围

2015 年，制定《关于落实"两不愁、三保障"要求的实施方案》

2015 年 10 月 20 日，印发《兰考县开展涉农补贴专项整治工作方案》

2015 年 12 月 16 日，组织部印发《软弱涣散派驻村第一书记 2015 年度考核实施方案》

2015 年 12 月 21 日，河南省扶贫办下发《关于做好建档立卡贫困人口复核数据录入工作紧急通知》

2015 年 12 月 25 日，组织部印发《关于统筹相关财政资金支持驻村第一书记开展帮扶工作的意见》

2015 年 12 月 26 日，水利局制定《兰考县水利局 2016 年水利脱贫攻坚工作规划》

2016 年 1 月，河南省委、省政府提出兰考、滑县 2016 年要争取实现率先脱贫

2016 年 1 月 5 日，教体局制定《2016 年度帮扶工作计划》

2016 年 1 月 6 日，住建局制定《兰考县住房和城乡规划建设局 2016 年脱贫攻坚整体规划》

2016 年 1 月 11 日，县委组织部印发《兰考县驻村工作队 2015 年度考核方案》和《兰考县后进村整顿工作队 2015 年度考核方案》

2016 年 1 月 11 日，兰考县政府与中原农险签订"脱贫路上零风险"保险扶贫项目合作协议

2016 年 1 月 13 日，成立兰考县脱贫攻坚领导小组和县委统一战线工作领导小组

2016 年 1 月 16 日，召开脱贫攻坚再动员会议和脱贫攻坚工作会议，王新军讲话，蔡松涛讲话

2016 年 1 月 16 日，印发《兰考县资助贫困大学生实施方案》

2016 年 1 月 16 日，印发《兰考县关于对跨省务工建档立卡贫困户补助路费的实施方案》

2016 年 1 月 18 日，科工信委制定《2016 年科工信委精准扶贫工作实施方案》

2016 年 1 月 19 日，国务院扶贫办副主任洪天云专程到兰考进行调研

2016 年 1 月 22 日，住建局制定《2016 年脱贫攻坚工作帮扶计划》

2016 年 1 月 24 日，印发《兰考县财政局结对帮扶工作实施方案》

2016 年 1 月 28 日，畜牧局出台《2016 年度畜牧业脱贫攻坚工作规划》和《兰考县畜牧局 2016 年度帮扶计划》

2016 年 1 月 30 日，兰考县财政局制定《2016 年度精准扶贫帮扶方案》

2016 年 1 月 30 日，教体局制定《兰考县 2016 年教育脱贫专项方案》

2016 年 1 月，水利局制定《2016 年兰考县水利帮扶计划》

2016 年 2 月，兰考县供电公司制定《2016 年扶贫工作计划》

2016 年 2 月 11 日，蔡松涛召集扶贫办所有班子成员、县直有关单位一把手和五个镇的一把手开会，商讨怎样排除扶贫工作中的困难，克服存在的问题

2016 年 2 月 15 日，扶贫开发领导小组下发《关于下达补助建档立卡

贫困户 2015 年跨省务工路费的资金的通知》

2016 年 2 月 16 日，兰考县召开全县三级干部会议

2016 年 2 月 16 日，扶贫开发领导小组下发《关于划拨财政专项扶贫（发展）资金到各乡镇（街道）管理使用的通知》

2016 年 2 月 16 日，扶贫开发领导小组下发关于 2016 年度资助贫困大学生资金的通知

2016 年 2 月 20 日，河南省制定《中共河南省委河南省人民政府关于打赢脱贫攻坚战的实施意见》

2016 年 2 月 24 日，文广新局制定《兰考县文广新局 2016 年度扶贫工作计划》

2016 年 2 月 26 日，制定《兰考县财政资金支持园区建设带动贫困户发展的实施方案》

2016 年 3 月 11 日，作风建设和精准脱贫专题党课，题目是《迎难而上　全力以赴　坚决打赢脱贫攻坚战》，蔡松涛讲课

2016 年 3 月 13 日，全县参与扶贫的中坚力量听取脱贫攻坚专题党课，蔡松涛讲课

2016 年 3 月 14 日，制定《兰考县 2016 年度农村特殊贫困人口医疗救助工作实施方案》

2016 年 3 月 15 日，印发《兰考县农民住房财产权抵押贷款试点工作实施方案》

2016 年 3 月 17 日，印发《兰考县"四位一体"金融扶贫实施办法》

2016 年 3 月 17 日，中国联通兰考县分公司印发《兰考联通 2016 年信息化扶贫工作方案》

2016 年 3 月 19~31 日，督查局对建档立卡贫困户入户走访

2016 年 3 月 25 日，财政部等提出《关于开展市县涉农资金整合优化试点的意见》

2016 年 3 月 31 日，卫计委制定《兰考县卫生计生委 2016 年医疗卫生扶贫工作方案》

2016 年 4 月 5 日，印发《兰考县脱贫攻坚宣传工作实施方案》

2016 年 4 月 9 日，兰考与中国人民银行郑州中心支行签署了《加快推

进兰考县普惠金融改革试验区建设合作备忘录》

2016 年 4 月 12 日，印发《兰考县信用信息中心建设实施方案》

2016 年 4 月 13 日，兰考县扶贫开发和脱贫攻坚领导小组调整

2016 年 4 月 14 日，印发《兰考县脱贫攻坚提升工程实施方案》

2016 年 4 月 14 日，召开纪念焦裕禄同志逝世 52 周年暨脱贫攻坚城市综合提升阶段总结表彰大会，印发《兰考县脱贫攻坚提升工程实施方案》

2016 年 4 月 15 日，在焦裕禄干部学院召开脱贫攻坚提升工程推进会，部署精准识别"回头看"等工作，蔡松涛讲话

2016 年 4 月 15 日~7 月 15 日，实施脱贫攻坚提升工程

2016 年 4 月 16 日，惠安街道办事处爱心超市正式开业运行

2016 年 4 月 19 日，谢伏瞻在兰考长胜调研

2016 年 4 月 20 日，谢伏瞻在兰考调研座谈

2016 年 4 月 21 日，河南省扶贫办下发《关于深入做好建档立卡"回头看"工作的通知》

2016 年 4 月 25 日，扶贫开发小组下发《关于下达 2016 年度财政专项扶贫整村推进建设资金的通知》

2016 年 4 月 29 日，县委组织部下发《关于评选"驻村扶贫工作标兵"的通知》

2016 年 5 月，召开脱贫攻坚阶段总结推进大会，再次部署精准识别、精准帮扶等工作

2016 年 5 月，扶贫开发领导小组印发《兰考县构树扶贫产业发展实施方案》

2016 年 5 月 6 日，印发《关于落实"两不愁、三保障"要求的实施方案》

2016 年 5 月 7 日，陈润儿到兰考调研并召开黄河滩区脱贫攻坚座谈会

2016 年 5 月 9~13 日，举办 2016 年度扶贫对象动态管理和信息采集工作培训

2016 年 5 月 12 日，兰考县人民政府与恒大集团在郑州举行恒大家居联盟产业园项目签约仪式

2016 年 5 月 14 日，召开纪念焦裕禄同志逝世 52 周年暨脱贫攻坚城市

综合提升阶段总结表彰大会

2016 年 5 月 14 日，县委县政府出台《关于表彰扶贫攻坚暨综合提升工程先进单位和先进个人的决定》

2016 年 5 月 16 日，组织部召开稳定脱贫整改提升第二次推进会

2016 年 5 月 20 日，召开第一次兰考县涉农资金整合优化领导小组成员会议

2016 年 5 月 24 日，扶贫开发领导小组下发《关于下达肉鸭养殖小区基础设施建设资金计划的通知》

2016 年 5 月 26 日，河南省召开全省脱贫攻坚第一次推进会

2016 年 5 月 31 日，制定《兰考县脱贫攻坚标准化档案建设方案》

2016 年 6 月 2 日，召开兰考县党政联席会，段喜中讲话

2016 年 6 月，召开全县脱贫攻坚推进会，部署政策落实、精准帮扶

2016 年 6 月 12 日，河南省印发《河南省扶贫对象精准识别及管理办法》《河南省扶贫资金管理办法》《河南省开展统筹整合使用财政涉农资金试点实施办法》《河南省脱贫工作成效考核办法》《河南省贫困退出实施办法》《河南省产业扶持脱贫实施方案》《河南省易地搬迁脱贫实施方案》《河南省转移就业脱贫实施方案》《河南省社会保障脱贫实施方案》《河南省特殊救助脱贫实施方案》

2016 年 6 月 14 日，县委组织部下发《关于评选第二批"驻村扶贫工作标兵"的通知》

2016 年 6 月 15 日，农林局制定《兰考县农林局产业脱贫实施方案》

2016 年 6 月 16 日，县委制定《兰考县开展"三联三全"活动实施方案》

2016 年 6 月 17 日，河南省教育厅制定《河南省教育脱贫专项方案》，6 月 24 日河南省政府办公厅转发

2016 年 6 月 17 日，河南省交通运输厅制定《河南省交通运输脱贫专项方案》，6 月 24 日河南省政府办公厅转发

2016 年 6 月 17 日，河南省卫生计生委制定《河南省医疗卫生脱贫专项方案》，6 月 24 日河南省政府办公厅转发

2016 年 6 月 17 日，河南省水利厅制定《河南省水利专项方案》，6 月

24 日河南省政府办公厅转发

2016 年 6 月 17 日，河南省电力公司制定《河南省电网脱贫专项方案》，6 月 24 日河南省政府办公厅转发

2016 年 6 月 17 日，印发《兰考县脱贫攻坚精准帮扶工作方案》

2016 年 6 月 18 日，召开全县脱贫攻坚精准帮扶推进会

2016 年 6 月 19 日，召开全县脱贫攻坚推进会，李明俊讲话

2016 年 6 月 18 日~9 月 30 日，实施脱贫攻坚精准帮扶工作方案

2016 年 6 月 28 日，县委提出《关于重树"四面红旗"全面加强基层组织建设的意见》

2016 年 6 月 30 日，县委组织部印发《兰考县开展"三联三全"活动实施方案》

2016 年 7 月 6 日，民政局制定《兰考县特殊救助脱贫实施方案》

2016 年 7 月 7 日，河南省财政厅呈送财政部、发改委《兰考县涉农资金整合优化试点实施方案》

2016 年 7 月 11 日，人社局制定《兰考县社会保障脱贫实施方案》

2016 年 7 月 11 日，水利局制定《兰考县水利脱贫专项方案》

2016 年 7 月 17 日，第十四期《兰考讲堂》吴长胜讲解一户一档填写方法、解读脱贫攻坚政策

2016 年 7 月 21 日~9 月 30 日，脱贫攻坚达标阶段

2016 年 7 月 22 日，兰考县财政局开展"三联三全"活动动员会

2016 年 7 月 24 日，印发《兰考县加快推进金融扶贫贷款工作实施方案》

2016 年 7 月 24 日~8 月 31 日，兰考县实施进一步推进禾丰肉鸭养殖实施方案

2016 年，发布《兰考县整合涉农资金用于脱贫攻坚实施方案》

2016 年 7 月，国网河南省电力公司兰考县供电公司制定《兰考县电网脱贫专项方案》

2016 年 7 月，交通局制定《2016 年农村公路扶贫工作计划》和《2016 道路运输扶贫工作计划》

2016 年 7 月，交通局制定《兰考县交通运输脱贫及持续扶贫专项方

案》

2016 年 7 月，人社局制定《兰考县转移就业脱贫工作实施方案》

2016 年 7 月，卫计委制定《兰考县医疗卫生脱贫专项实施方案》

2016 年 7 月 24 日，印发《兰考县光伏扶贫工作实施方案》

2016 年 7 月 24 日，印发《兰考县村级综合性文化服务中心建设实施方案》

2016 年 7 月 25 日，召开全县脱贫"百日攻坚"大会，李经超、李明俊讲话

2016 年 8 月 5~17 日，分批集中培训全县农村党支部书记

2016 年 8 月 12 日，县委组织部发出《关于深化"三联三全"活动助推"五净一规范"工作的通知》

2016 年 8 月 12 日，森源电气公司与兰考县人民政府签订《光伏扶贫项目合作协议》

2016 年 8 月，发改委制定《河南省兰考具光伏扶贫工程实施方案》

2016 年 8 月 26 日~9 月 30 日，开展扶贫领域和脱贫攻坚战中突出问题专项督查工作

2016 年 9 月 12 日，县委作出《关于表彰"四面红旗村"和第二批"驻村扶贫工作标兵"的决定》

2016 年 9 月 13 日，在兰考礼堂召开全县脱贫攻坚工作推进会，蔡松涛讲话

2016 年 9 月 27 日，河南省扶贫办下发《关于做好全国扶贫开发信息系统推广使用工作的通知》；10 月 26 日兰考县转发

2016 年 9 月 28 日，印发《兰考县开展脱贫致富奔小康产业发展信用贷工作实施方案》

2016 年 9 月 29 日，人社局制定《兰考县人力资源和社会保障局农村贫困劳动力实用技术培训实施方案》

2016 年 9 月 30 日，在财政局召开兰考县脱贫攻坚专项督查工作会

2016 年 10 月，编制《兰考县"十三五"脱贫攻坚规划》

2016 年 10 月 1~31 日，脱贫攻坚巩固完善和验收阶段

2016 年 10 月 8 日，国务院扶贫办下发《关于做好 2016 年扶贫对象动

态调整和建档立卡信息采集录入工作的通知》；28 日河南省转发；10 月 26
日兰考县转发

2016 年 10 月，督查局与住建局核实贫困户危房改造情况

2016 年 10 月 12 日，兰考县召开了今冬明春五项重点工作动员大会

2016 年 10 月 25 日，聘请了第三方进行预评估，评估结果显示兰考的
退出可行度为 95.68%，可以稳定退出

2016 年 10 月 26 日，扶贫开发领导小组下发《关于下达财政专项扶贫
资金的通知》

2016 年 10 月 28 日，制定《兰考县财政帮扶资金支持贫困村入股合作
社带动贫困户和集体经济发展项目实施方案》

2016 年 10 月 31 日，举办 2016 年度扶贫对象动态管理培训会

2016 年 10 月 31 日，制定《兰考县贫困退出工作方案》

2016 年 11 月 8 日，召开兰考县扶贫开发领导小组工作促进会

2016 年 11 月，督查局组织成立金融扶贫督查小组

2016 年 11 月，对照贫困退出标准自查

2016 年 12 月 5~17 日，督查局实施兰考县贫困村、贫困户退出工作
督查

2016 年 12 月 14~19 日，督查局牵头组织贫困户脱贫状况调研

2016 年 12 月 15 日，教体局完成《兰考县教育体育局教育脱贫退出自
查报告》

2016 年 12 月 18 日，兰考县财政局作《关于贫困退出落实情况的自评
自查报告》

2016 年 12 月 18 日，畜牧局作《退出自查报告》

2016 年 12 月 18 日，兰考县广播电视总台完成《贫困退出工作自评自
查报告》

2016 年 12 月 18 日，农林局完成《兰考县农林局贫困退出指标完成情
况工作自评自查报告》

2016 年 12 月 18 日，住建局完成《兰考县住房和城乡规划建设局退出
自查报告》

2016 年 12 月 19 日，文广新局完成《兰考县文广新局贫困村退出文化

扶贫自查报告》

2016 年 12 月 19 日，召开全县贫困户退出工作推进会

2016 年 12 月 20 日，中国科学院地理科学与资源研究所完成《兰考县脱贫退出第三方评估报告》

2016 年 12 月 23 日，公告桂李寨村等 115 个贫困村退出贫困序列

2016 年 12 月 24 日，县政府制定《关于做好"三位一体"和"四位一体"贷款企业贴息工作的意见》

2016 年 12 月 25 日，兰考县扶贫开发领导小组请示河南省扶贫开发领导小组贫困县退出

2016 年 12 月 26 日，扶贫开发领导小组下发《关于对扶贫攻坚过程中新识别的贫困人员实行医疗救助工作的通知》

2016 年 12 月 26 日，河南省制定《兰考县、滑县贫困退出省级核查工作方案》

2016 年 12 月 27 日，国网河南省电力公司作《2016 年电网助推脱贫攻坚专项行动汇报》

2016 年 12 月 28 日，中国人民银行会同"一行三会"等八部门批复下发《河南省兰考县普惠金融改革试验区总体方案》

2016 年 12 月 28 日，河南省扶贫开发领导小组对兰考县贫困退出进行了省级核查，并将退出情况向社会公示

2016 年 12 月 29 日，兰考县财政局制定《2017～2019 年持续帮扶规划》

2016 年 12 月 29 日，兰考联通完成《精准扶贫工作自查报告》和《兰考联通全光网建设工作总结》

2016 年 12 月，国网河南省电力公司兰考县供电公司完成《"精准扶贫"工作自评报告》

2016 年 12 月，国网兰考县供电公司制定《持续电网建设计划》

2016 年 12 月，交通局完成《兰考县交通运输行业扶贫脱贫退出自查报告》

2016 年 12 月，人设局完成《兰考县人力资源与社会保障局关于我县贫困退出指标完成情况的自评自查报告》

2016 年 12 月，水利局完成《退出贫困自查报告》

2016 年 12 月，卫计委完成《兰考县医疗卫生扶贫自查报告》

2017 年 1 月 3 日，督查局做关于对贫困户退出专项督查的汇报

2017 年 1 月 4 日，向省扶贫办报送 2016 年退出贫困村名单

2017 年 1 月 9~21 日，国务院扶贫办委托中国科学院地理科学与资源研究所对兰考县贫困退出进行第三方评估，评估结果显示，兰考县抽样错退率 0.72%，漏评率 0.75%，综合测算贫困发生率 1.27%，群众认可度 98.96%，符合贫困县退出标准

2017 年 2 月 5 日，县委县政府出台《关于表彰 2016 年度经济社会发展暨党的建设工作先进集体和先进个人的决定》

2017 年 2 月 18 日，河南省印发《河南省贫困县脱贫工作成效考核办法》《河南省脱贫攻坚责任制实施细则》《河南省脱贫攻坚督查巡查工作实施细则》

2017 年 2 月 23 日，国务院扶贫办致函河南省扶贫开发领导小组反馈兰考县退出专项评估情况意见

2017 年 2 月 25 日，河南省扶贫办收到《关于兰考县退出贫困县的报告》；同日，杨晓捷、穆为民签阅；次日谢伏瞻签阅

2017 年 2 月 27 日，河南省政府批准兰考县退出贫困县

2017 年 3 月 23 日，河南省财政厅、河南省扶贫开发办公室联合印发《关于下达贫困县率先脱贫省级财政奖励资金的通知》

2017 年 4 月 18 日，召开兰考县稳定脱贫奔小康誓师大会

2017 年 4 月 21 日，全省脱贫攻坚第三次推进会议在郑州召开

2017 年 4 月 28 日，河南省脱贫攻坚领导小组第六督查巡查组对兰考进行督查巡查

2017 年 4 月 29~30 日，召开全县脱贫攻坚问题整改专题培训会

2017 年 5 月，制定《兰考县稳定脱贫整改提升实施方案》

2017 年 5 月，发布《驻村工作队工作要求》

2017 年 5 月 5 日，河南省扶贫办发布《河南省脱贫攻坚档案资料规范化建设指导意见》

2017 年 5 月 5 日，召开全县稳定脱贫整改提升大会战动员会；会上宣

读了《全县"稳定脱贫整改提升大会战"十项工作要求》和《兰考县稳定脱贫整改提升大会战督查巡查工作实施方案》

2017年5月6日，召开全县脱贫攻坚整改规范档卡培训会，吴长胜讲话

2017年5月7日，召开稳定脱贫规范化档案建设培训会

2017年5月10~11日，在县农林大厦召开全县督查巡查专题培训会

2017年5月18日，召开兰考县稳定脱贫规范化档卡建设第二次培训会

2017年5月19日，召开稳定脱贫奔小康指挥部周例会

2017年5月20日，召开兰考县稳定脱贫规范化档卡建设第三次培训会

2017年5月21日，召开兰考县稳定脱贫规范化档卡建设推进会

2017年5月28日，满八斤在扶贫办会议室组织召开扶贫工作会议

2017年6月14日，召开兰考县稳定脱贫奔小康政策解读培训会

2017年11月9日，召开稳定脱贫奔小康指挥部会议

2017年11月13日，召开县政府重点工作推进调度会议

2017年11月20日，召开稳定脱贫奔小康工作周例会

2017年11月27日，召开稳定脱贫奔小康工作周例会

2017年12月10日，召开县政府第十二次常务会议

2017年12月20日，印发《兰考县2017年整合涉农资金用于稳定脱贫实施方案》

参考文献

（一）文献类

[1]《马克思恩格斯选集》（1~4卷），人民出版社，2012。

[2]《马克思恩格斯给美国人的信》，人民出版社，1986。

[3]《列宁选集》（1~4卷），人民出版社，1995。

[4] 列宁：《哲学笔记》，人民出版社，1974。

[5]《毛泽东选集》（1~4卷），人民出版社，1991。

[6]《邓小平文选》（1~3卷），人民出版社，1993。

[7] 中共中央文献研究室编《邓小平年谱（1975—1997）》下卷，中央文献出版社，2004。

[8]《江泽民文选》（1~3卷），人民出版社，2006。

[9]《胡锦涛文选》（1~3卷），人民出版社，2016。

[10]《十二大以来重要文献选编》（上、中、下），中央文献出版社，1986。

[11]《十三大以来重要文献选编》（上、中、下），中央文献出版社，1991.1993。

[12]《十四大以来重要文献选编》（上、中、下），中央文献出版社，1996.1997.1999。

[13]《十五大以来重要文献选编》（上、中、下），中央文献出版社，2000.2001.2003。

[14]《十六大以来重要文献选编》（上、中、下），中央文献出版社，2005.2006.2008。

[15]《十七大以来重要文献选编》（上、中、下），中央文献出版社，

2009. 2011. 2013。

[16] 《十八大以来重要文献选编》（上、中），中央文献出版社，2014. 2016。

[17]《坚定不移沿着中国特色社会主义道路前进　为全面建成小康社会而奋斗——在中国共产党第十八次全国代表大会上的报告》，人民出版社，2012。

[18]《十八大报告辅导读本》，人民出版社，2012。

[19] 中共中央文献研究室：《习近平关于实现中华民族伟大复兴的中国梦论述摘编（小字本）》，中央文献出版社，2013。

[20]《习近平扶贫论述摘编》，中央文献出版社，2018。

[21] 习近平：《习近平谈治国理政》（第一卷），外文出版社，2014。

[22] 习近平：《习近平谈治国理政》（第二卷），外文出版社，2017。

[23] 习近平：《习近平谈治国理政》（第三卷），外文出版社，2020,

[24] 中共中央宣传部：《习近平总书记系列重要讲话读本》，学习出版社、人民出版社，2014。

[25]《决胜全面建成小康社会 夺取新时代中国特色社会主义伟大胜利——在中国共产党第十九次全国代表大会上的报告》，人民出版社，2017。

[26]《十九大报告辅导读本》，人民出版社，2017。

[27]《十九大报告辅导百问》，党建读书出版社，2017。

[28] 习近平：《摆脱贫困》，福建人民出版社，2014。

[29] 习近平：《干在实处走在前列》，中共中央党校出版社，2013。

[30] 习近平：《做焦裕禄式的县委书记》，中央文献出版社，2015。

[31] 中国社会科学院语言研究所词典编辑室：《现代汉语词典（修订本）》，商务印书馆，1996。

[32]《中共中央关于加快农业发展若干问题的决定》，1979 年 9 月 28 日。

[33]《建国以来重要文献选编》（第一、三、四、十四册），中央文献出版社。

[34]《中国共产党历史专题大事纵览》（第一、二卷），红旗出版社。

［35］《中国共产党重要会议纪事（1921～2006）》（增订本），中央文献出版社。

（二）著作类

［1］谢春涛：《中国城镇化：亿万农民进城的故事》，新世界出版社，2014。

［2］谢春涛：《中国共产党如何治理国家》，新世界出版社，2012。

［3］刘坚主编《新阶段扶贫开发的探索与实践》，中国财政经济出版社，2005。

［4］刘坚主编《中国农村减贫研究》，中国财政经济出版社，2009。

［5］康晓光：《中国贫困与反贫困理论》，广西人民出版社，1995。

［6］共济：《新阶段社会扶贫体制机制创新》，中国农业出版社，2012。

［7］范小建主编《扶贫开发形势和政策》，中国财政经济出版社，2008。

［8］范小建主编《完善国家扶贫战略和政策体系研究》，中国财政经济出版社，2011。

［9］范小建主编《中国农村扶贫开发纲要（2011—2020年）干部辅导读本》，中国财政经济出版社，2012。

［10］童星、林闽钢：《中国农村社会保障》，人民出版社，2011。

［11］张磊：《中国扶贫开发政策演变》，中国财政经济出版社，2007。

［12］黄承伟：《中国反贫困：理论方法方略》，中国财政经济出版社，2002。

［13］黄承伟：《中国农村反贫困的实践与思考》，中国财政经济出版社，2004。

［14］黄承伟：《国际减贫理论与前沿问题2012》，中国农业出版社，2012。

［15］周毅：《反贫困与可持续发展》，党建读物出版社，1997。

［16］谢和平：《反贫困与国际区域合作》，四川大学出版社，2008。

［17］朱凤岐、高天红等：《中国反贫困研究》，中国计划出版

社，1995。

[18] 刘坚：《新阶段扶贫开发的成就与挑战》，中国财政经济出版社，2006。

[19] 张巍：《中国农村反贫困制度变迁研究》，中国政法大学出版社，2008。

[20] 吴忠：《国际减贫理论与前沿问题 2010》，中国农业出版社，2010。

[21] 李春光：《国际减贫理论与前沿问题 2011》，中国农业出版社，2011。

[22] 世界银行：《1990 年世界发展报告》，中国财政经济出版社，1990。

[23] 世界银行：《贫困与对策（1992 年减缓贫困手册）》，北京经济出版社，1996。

[24] 世界银行：《2000/2001 年世界发展报告——与贫困作斗争》，中国财政经济出版社，2001。

[25] 许源源：《中国农村扶贫瞄准——定点部门与 NGO 的视角》，中国社会科学出版社，2012。

[26] 杨朝中：《扶贫开发战略与政策》，湖北人民出版社，2012。

[27] 朱晓阳：《边缘与贫困——贫困群体研究反思》，社会科学文献出版社，2012。

[28] 左常升：《国际减贫理论与前沿问题（2013）》，中国农业出版社，2013。

[29] 左常升：《国际减贫理论与前沿问题（2014）》，中国农业出版社，2014。

[30] 左常升：《中国扶贫开发政策演变（2001~2015 年）》，中国财政经济出版社，2016。

[31] 陆汉文、黄承伟：《中国精准扶贫发展报告（2016）》，社会科学文献出版社，2016。

[32] 杨道田：《新时期我国精准扶贫机制创新路径》，经济管理出版社，2017。

［33］《世纪末的最后一搏——邓小平改革评传》，时代文艺出版社。

［34］《习近平的七年知青岁月》，中共中央党校出版社，2017。

［35］罗国杰：《伦理学（修订版）》，人民出版社，2014。

［36］王歉宇：《在地狱的入口处》，香港：大道出版社，2002。

［37］孙立平：《失衡：断裂社会的运作逻辑》，社会科学文献出版社，2004。

［38］钱津：《直面现实：中国重大经济问题分析》，社会科学文献出版社，2011。

［39］中国人民广播电台经济之声：《中国经济迫切十问》，译林出版社，2013。

［40］中国"三农"形势跟踪调查课题组、中汉经济研究所农村发展研究部：《小康中国痛：来自底层中国的调查报告》，中国社会科学出版社，2004。

［41］中国科学报社：《国情与决策》，北京出版社，1990。

［42］吴忠民、韩克庆：《中国社会政策的演进及问题》，山东人民出版社，2009。

［43］郑杭生：《当代中国农村社会转型的实证研究》，中国人民大学出版社，1996。

［44］中央文献研究室科研管理部：《中共中央文献研究室个人课题成果集》，中央文献出版社，2012。

［45］张兴茂、王建刚：《社会主义的理论创新与实践探索》，中央编译出版社，2007。

［46］〔德〕赫尔穆特.施密特：《施密特：与中国为邻》，梅兆荣、曹其宁、刘昌业译，海南出版社，2014。

［47］〔德〕雅斯贝尔斯：《哲学与信仰：雅斯贝尔斯哲学研究》，鲁路译，人民出版社，2010。

［48］〔美〕傅高义：《邓小平时代》，冯克利译，生活·读书·新知三联书店。

［49］〔美〕马丁·瑞沃林：《贫困的比较》，赵俊超译，北京大学出版社，2005。

[50] 〔瑞典〕冈纳·缪尔达尔:《亚洲的戏剧——南亚国家贫困问题研究(重译本)》,首都经济贸易大学出版社,2001。

[51] 〔印度〕阿玛蒂亚·森:《贫困与饥荒》,商务印书馆,2011。

[52] 〔印度〕阿玛蒂亚·森:《以自由看待发展》,中国人民大学出版社,2013。

[53] 〔美〕弗兰克·斯卡皮蒂:《美国社会问题》,中国社会科学出版社,1996。

[54] 李华:《国际社会保障动态:反贫困模式与管理》,上海人民出版社,2015。

(三) 论文类

[1] 吕书奇:《中国农村扶贫政策及成效研究》,中国农业科学院,2008。

[2] 成卓:《中国农村贫困人口发展问题研究》,西南财经大学,2009。

[3] 李虹:《中国生态脆弱区的生态贫困与生态资本研究》,西南财经大学,2011。

[4] 肖艳辉:《社会救助国家责任模式比较研究》,湖南大学,2012。

[5] 李娟娟:《社会企业:中国农村扶贫开发的新力量》,山东大学,2013。

[6] 吕祥乾:《云南集中连片特困地区扶贫开发模式研究》,云南师范大学,2014。

[7] 田胜勇:《张家界市农村扶贫开发问题研究》,湖南农业大学,2014。

[8] 刘晓橦:《吉林省农村扶贫开发问题研究》,吉林大学,2014。

[9] 杨林华:《农村扶贫模式创新研究》,华中师范大学,2014。

[10] 黄城煜:《广西壮族自治区德保县扶贫开发研究》,中央民族大学,2015。

[11] 徐小英:《农村贫困人口致贫的成因与政策调适》,南昌大学,2015。

［12］王合卫：《菏泽市农村扶贫问题研究》，山东师范大学，2015。

［13］唐娟：《精准扶贫背景下新化县扶贫开发研究》，湖南人文科技学院，2016。

［14］冉义莉：《农村扶贫中的困境及其缓解对策研究》，西南政法大学，2016。

［15］宋晓静：《内蒙古固阳县扶贫开发治理研究》，内蒙古大学，2016。

［16］颜建升：《泉州市农村精准扶贫政策优化研究》，华侨大学，2016。

［17］杨智：《全面小康目标下甘肃农村反贫困研究》，兰州大学，2016。

［18］胡柳：《乡村旅游精准扶贫研究》，武汉大学，2016。

［19］范武迪：《陕甘宁革命老区产业化扶贫研究》，甘肃农业大学，2016。

［20］王立琛：《临沧市彝族支系俐侎人地区精准扶贫研究》，云南财经大学，2016。

［21］仇荀：《马克思主义贫困理论及当代中国贫困治理实践研究》，吉林大学，2016。

［22］陈驰：《习近平精准扶贫思想及其在毕节试验区的实践研究》，西南大学，2016。

［23］郗凤芹：《习近平精准扶贫思想研究》，浙江财经大学，2017。

［24］赵佳佳：《当代中国社会组织扶贫研究》，吉林大学，2017。

［25］葛子豪：《穆棱市农村精准扶贫问题研究》，吉林大学，2017。

［26］熊丽：《江西省精准扶贫政策体系及其优化研究》，江西财经大学，2017。

［27］吴桐：《习近平精准扶贫思想视域下河北太行山区产业扶贫研究》，河北科技大学，2017。

［28］赵明明：《全面建成小康社会目标指向下精准扶贫机制探析》，北京外国语大学，2018。

［29］王秋霞：《山东省精准扶贫政策执行问题研究》，哈尔滨商业大

学，2018。

[30] 郭秀红：《内蒙古鄂伦春自治旗精准扶贫的困境及对策研究》，哈尔滨商业大学，2018。

[31] 何婷：《习近平精准扶贫思想在四川巴中市的实践研究》，广西师范学院，2018。

[32] 张媛：《塔城地区农村精准扶贫问题研究》，河北科技师范学院，2018。

[33] 魏欣：《少数民族地区精准扶贫的现状及对策研究——以攀枝花市盐边县为例》，西华大学，2018。

[34] 刘运红：《陕南平梁镇精准扶贫实践研究》，西安理工大学，2018。

[35] 高国庆：《陕西省某市 Z 镇产业扶贫的路径研究》，西安理工大学，2018。

[36] 李亦如：《清水河县精准扶贫政策实施成效研究》，内蒙古大学，2018。

[37] 李元元：《陕西省佳县精准扶贫现状的调查研究》，首都经济贸易大学，2018。

[38] 曹朔：《恩施州精准扶贫绩效评估研究》，湖北民族学院，2018。

[39] 孙艳：《阳信县精准扶贫和脱贫问题的研究》，新疆大学，2018。

[40] 甘茗：《精准扶贫的伦理思考》，广西师范大学，2018。

[41] 毛晓军：《吉林省精准扶贫研究》，吉林大学，2018。

（四）报刊类

[1] 习近平：《关于〈中共中央关于全面深化改革若干重大问题的决定〉的说明》，《人民日报》2013 年 11 月 16 日。

[2] 孙正聿：《寻找"意义"：哲学的生活价值》，《中国社会科学》1996 年第 3 期。

[3] 田纪云：《万里：改革开放的大功臣》，《炎黄春秋》2006 年第 5 期。

[4] 施由明、刘清荣：《从毛泽东到胡锦涛：中国扶贫开发理论的不

断深化》,《农业考古》2007 年第 6 期。

　　[5] 杜润生:《对中国农村改革的回顾》,《中共党史研究》1998 年第 5 期。

　　[6] 杜润生:《建设新农村不能动摇家庭承包责任制》,《中国改革》2006 年第 6 期。

　　[7] 李昌平:《乡村振兴最核心的任务是增加农民收入》,《人民论坛》2018 年第 21 期。

　　[8] 李昌平:《中国乡村复兴的背景、意义与方法——来自行动者的思考和实践》,《探索与争鸣》2017 年第 12 期。

　　[9] 温铁军:《中国农业如何从困境中突围》,《决策探索(下半月)》2016 年第 3 期。

　　[10] 温铁军:《土地改革与中国城镇化》,《小城镇建设》2015 年第 8 期。

　　[11] 陈锡文:《乡村振兴首先要坚持农村基本经营制度》,《农村工作通讯》2018 年第 17 期。

　　[12] 陈锡文:《从农村改革四十年看乡村振兴战略的提出》,《上海农村经济》2018 年第 8 期。

　　[13] 陈锡文:《落实发展新理念 破解农业新难题》,《农业经济问题》2016 年第 3 期。

　　[14] 文建龙:《邓小平的扶贫思想及其时代意义》,《观察与思考》2014 年第 11 期。

　　[15] 杨云鹏、杨临宏:《邓小平扶贫理论探析》,《云南法学》2000 年第 3 期。

　　[16] 戴晓娟:《邓小平扶贫致富思想论析》,《广西梧州师范高等专科学校学报》1999 年第 3 期。

　　[17] 文建龙:《邓小平共同富裕思想与 20 世纪 80 年代的中国扶贫实践》,《中共云南省委党校学报》2014 年第 2 期。

　　[18] 林文兰:《高举邓小平理论伟大旗帜,认真总结经验,再接再厉,振奋精神,把科技扶贫工作继续推向前进》,《云南科技管理》1998 年第 4 期。

［19］余茂辉：《关于邓小平扶贫开发战略理论的思考》，《铜陵学院学报》2004 年第 1 期。

［20］李顺禹：《关于邓小平扶贫开发战略思想的探讨》，《福建党史月刊》2014 年第 22 期。

［21］李志平、杨江帆：《胡锦涛农村扶贫思想论析》，《山西农业大学学报》（社会科学版）2014 年第 1 期。

［22］肖心田：《西部开发与贵州扶贫》，《中国贫困地区》2000 年第 8 期。

［23］李安增、孙迪亮：《江泽民农村扶贫思想的逻辑蕴涵及时代价值》，《党史研究与教学》2007 年第 4 期。

［24］孙迪亮：《江泽民农村扶贫思想论析》，《西北民族大学学报》（哲学社会科学版）2005 年第 1 期。

［25］韩广富、何玲：《论江泽民农村扶贫开发思想的时代特征》，《中共青岛市委党校青岛行政学院学报》2006 年第 4 期。

［26］覃敏良：《毛泽东反贫困思想对精准扶贫工作的启示》，《广西教育学院学报》2017 年第 1 期。

［27］文建龙：《毛泽东共同富裕思想与 20 世纪 50—70 年代的中国扶贫实践》，《佳木斯大学社会科学学报》2015 年第 5 期。

［28］黄承伟、刘欣：《新中国扶贫思想的形成与发展》，《国家行政学院学报》2016 年第 3 期。

［29］宋月红：《用马克思主义唯物史观指导历史研究》，《当代中国史研究》2016 年第 5 期。

［30］胡鞍钢：《中国减贫之路：从贫困大国到小康社会（1949~2020年）》，《国情报告》第十一卷·2008 年（下），党建读物出版社，2012。

［31］韩喜平、金运：《中国农村金融信用担保体系构建》，《农业经济问题》2014 年第 3 期。

［32］韩喜平、孙贺：《欠发达地区农民合作社发展路径的优化问题》，《学术交流》2014 年第 1 期。

［33］金运、韩喜平：《扶贫开发的金融制度安排》，《中共中央党校学报》2014 年第 6 期。

［34］韩广富：《论我国农村扶贫开发机制的创建》，《东北师大学报》（哲学社会科学版）2007 年第 6 期。

［35］汪三贵、刘未：《"六个精准"是精准扶贫的本质要求——习近平精准扶贫系列论述探析》，《毛泽东邓小平理论研究》2016 年第 1 期。

［36］唐任伍：《习近平精准扶贫思想阐释》，《人民论坛》2015 年第 30 期。

［37］刘解龙：《经济新常态中的精准扶贫与机制创新》，《湖南社会科学》2015 年第 4 期。

［38］汪三贵、郭子豪：《论中国的精准扶贫》，《贵州社会科学》2015 年第 5 期。

［39］葛志军、邢成举：《精准扶贫：内涵、实践困境及其原因阐释——基于宁夏银川两个村庄的调查》，《贵州社会科学》2015 年第 5 期。

［40］黄承伟、覃志敏：《我国农村贫困治理体系演进与精准扶贫》，《开发研究》2015 年第 2 期。

［41］黄承伟、覃志敏：《论精准扶贫与国家扶贫治理体系建构》，《中国延安干部学院学报》2015 年第 1 期。

［42］张笑芸、唐燕：《创新扶贫方式，实现精准扶贫》，《资源开发与市场》2014 年第 9 期。

［43］邓维杰：《精准扶贫的难点、对策与路径选择》，《农村经济》2014 年第 6 期。

［44］李小云：《我国农村扶贫战略实施的治理问题》，《贵州社会科学》2013 年第 7 期。

［45］张伟宾、汪三贵：《扶贫政策、收入分配与中国农村减贫》，《农业经济问题》2013 年第 2 期。

［46］王建民：《扶贫开发与少数民族文化——以少数民族主体性讨论为核心》，《民族研究》2012 年第 3 期。

［47］向德平：《包容性增长视角下中国扶贫政策的变迁与走向》，《华中师范大学学报》（人文社会科学版）2011 年第 4 期。

［48］王曙光：《中国的贫困与反贫困》，《农村经济》2011 年第 3 期。

［49］王朝明：《中国农村 30 年开发式扶贫：政策实践与理论反思》，

《贵州财经学院学报》2008 年第 6 期。

[50] 王科:《中国贫困地区自我发展能力解构与培育——基于主体功能区的新视角》,《甘肃社会科学》2008 年第 3 期。

[51] 方黎明、张秀兰:《中国农村扶贫的政策效应分析——基于能力贫困理论的考察》,《财经研究》2007 年第 12 期。

[52] 王宇、李博、左停:《精准扶贫的理论导向与实践逻辑——基于精细社会理论的视角》,《贵州社会科学》2016 年第 5 期。

[53] 汪三贵、殷浩栋、王瑜:《中国扶贫开发的实践、挑战与政策展望》,《华南师范大学学报》(社会科学版)2017 年第 4 期。

附录 1　兰考县驻村扶贫工作考核办法

按照县委选派优秀机关干部开展驻村扶贫工作总体安排，根据县委组织部《关于加强驻村扶贫工作队管理工作的意见》（兰组文〔2015〕6 号）要求，为更加准确、客观、公正地评价驻村扶贫工作队工作实绩和队员工作表现，激励督促驻村干部认真履行工作职责，确保驻村扶贫工作取得实效，特制定本考核办法。

一　考核对象

全县 115 个驻村扶贫工作队及工作队成员。

二　考核内容

根据驻村扶贫工作队工作任务和纪律要求，考核内容主要包括以下几个方面：

1. 驻村工作队员遵守工作纪律和管理规定情况；

2. 贫困户建档立卡和动态管理情况；

3. 根据所驻村的贫困原因及发展需求，制定村级发展规划和年度实施计划，发展符合市场需求和本村资源条件的主导产业和经济项目情况；

4. 宣传有关农村工作特别是扶贫开发的重大方针政策，引导帮助群众掌握、用好各项农村改革政策，协助落实好各类到村到户扶贫项目，帮助落实好各项惠农富农政策情况；

5. 组织开展实用技术技能培训，提高贫困户就业和致富能力，拓宽增收渠道情况；

6. 贫困户精准扶贫计划推进实施情况；

7. 完善道路、饮水、用电等基础设施建设，提高教育、文化、社会保障、医疗等社会事业和公共服务水平，组织群众积极参与环境卫生整治等村内重大事务活动情况；

8. 加强村"两委"班子建设，增强村级组织凝聚力和战斗力，提高带领群众发展生产、脱贫致富能力情况。

三　考核方法

结合实际制定具体考核细则，细化考核指标，量化考核分值。坚持实事求是、客观公正、注重实绩和群众公认原则，采取组织考核和业务考核相结合，年终考核与日常督导、季度考核、半年考核相结合的方式，全面了解驻村工作队和驻村干部的具体表现。

（一）日常督导。县委组织部、县发改委（扶贫办）通过定期或不定期对驻村干部遵守工作纪律情况、阶段任务完成情况、工作成效等进行督导检查，为年度考核提供参考依据。

（二）季度考核和半年考核。采用"2+4"考核法（所驻村"两委"鉴定、所在乡镇党委鉴定，乡镇总队长排名、乡镇党委排名、发改委（扶贫办）排名、组织部排名）对驻村工作队进行季度评定和半年评定，为年度考核提供参考依据。

（三）年终考核。县委组织部、县发改委（扶贫办）组成联合考核组，按照书面述职、实地调查、民主评议、综合评定等方式，对驻村工作队及队员进行考核。

1. 书面述职。驻村工作队队长对工作开展情况进行书面述职。

2. 实地调查。对驻村工作队工作开展情况进行实地调查，对照《考核细则》，逐项打分。

3. 民主测评。组织所在乡镇分管领导、村"两委"成员、党员代表、不少于贫困户总数30%的贫困户代表，对工作队进行测评。

4. 综合评定。对考核情况进行汇总，形成书面材料，提出考核等次初步建议，按照程序研究确定考核结果。

四　考核结果运用

1. 驻村工作队民主测评群众满意率低于80%的，限期进行整改；民主测评群众满意率低于60%的，对驻村工作队通报批评（该工作队成员年度考核不能评为"优秀"等次）并及时调整工作队成员，派出单位重新选派驻村干部。

2. 按照《考评细则》得分评价工作等次，得分在90分以上为"优秀"，60~89分为"合格"，60分以下为"不合格"。

3. 工作队评价等次原则上作为队员的考核等次；有特殊情况的，由组织部、发改委（扶贫办）另行研究确定。

4. 驻村干部的年终考核结果，等同于驻村干部在本单位的年度考核结果。

5. 驻村干部考核综合评定特别优秀且符合条件的，优先提拔重用；被评为"不合格"等次的，驻村工作队员年度考核认定为"不称职"，按照干部管理权限由组织部或派出单位进行诫勉谈话，是后备干部的，取消后备资格。

6. 考核结束后，将驻村干部考核等次反馈给派出单位，并按照干部管理权限及时将《考核登记表》装入干部个人档案。

本办法由县委组织部、县发改委（扶贫办）负责解释。

附录2 兰考县驻村扶贫工作考核评价细则

项目	考核内容	评分标准	考核办法	分值
遵守纪律情况（10分）	1. 在岗情况	无故不在岗1次扣1分，扣完为止；村干部反馈经常不在岗不得分	组织部、扶贫办提供，走访村干部	4分
	2. 参加会议情况	无故不参加各种会议1次扣1分，扣完为止	组织部、扶贫办和各乡镇提供	3分
	3. 日常表现情况	全年无违纪行为得3分，否则不得分	实地走访调查	3分
工作实绩情况（55分）	4. 贫困户摸底状况	抽查10%的贫困户，准确得3分，1户不准确扣0.2分，以此类推，扣完为止	实地调查走访	3分
	5. 贫困村脱贫致富规划制定情况	规划科学、内容齐全、措施具体得2分，规划不切实际、内容不全、措施不具体得1分，没有规划不得分	查阅有关资料	2分
	6. 贫困户精准帮扶计划制定情况	计划科学、符合实际、措施具体得2分，计划不切实际、内容不全、措施不具体得1分，没有计划不得分	查阅有关资料	2分
	7. 工作台账建立情况	扶贫工作台账措施完善、时限明确、推进情况详细得2分，台账不完善不得分	查看台账	2分

续表

项目	考核内容	评分标准	考核办法	分值
工作实绩情况（55分）	8. 贫困户建档立卡和动态管理情况	及时把贫困户的信息变动情况、参加培训情况和对贫困户的帮扶措施录入信息管理系统得4分；不及时录入不得分	查阅信息管理平台和有关资料	4分
	9. 贫困村主导产业发展情况	帮助所驻村发展1~2个主导产业得5分，没有主导产业不得分	实地调查走访	5分
	10. 当年计划脱贫的贫困户增收项目情况	每户有1~2个增收项目得5分，每降低1个百分点扣0.5分，扣完为止；没有增收项目不得分	实地调查走访	5分
	11. 贫困户脱贫率情况	达到年度脱贫目标得4分，每少1个百分点扣0.2分，扣完为止	实地调查走访	4分
	12. 当年列入计划的贫困农户危房改造任务完成情况	任务完成得2分，每少一户扣0.5分，扣完为止	查阅有关资料、实地调查走访	2分
	13. 基础设施建设情况	协调建设村内路、井、水、电、桥、通信、广电、亮化、绿化等项目，每做一项得2分，最高不超过5分	实地调查走访	5分
	14. 组织群众参与清洁工程情况	积极组织群众参与村内环境卫生整治，村内干净整洁得2分	实地查看	2分
	14. 符合条件的贫困户全部纳入最低生活保障情况	符合低保标准贫困户每少纳入1户扣0.2分，扣完为止	实地调查走访	2分
	15. 贫困户参加新型农村合作医疗达100%	每少1个百分点扣0.5分，扣完为止	实地调查走访、查阅有关资料	2分
	16. 贫困户适龄子女义务教育入学率达100%	每有1名学生因贫困而辍学扣1分，扣完为止	实地调查走访	2分

续表

项目	考核内容	评分标准	考核办法	分值
工作实绩情况（55分）	17. 在家从事农业生产贫困家庭劳动力每年接受实用技术培训2次以上	贫困家庭劳动力没有参加培训每人每次扣0.1分，扣完为止	实地调查走访、查阅有关资料	2分
	18. "民情日记"记录情况	贫困户全部走访且记录规范得2分，走访60%以上得1分，走访60%以下得0.5分。没有记录的不得分	查看民情日记	2分
	19. "工作日志"记录情况	工作日志记录全面规范、无弄虚作假得2分	查看工作日志	2分
	20. 工作计划、工作总结及相关材料报送情况	及时制定并按时报送工作计划、工作总结等相关材料得3分，1次不按要求完成扣1分，扣完为止	组织部、扶贫办反馈，查看资料	3分
	21. 工作动态发表情况	在手机报、电视台、《今日兰考》、扶贫手机报每发表1篇动态得1分，最高4分。县级以上媒体每采用1篇得2分，最高4分	查看资料	4分
基层组织建设（10分）	22. 村"两委"班子整体功能情况	村"两委"班子健全，堡垒作用发挥较好得2分	走访了解	2分
	23. 村务、党务公开情况	有规范的公开栏，村务、财务、党务按要求公开得2分	实地查看，走访群众	2分
	24. 基层四项制度和机制运行情况	"四议两公开"工作法广泛运用、村便民服务点功能发挥良好、无越级上访集体上访事件、村干部无违法违纪行为得2分，每有1项效果不好扣0.5分	实地走访、查阅资料	2分
	25. 党员作用发挥情况	引导所驻村党员积极发挥模范带头作用得2分	实地走访	2分
	26. 组织活动开展情况	指导村党支部开展党员经常性教育活动，开展3次以上活动得2分，3次以下得1分，未开展不得分	查看相关图片、会议记录	2分

续表

项目	考核内容	评分标准	考核办法	分值
平时考核情况（15）	27. 季度考核排名和半年考核排名情况	每获 1 次全县排名前 3 名得 10 分（最高不超 15 分）；连续 4 次排名在本乡镇工作队前 3 名得 12 分，累计 3 次排在前 3 名得 10 分，累计 2 次排在前 3 名得 5 分，1 次排在前 3 名得 3 分；其余不得分。（县、乡排名得分不累计）	查看县、乡排名记录	15 分
民主测评情况（10 分）	28. 村党员干部群众满意度情况	测评得"很好"90% 以上得 10 分，60%~89% 得 5 分；得"好"90% 以上得 5 分，60%~89% 得 2 分；其余不得分	会议测评、座谈了解	10 分

附录3　基层扶贫干部心理健康的调查问卷

亲爱的同志：

　　您好！为了了解基层干部在扶贫过程中的心理健康状况，我们制作以下问卷内容向您采集相关信息，非常感谢您在百忙之中抽出时间来填写这份问卷，向我们提供了您的基本情况，这次的问卷调查若能够得到您的支持，我们将不胜感激。

　　本次调查不进行实名登记，结果无对错之分，请在符合您意见的选项序号上画"√"。非常感谢。

　　1. 您的性别：

①男　　　　　　　　②女

　　2. 您的年龄：

①35岁以下　　　②36～45岁　　　③45岁以上

　　3. 您的文化程度：

①高中和中专、职高及以下　　②大专　　③本科

④研究生及以上

　　4. 您参加工作的年限

①5年（含）以下　②5～10年（含）　③11～20年（含）

④20年以上

　　5. 您的级别：

①科员　　　②科级　　　③处级

　　6. 您认为加强基层扶贫领导干部心理素质建设的重要性？

①很重要　　②比较重要　　③可有可无　　④不重要

7. 您是否感到嗜睡、倦怠、无力、注意力不易集中、健忘？

①经常　　②有时　　③偶尔　　④从不

8. 您是否感到紧张、心情烦躁、不踏实？

①经常　　②有时　　③偶尔　　④从不

9. 您是否感到郁闷、空虚、兴致低落？

①经常　　②有时　　③偶尔　　④从不

10. 您是否会控制不住脾气，与人争论，容易激动？

①经常　　②有时　　③偶尔　　④从不

11. 您是否觉得别人对自己不友好、不支持、不重视，感情容易受到伤害，对别人求全责备？

①经常　　②有时　　③偶尔　　④从不

12. 领导干部压力大甚至出现心理问题的最主要原因是：

①工作压力　②社会环境压力　③生活压力　④自身心理素质差

⑤体制机制因素

13. 您认为形成干部心理压力的主要来源是什么？

请按重要性排列：

＿＿＿―＿＿＿―＿＿＿―＿＿＿―＿＿＿―＿＿＿―＿＿＿―＿＿＿―

①家庭生活压力　②工作任务压力　③家庭情感或人际交往

④职业升迁压力　⑤高压反腐压力　⑥社会负面心理影响

⑦重大突发事件　⑧网络舆论监督　⑨纠纷案件

14. 您对您目前扶贫工作压力的评价

①压力很大　②压力较大　③一般　④有点压力　⑤没有压力

15. 您拥有良好的睡眠吗？

①从不失眠　②偶尔失眠　③经常失眠

16. 您平均每天工作的时间：

①8 小时以内　②8—10 小时　③10 小时以上

17. 您预计今后您的工作压力会如何变化？

①大幅增加　②有所增加　③没变化　④有所减小　⑤大幅减小

18. 您的工作压力源主要来自以下哪些方面？（可多选）

①能力不适应　②竞争激烈　③缺少关怀　④工作任务繁重

⑤职务晋升　⑥考评问责　⑦待遇问题

⑧其它（请填写）＿＿＿＿＿＿＿＿

19. 您认为今后您的个人发展机会将如何？

①很好　②较好　③一般　④较差　⑤很差

20. 您与所在单位领导班子成员相处得如何？

①关系融洽　②关系一般　③关系紧张　④不了解

21. 您如何看待"现在官越来越不好当"了？（可多选）

①复杂形势和艰巨任务对领导干部的素质能力要求越来越高

②人民群众对领导干部的希望和期望越来越高

③组织上对领导干部的监督管理越来越严格

④上级指派的任务指标造成的压力很大

⑤承担的责任越来越大

⑥其它（请填写）＿＿＿＿＿＿＿＿

22. 您对您面临的社会环境压力的评价

①压力很大　②压力较大　③一般　④有点压力　⑤没有压力

23. 预计今后您面临的社会环境压力会如何变化？

①大幅增加　②有所增加　③没变化　④有所减小　⑤大幅减小

24. 您的社会环境压力源主要来自以下哪些方面？（可多选）

①负面诱惑　②人际交往　③网络舆论　④利益调整　⑤矛盾纠纷

⑥突发事件　⑦其它（请填写）＿＿＿＿＿＿＿＿

25. 您对目前您的生活压力评价

①压力很大　②压力较大　③一般　④有点压力　⑤没有压力

26. 预计今后您的生活压力会如何变化？

①大幅增加　②有所增加　③没变化　④有所减小　⑤大幅减小

27. 您的生活压力源主要来自以下哪些方面？（可多选）

①夫妻感情问题　②住房问题　③子女教育问题　④社会治安问题

⑤收入问题　⑥医疗问题　⑦生活费用上升　⑧交通问题

⑨养老问题　⑩其它（请填写）＿＿＿＿＿＿＿＿

28. 您认为压力在您的工作学习和生活中有什么作用？

①没感觉　②正面影响，会带来动力　③有些负面影响，会影响情绪

④完全负面影响，无心工作学习　⑤负面影响严重，会影响健康

29. 您认为导致领导干部出现心理问题的自身心理素质因素是：（可多选）

①心理问题重视不够　②不善于调整心态　③能力不高履职难

④理想信念弱化　⑤自我期待过高　⑥其它（请填写）_____

30. 您认为导致领导干部出现心理问题的体制机制原因是：（可多选）

①缺乏组织关爱　②缺少心理健康教育机制　③缺少心理疏通渠道

④考核评价体系不合理　⑤其它（请填写）_____

31. 您对有的基层扶贫领导干部自杀事件作何评价？

①感到震惊　②正常现象　③十分惋惜　④影响不好　⑤应高度重视

32. 当遇到心理压力或心理困扰时，您会选择哪种方式来缓解？（可多选）

①把工作放一放　②同领导交流谈心　③向知心朋友诉说

④跟亲人倾诉　⑤自我调节　⑥找心理医生疏导

⑦参加文体活动　⑧泡吧喝酒聊天　⑨憋在心里不说

⑩其它（请填写）_____

33. 您是否渴望假期，它可以让您完全逃避现实？

①是的，很渴望　②是的，经常这样想

③假期是不错，但对我来说不是必不可少的

34. 您认为领导干部的心理健康问题是否应该引起重视？

①很应该　②比较应该　③无所谓　④不太应该　⑤不应该

35. 您认为当前对领导干部的心理健康问题重视程度如何？

①很重视　②比较重视　③一般　④不太重视　⑤不重视

36. 您对心理健康和心理调适方面的知识：

①完全了解　②基本了解　③略知一二　④一无所知

37. 您认为是否有必要了解有关心理健康知识？

①很有必要　②比较有必要　③无所谓　④根本没必要

38. 您是通过哪种渠道获得心理知识的？（可多选）

①浏览网站　②书籍或期刊　③教育培训　④心理医生

⑤没了解过　⑥其它（请填写）_____

39. 您的业余时间如何安排？（可多选）

①应酬交友　　②打牌下棋　　③读书看报　　④看电视　　⑤上网

⑥体育锻炼　　⑦其它（请填写）_____

40. 您对自己业余生活质量的评价是：

①很充实　　②比较充实　　③一般　　④有点无聊

⑤很无聊　　⑥几乎没有业余生活

41. 您认为防止领导干部出现心理问题最有效的方法有哪些？（可多选）

①强化心理健康知识培训　　　　②加强正面思想教育引导

③营造舒心和谐的工作生活环境　　④有效落实干部公休假制度

⑤营造公平公正公开的选人用人环境　　⑥及时发现并积极采取措施

⑦改进考核为干部减压　　　　⑧平时加强体育锻炼

⑨构建领导干部心理干预机制

⑩建立干部队伍心理健康保健专业机构

⑪强化对领导干部心理素质的考核

⑫其它（请填写）_____

42. 您认为领导干部应该具备的心理素质是（选择最应具备的5项）

①坚定执着　②乐观自信　③沉着果敢　④情绪稳定　⑤心胸豁达

⑥奉献进取　⑦勇于创新　⑧善于合作　⑨应变力强　⑩思维敏捷

⑪心理承受能力强　⑫智慧过人　⑬其它（请填写）_____

43. 您认为塑造保持良好的社会心态，必须具备：（可多选）

①要有进取心　②要有责任心　③要有平常心　④要有感恩心

⑤要有包容心　⑥要有廉政心　⑦其它（请填写）_____

44. 领导干部心理健康的标准是：（可多选）

①有和谐的人际关系　②拥有稳定而愉快的情绪　③处事乐观

④热爱生活　⑤有较强的环境适应性　⑥能够自我调适

⑦其它（请填写）_____

45. 您认为在领导干部考察时引入"心理素质测评"有必要吗？

①很有必要　　②比较有必要　　③无所谓　④不太必要　⑤没必要

46. 考察领导干部心理素质您认为最需要考察的是：

①情绪状态　　②人际关系　　③行为态度　④人格意志

⑤其它（请填写）____

47. 您认为考察领导干部心理素质最有效的方法？

①民主测评　　②个别座谈　　③社会征询　④心理测试

附录4 扶贫开发政策与农村最低
生活保障制度有效衔接调查问卷

您好！为了解有关扶贫政策和低保制度在农村的实施情况，特设计了这份问卷。本次调查采取匿名形式，我们承诺对您填写的资料完全保密，请您认真阅读，并根据实际情况填写，谢谢您的合作！

一 请选择或填写您的基本情况（在相应的栏目打"√"或填写相应内容）

1. 您的家庭所在地为_____镇（乡）_____村（A 是贫困村 B 不是贫困村）

2. 您的性别：A 男 B 女

3. 您的年龄____岁（您是：A 村干部 B 镇干部 C 享受农村低保的村民 D 享受扶贫政策的村民 E 其他）

4. 您的文化程度是：A 小学及以下 B 初中 C 中专 D 高中 E 大专及以上

5. 您的家庭年人均纯收入大约为_____元

6. 您的家庭人数为_____人；其中老人____人，未成年子女_____人

二 请选择符合您实际情况的答案（在相应的栏目打"√"或填写相应内容）

7. 您的家庭收入主要来源于：（可多选）
A 农业收入（含养殖） B 外出务工或经商收入
C 子女及亲朋好友提供 D 集体资助

E 政府提供的低保金　　　F 相关贫困补助　　　G 其他

8. 您的家庭人均年支出大约为：

A 0~1196 元　　　B 1197~2000 元　　　C 2001~4700 元

D 4701~6000 元　　　E 6001 元以上

9. 近年来，您的家庭开支主要用于：（限选 4 项）

A 吃饭　　　B 穿衣　　　C 医疗　　　D 子女教育费用

E 农业生产的投入　　　F 其他（请填写＿＿＿＿＿＿＿）

10. 您是否有外出打零工的经历？

A 有，经常　　　B 有，偶尔　　　C 没有（原因是：A 缺乏技能

B 身体状况不好　　　C 没有机会　　D 需照顾家庭　　E 其他）

11. 导致您的家庭或者您周围家庭贫困的主要原因是：（可多选）

A 除农业收入外几乎没有其他经济来源

B 家庭成员患重病或残疾　　　C 子女上学负担重

D 居住地自然条件很差　　　E 赡养老人负担重

F 多子女抚养负担重　　　G 劳动力缺乏

H 因灾害或突发各种事件　　　I 其他（请填写＿＿＿＿＿＿＿＿＿）

12. 您和您的家人目前参加了：（可多选）

A 农村养老保险　　　B 农村合作医疗　　　C 相关商业保险

D 没有参加任何社会保险

13. 您觉得参加养老、医疗保险后：

A 增加了自己的经济负担　　　B 减轻了自己的经济负担

C 不好说　　　D 不影响

三　请选择符合您实际情况的答案（在相应的栏目打"√"或填写相应内容）

14. 您的家庭是否为贫困户？

A 是　　　B 否

└→ 您是否享受了农村低保待遇：A 是　　　B 否

15. 您是否参加过相关的扶贫项目？

A 是　　　　　　　　B 否

┗→　参加过：（可多选）　　A 退耕还林　　　B 公路建设

　　　C 人畜饮水工程　　　D 电力设施建设

　　　E 农业生产　　　F 技能培训　　　G 其他（请填写）_____

16. 您是否有过无法维持基本生活的情况？

A 有（最主要的原因是：_____）　　　　B 没有

17. 您是否得到过相关的贫困救助？

A 有　　　　　　　　B 没有

┗→　救助的来源有（可多选）：A 亲朋好友　　　B 村民邻居

　　　C 村集体　　　D 政府贫困补助　　　E 政府提供的低保金

　　　F 慈善组织或社会捐赠　　　G 其他（请填写）_____

18. 您是否接受过农业生产或外出打工的技能培训？

A 接受过　　　　B 没有接受过　　　C 完全不知道

┗→　A 当地县或镇组织的　　　B 外出打工地政府组织的

　　　C 农民专业合作社人员传授　　　D 其他

四　请选择符合您实际情况的答案（在相应的栏目打"√"或填写相应内容）

19. 您是否了解本地区的农村低保政策？

A 非常了解　　　　B 比较了解　　　　C 不够清楚　　　　D 从没听说过

20. 您是否知道本地区或者本村落实的扶贫政策？

A 非常了解　　　　B 比较了解　　　　C 不够清楚　　　　D 从没听说过

21. 您是否知道从 2019 年起我国扶贫标准是人均年收入 3700 元？

A 知道　　　　　　　　B 不知道

┗→　您认为这个标准：A 差不多，能够保障农村基本生活

　　　B 无法保障农村基本生活　　　C 不清楚

22. 您家所在地确定低保或贫困对象时是否公开征求过群众意见？

A 是　　　　B 否　　　　C 不清楚

23. 您觉得您家所在地在确定低保对象或者扶贫对象：

A 不公平　　　　B 公平　　　　C 不清楚

└→ 原因在于：A 不该享受的人但与干部关系近就享受了低保或
扶贫待遇　　B 没按照程序确定享受者　　　C 因工作不细致
导致的该享受的没有享受　　　　D 因提供假信息而享受
E 其他＿＿＿＿＿＿＿

24. 您家所在地的农村困难群体是否有同时享受低保和扶贫优惠政策
的情况：

A 有，较多　　　　B 有但较少　　　　C 没有　　　　D 不清楚

25. 您感到政府的扶贫和农村低保政策给农村困难群体带来帮助：

A 很大　　　　B 较大　　　　C 不大　　　　D 不清楚

26. 您家所在地有无摆脱贫困后又返贫的现象？

A 有　　　　B 没有　　　　C 不清楚

└→ 原因是：A 因病返贫　　　B 自然灾害　　　C 突发事件
D 子女上学　　　E 其他（请填写）＿＿＿＿＿

27. 您家所在地是否有困难村民脱贫后继续享受着扶贫或低保待遇的？

A 有　　　　B 没有　　　　C 不清楚

28. 您家所在地的农村困难群体是否接受过个人、企业或者慈善组织
的捐助？

A 接受过较多的捐助　　　B 接受过但很少　　　C 没有接受过
D 不清楚

29. 您所在地有没有为贫困户提供过技术指导，帮助其发展农副业生
产的政策？

A 有　　　　B 没有　　　　C 不清楚

30. 您认为脱贫需要哪些条件？（可多选）

A 政府政策支持　　　B 政府资金支持　　　C 技能培训　　　D 就业机会
E 个人努力　　　F 社会支持　　　G 社会保障的完善（医疗、养老等）

H 其他（请填写）_____

31. 您认为政府现有的积极扶贫的相关政策和农村低保政策？

A 很实在　　　B 较实在　　　C 不够实在，形式多于实际　　　D 不清楚

32. 您对我国政府改变贫困现状：

A 充满信心　　　B 较有信心　　　C 没有信心　　　D 无所谓

33. 在农村低保实施过程中，你最想对政府说的是：

_____

34. 在扶贫方面你最想对政府说的是：

_____

后　记

　　个人成长同祖国发展休戚相关，个人事务也和党的事业紧密相连。党和国家处在一个大发展、大变化、大调整、大转折的大时代，我个人也在写作中有新的努力、新的认识、新的付出、新的感悟。

　　感谢谢春涛教授悉心指导，感谢兰考扶贫第一线的同志们信任支持，感谢深圳航空公司培养鼓励，感谢李振普先生，感谢王爱武先生。

　　感谢我的妻子张夏芸女士，希望王嘉鸿和王睿鸿两个小朋友以我为傲。希望自己在新的时代有新的进步，不负时代、不负机遇、不负坚守、不负期待。

2021 年 7 月 1 日

图书在版编目（CIP）数据

焦裕禄精神新实践：兰考县精准扶贫研究／王东著
. -- 北京：社会科学文献出版社，2021.8
ISBN 978-7-5201-8650-6

Ⅰ.①焦… Ⅱ.①王… Ⅲ.①扶贫-研究-兰考县
Ⅳ.①F127.614

中国版本图书馆 CIP 数据核字（2021）第 142360 号

焦裕禄精神新实践

——兰考县精准扶贫研究

著　　者／王　东

出 版 人／王利民
组稿编辑／任文武
责任编辑／连凌云

出　　版／社会科学文献出版社·城市和绿色发展分社（010）59367143
　　　　　地址：北京市北三环中路甲 29 号院华龙大厦　邮编：100029
　　　　　网址：www.ssap.com.cn
发　　行／市场营销中心（010）59367081　59367083
印　　装／三河市龙林印务有限公司

规　　格／开本：787mm×1092mm　1/16
　　　　　印张：17.75　字数：282 千字
版　　次／2021 年 8 月第 1 版　2021 年 8 月第 1 次印刷
书　　号／ISBN 978-7-5201-8650-6
定　　价／88.00 元

本书如有印装质量问题，请与读者服务中心（010-59367028）联系